勾玉

学生社考古学精選

水野祐 著

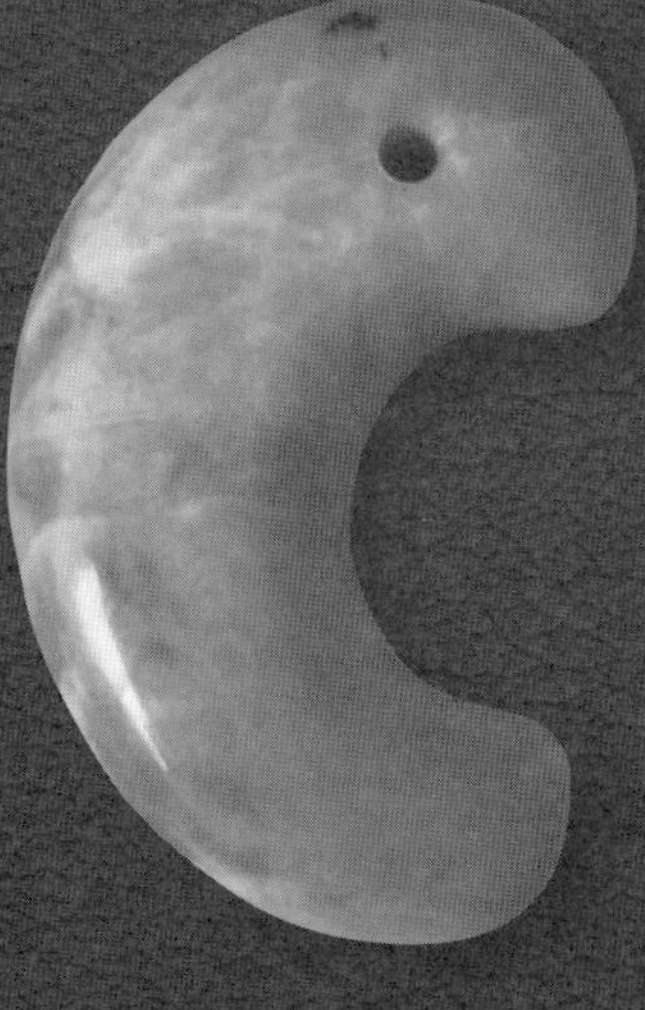

雄山閣

改訂増補版によせて

『勾玉』初版本は昭和四十三年の出版で、二十四年前のことである。四半世紀も前の本を重版するのはおこがましくも思うが、それなりのわけもある。

日本では、勾玉に関する専門の単行本がほとんどない。私が考古学・古代史を始めた昭和十年代頃まで、若干の論文は別として、勾玉だけを扱った本はほとんどなかった。ただ明治時代の高橋健自博士の名著、『鏡と剣と玉』と、浜田耕作博士の『出雲上代玉作遺物の研究』だけがあったにすぎず、昭和十五年にやっと、考古学会編の『鏡剣及玉の研究』という論文集が刊行されたのに留まる。

こんな環境の中で、私が勾玉に関心を向けたのはなぜか。回想すれば、小学校で国史を学んだとき、「三種の神器」の話で、鏡が伊勢神宮、剣は熱田神宮に祭られているのに、なぜ勾玉だけを祭る神宮がないのか、と率直な素朴な疑問が勾玉へ私をひきつけた。

中学生になって西村眞次先生の名著『大和時代』を読み、素人考古学に熱中し、三種の神器ではない勾玉を知った。古墳を狸掘りして勾玉を得た夢で喜んだのもその頃。そんな私の勾玉憧憬にいっそう拍車をかけたのが、昭和十四年に慶州を訪れ、博物館で出あった、あの金冠塚の黄金の宝冠に着けられている硬玉製勾玉であった。出雲の勾玉との邂逅《かいこう》は、その翌年のことである。玉作湯神社所蔵の勾玉・花仙山・新宮さんの攻玉工房、これらが私の勾玉への考究を決定的なものにしていったように思われる。その後、戦後になってたびたび出雲を訪れるようになって、勾玉への愛着は強められるばかりであった。

復員後、私が最初に学会に出て研究報告を行なったのは、戦後間もない昭和二十二年五月二十九日、文部省人文科学委員会主催の第二回学術大会が東京上野の科学博物館で開催され、「古代日本の月神崇拝と勾玉」と題して研究報告をしたときであった。その要旨を次に掲げる。

日本神話の体系的構造を分析して、遊離的単元神話として各神話の原義を検討する方法により天石屋戸神話を研究すれば、この神話は、日月抗争説話、昼夜の別を起原的説明に基いて解釈する自然現象の説明説話、及び、日蝕月蝕時における祭祀説明説話の三つの説話に分析される。

そしてそれが全体としては日神と月神との関係によって究明されるべき理由を考察して、古代日本においては、月信仰が太陽崇拝に先行して存在したことを確めると共に、勾玉が単に装身具として、あるいは獣牙の如き呪力を有つところの護符としてではなく、それが更に重要なる用途として、呪教的意義をもつもので、神器であり祭器であったことに留意し、考古学上いわゆる勾玉の最古式のものが、硬玉製の「く」の字型、換言すれば三日月型であることにより、白銅鏡が日神の象徴である如く、勾玉は月神を象徴したものであって、その形状は月の朔形即ち三日月を模したものであり、その色沢は青色を貴しとしたことは、月光を表徴していることを論証したものである。

勾玉に月神の象徴という意義を認めることにより、はじめて天石屋戸前の祭祀の意義が確認され、また三種の神器の一つとしての八尺瓊勾玉が、最も古くより神器として存在したことが明証される。勾玉の起原が石器時代後期であることは、白銅鏡文化に伴われる日神崇拝という事実が、存外に新しく展開したものであることを意味すると共に、月神崇拝が我国固有信仰の一つであったことを意味するものである。

主として神話学的考察及び考古学的実証に基礎を求めて、古代日本の月信仰と勾玉の関係を考証したのであるが、私は日本古代史、なかんずく日本原史時代の事象を究明するには、単に考古学あるいは神話学の一方にのみ限って検討するのではなく、神話学並に考古学は共に原史時代究明の基礎学として併用されねばならぬとの年来の考え方に従って、こゝにその一部分の研究結果を公表した次第である。


この報告の要旨に明らかなように、戦後私の研究のスタートは、やはり勾玉からはじまった。その後、古代出雲(勾玉をふくめ)の研究と古代王朝史論の研究(後に一般にここで述べた説が、王朝交替論とよばれる学説として世間にひろめられた)とが、私の最たる研究課題となった。

昭和四十年の『出雲国風土記論攷』は前者の研究の集約であり、その中で勾玉の研究は、「古代出雲の佩玉文化」として集約された。その直後学生社より、考古学と古代史とを結んだ書の執筆を要請された。それに相応するテーマは勾玉が最適と即決し、執筆したのが本書の初版である。学生社の鶴岡社長・大津編集長から、考古学上の一遺物だけをテーマとした単行本は他に類書がないと評価され、我が意を得たと喜んだ。玉造の新宮福司郎さんのお店では、拙著『勾玉』を展示しておくと心ある客が求められるので、学生社は百冊以上も『勾玉』の注文を受けたという、うれしい話も聞いた。

初版本執筆の頃、大場磐雄博士が寺村光晴教授等と出雲玉造の玉作遺跡にはじめて考古学的発掘を行われた。欧米の聖書考古学・中国や日本の仏教考古学に対し、神道考古学を樹立された大場博士であるから、呪物としての勾玉に多大な関心を払われたのは当然である。昭和四十三年三月、この史跡の発掘に最初の鍬が打ちこまれ、以後玉作遺跡研究に画期的な事実を示された。これを契機に出雲でも、安来市佐久保町・大原郡大東町の大東高校校庭などの玉作の新遺跡の発見となり、また全国的な玉作遺跡の発掘を喚起し、研究が急速に活発化した。

昭和四十年代後半から昭和五十年代の玉作遺跡の研究を強力に推進したのは、大場博士の高弟寺村光晴教授であった。寺村教授の精力的な研究は、『古代玉作の研究』（昭和四十二年）、『翡翠』（昭和四十三年）、『下総国の玉作遺蹟』（昭和四十九年）、『古代玉作形成史の研究』（昭和五十五年）の一連の大著として公刊された。これらは古代日本の玉作の全貌を克明に、実証的に解明され、間然するところのない瞠目に値する大成果である。

それゆえ、私の勾玉に関するこの小著などはもはや刊行の要なしと思われるが、しかし寺村教授の四冊の大著は、いずれも専門の考古学の立場から研究された成果であるが、私の小著は、文献の解釈を基礎とした古代史学、ないし文化史学の立場から試みられたものであり、発掘調査に追われている今日の考古学者に、多少門外漢の異なった立場からの考察を提示することも必要であるかもしれないと考えて、あえて私の成果を現在の若き考古学者に提示して、勾玉の真義に関する卑見を研究上の参考に供していただくことにし、再刊にふみきったのである。

勾玉については、今上天皇の践祚式において三種の神器の捧呈の儀が行われて、ふたたび論議も交わされたことでもあり、勾玉についての正しい認識を多くの国民にもってもらうことも、また現代の問題としての意義もあると考えたことも、本書再刊の一つの理由でもあった。

考古学的な新発見が豊富になった昨今ではあるが、勾玉に関しても、資料の増加にもかかわらず、依然として謎に包まれた分野が多く残存している。もうずいぶん前のことになるが、私が森浩一教授に連れられて橿原考古学研究所を訪れたことがあった。そこで、所長であられた、私の尊敬していた考古学者の一人であられる故末永雅雄先生にお会いしたときである。

突然先生が、「森君は私の弟子だが、彼は最近さかんに勾玉は朝鮮で作ったものだという。弟子だからといって、けっして師匠の説にしたがわなければならぬことはないから、反対してもかまわぬが、私は勾玉は日本のもので、朝鮮から入ってきたものだとは考えないのだが、古代史家としての水野君はどう思うか」と質問された。私は突然のことでびっくりしたが、「私も学生の頃、慶州の博物館で金冠塚の宝冠の勾玉を実見しておりますが、やはり種々の点から、勾玉は日本独自のもので、朝鮮のそれは日本から逆に受容したものであり、それにヒントを得て、森さんの言われるように、朝鮮の工人が模倣して作ったものも若干あるかもしれませんが、本来は日本独特の遺物だと考えています」と申しあげたら、先生が、「そうだろ。私と水野君は同じ考えだ」と言われた。側で森さんがニヤニヤ笑っておられた。

その末永先生も亡くなってしまわれたが、末永先生に対する私の最後の対話が勾玉であったことを、いつも思い出している。朝鮮の勾玉と日本の勾玉、末永先生に質問され、とっさに私は前のようにお答えはしたが、本当にそれでよいのかどうか、私自身、今でははっきりそう断定はできない。森教授の意見をもっと詳しく聞きたいと願っている。

このように、まだまだ勾玉には究明しなければならない課題が多々存するのである。この小著が多くの方々に読まれ、勾玉に対する興味と、真実の解明に役立てられるならば、それは著者の望外の喜びである。

この新版の出版に際しては、数年前から、学生社の編集部の山口和子さんにすすめられて、ようやくその責任をはたすことができた。出版にいたるまで数々の面倒をみてもらったことに対してお礼を申しあげる。また本書の刊行にいたるまで、原稿の整理やら筆記、そして校正と、種々の援助をいただいた古代文化史研究所員小松ヨシ子さんに対しても、深甚なる謝意を表す。

また、最近の玉作史跡公園や荒神谷遺跡の写真に関しては、瀧音能之氏の提供をうけて本書を飾ることができたことに対しても、その好意を謝する。

本書はこれらの方々の援助をかたじけなくしたことにより、無事刊行の日を迎えることができたことを明記し、深甚なる感謝を捧げるものである。

平成四年三月七日

水野　祐

初版序

垂玉としてみると、勾玉《まがたま》はまさしく奇異な玉である。見方によってはいろいろなものに見えるあの形態。深い緑のすきとおったようであり、またどんよりとよどんでいるようでもあるあの色調は、みつめていると、際限のない神秘の世界にすいこまれていくようだ。一見グロテスクにも見えるあの奇妙な形態は、手にとってみると、なんともいいようのない魅力を感ずるから不思議である。

中学一年の夏だから昭和六年、満州事変の直前であった。西村眞次先生の不朽の名著『大和時代』を読んで、私ははじめて勾玉についてのくわしい知識を得た。また同書の埴輪の写真で勾玉をつけた古代人の鷹揚《おうよう》な姿をみて、限りない「古代憧憬《しょうけい》」の情熱を子供心にかきたてられたことであった。そこで、さっそく上野の博物館にいって硬玉の勾玉を実見した。以来、勾玉は私の脳裏にはっきりと焼きつけられて、魅了されてしまったのである。

西村先生の著書の影響で受験勉強などどこ吹く風と、私は一人山野をかけめぐって考古学のまねごとをはじめた。八王子市に住んでいた私がいくら表面採集に熱中しても、あの付近の台地上の桑畑で、勾玉や埴輪をうることなどできるはずがなかった。そんなある日の夜、日野台地の七ッ塚を掘ると、石棺の中から硬玉の勾玉がザクザクでてくる情景の夢をみた。夢だと自分にいいきかせながらも、私は夢中でフトンの上に起き上り、両手で一所懸命に硬玉の勾玉を拾い上げる所作をしていたということだ。その時のあざやかな硬玉の緑色は今でもハッキリ眼に浮かんでくる。母にゆすり起こされてやっと目が覚めたが、「何をしていたの、まるで狐つきだよ。この子は」と笑われたことも、なつかしい思い出である。

昭和十年、中学四年を修了して第一早稲田高等学院文科に入学した私は、そこで著書を通して私淑していた西村先生の声咳に接し、中学での無味乾燥な受験勉強から解放され、自由に好きな古代史の研究にいそしむことができたのは最高の幸せであった。貝塚の発掘や、横穴の調査をしたり、浜田博士の『出雲上代玉作遺物の研究』を読んだり、私も一通り考古学をかじって、一廉《いつかど》の考古学徒ぶりを装って、とくとくとしていたのであった。

文学部に進んだ昭和十四年の夏、先考にともなわれて慶州を訪れ、金冠塚の「黄金の宝冠」に着装された硬玉の勾玉を見て、そのすばらしさに度胆をぬかれ、十五年の夏には出雲の調査に赴き、玉造《たまつくり》の新宮《しんぐう》福次郎さんについて碧玉の攻玉術（製作法）をつぶさに伝授されて、いよいよ勾玉にとりつかれてしまった。しかし岩屋寺の横穴を調べにいって、二匹の大まむしに襲われ、いのちからがら横穴から逃げ出した私は、「考古学とは生命の安全を保証しない学問だ」ときめつけて、「電気と蛇と飛行機」がこの世で一番嫌いな私は、とうとう考古学との訣別を心に決めたのであった。

その頃であった。ある夜、私が銀ぶらをしていたとき、柳並木の下の露店の古道具屋の屋台の隅に一顆《いっか》の勾玉がころがっているのを見つけた。手にとると本物の、しかも（日本産）硬玉の勾玉である。「これいくら」と聞くと「三円五十銭だ」という。「高いな」といったら「三円二十銭でいい」という。「ついでに三円にしておけよ」といったら、しばらくひねくり廻して、今さらのように見ていたが、「うーん、まけらあー」といって、ジロリと私の顔を見た。こうして手に入れた勾玉は、不幸にも戦火にあって、自宅において焼失してしまった。まことに残念至極である。これも戦争の惨禍の一つである。

勾玉に長い間愛着を感じてきた私は、昭和二十二年五月に、やっと勾玉についてはじめて学術的な論文をまとめた。題して「古代日本の月神崇拝と勾玉」という。その頃、私の興味は三種の神器の勾玉にうつり、その原義を究明しようとして、この論文になった。私は勾玉の像《かたち》に、月神の像を見出そうとしたのであった。

いま一つの方向は、古代出雲の玉作部の碧玉製勾玉の製作の歴史についてであった。戦後しばしば私は出雲の玉造を訪れて、先代福次郎氏の嗣子、新宮福司郎氏からいろいろと玉造の瑪瑙（めのう）細工について教えられた。その結果をまとめて、昭和四十年に勾玉についての第二の論文「古代出雲の佩玉《はいぎょく》文化」を書いた。この研究の主目的は、出雲の忌部の玉作部の碧玉岩製勾玉製作の実態を究明することから、日本古代史の一つの側面の解明に役立てようとした論文であった。

こうして長い間考えてきた勾玉についても、愚鈍な私はこのわずか二つの論文きり書けなかった。そうした折も折、学生社の鶴岡阷巳社長、大津輝男編集長から考古学と古代史を結んだ書物をと熱望されるままに、中学時代から念頭にあった「勾玉」をこの機会にまとめてみようかと考えるようになった。しかし考古学から足を洗った私が、考古学上のテーマでもある勾玉について書くのは、多少おこがましいと躊躇した。けれどもまた三十余年おもいつづけて愛着の念を禁じえない勾玉について、私の考えているすべてをまとめて書いておくことができるなら、これはぜひこの機会に私の手でやらなければならないことだという気持ちが、沸然《ふつぜん》としてたぎってもきた。この気持ちは自分の恋人を絶対に他人に取られたくない気持ちに似かよったものだ。そして私はついに前者をすてて後者の道をとった。本書が出版をみたのは、まったく鶴岡・大津両氏のおすすめの賜物である。

さて、書く段になると集めておいた資料も十分とはいえない。項目の不足が目立ってくる。新しく研究をしなければならない。そうこうしているうちに一年は経過してしまった。原稿の整理や編成については、旧稿の清書とともに多くの時間を要した。私はそうしたことについて、千家国造家の御一族につながる升本喜彦君や故久保哲三君、伊藤公美子君などの援助によって、昭和四十三年五月末日までに全部の原稿を完成させることができた。そしてやっとそれを学生社の編集部に渡すことができたのであった。

この原稿を書いているとき、しばしば深更《しんこう》に及ぶと、私の手元の碧玉の勾玉から月の女神がぬけ出してきて私にほほえみかけ、

「そんなことでは、まだまだだめ、私の本体などつかめていないわ。もっともっと私をみつめてよく見きわめなけりゃだめよ」

といいつつ手まねきしながら、またもとの深い深い緑のヴェールにつつまれた神秘の世界に消えていってしまう。そんな錯覚に襲われながら、私はとにかく執筆をつづけた。なるほど幻の「月の女神」がいうように、私が勾玉の謎の本体に迫り、その実体はこうだと力みかえっても、それはまだほんの戸口のヴェールをめくっただけなのかもしれない。

この私のささやかな書物が、誰かほんとうに勾玉の実体を解明し、その本体を明瞭にしてくれるまで、そして、少しでも勾玉の神秘に近づき、その実体にふれようとこころみる人びとのために、道先案内の役割を演じ、迷路に立ったときのともし火ともなれば幸いだとおもっている。

最後に、本書の執筆のため、この三月の出雲玉造の攻玉技術の調査行に際し、母校早稲田大学より研究費を支給され、十分な調査を行ないえたことを付記して感謝の意を表したい。そして本書を生み出す原動力となった、前記各位の数々の御援助に対して、厚くお礼の言葉を申し述べる次第である。

昭和四十三年六月三日夜三更

水野　祐

目次

プロローグ――出雲玉造への旅

感銘深い調査旅行

はじめて訪れたころの出雲玉造

私がはじめて出雲を訪れたのは、昭和十五年の七月のことであった。それは当時、早稲田大学の文学部史学科の第三学年生であった私が、卒業論文で、「出雲文化の研究」というテーマをきめ、実地踏査によって文献に記されているところをいちいち実証しようと、夏休みの期間を利用して、四十日余の期間、出雲の各地を歩きまわったときのことである。「出雲文化の研究」というプランのなかには、最初から「出雲の玉作遺跡の研究」という項目を加えていたので、出発の前から、約一週間を玉造ですごす計画をたてて訪れたのであった。

このような計画をたてたのは、出雲の玉作《たまつくり》について、なんといっても当時唯一の学術的な貴重な文献であった、昭和二年三月に刊行されていた、京都帝国大学文学部考古学研究室報告第十冊の、浜田耕作博士ら三氏による、『出雲上代玉作遺物の研究』というすぐれた調査報告書を手にして、中学以来興味をいだきつづけてきた、出雲の玉造における古代玉作部《たまつくりべ》の遺跡や遺物について、十分予備知識をそなえることができていたので、その書物によって得た知識の一つ一つを実地にあたって自分の眼でたしかめてきたい、という衝動にかられたからであった。

私たちが学生のころは、いまとちがって、国内の旅行でもそう簡単にいけるものではなかった。しかし近ごろのように、ちょっと旅行しようとおもっても何時間も前から駅にでかけ、長蛇《ちょうだ》の列をつくらなければ目的の列車にのれないなどという、およそばかげたことはなかった。大阪―神戸間の特急などは、三等だって、発車の十分前に東京駅へいけば特急券を自由に買えて、自分の好きな席を指定して乗車できたものだった。それくらい旅する人が少なかったのである。

そのころ東京府の西隅、八王子市に住んでいた私が、思いたって日本の本州の西北隅の僻地出雲へ独り旅しようというのだから、これはあらゆる点で、当時としては大旅行だったわけである。それだけに、いまどきの青年たちとちがって、旅にでて得てきた実地の知識に対する感銘は深く、感動は大かった。

大きな希望に小さな胸をはずませながら、単身四十日にわたる調査旅行に、まだ見たこともない出雲の地をめざして東京を出発したのは、昭和十五年七月二十日の夜だった。東京駅発午後八時三十分の神戸行急行列車にのり、東海道を西下し、翌朝午前七時十分大阪駅に到着した。

そのころのことだから、列車にのってもちゃんと黒の詰襟《つめえり》の学生服をきて、早稲田の制帽をかぶっていた。暑くなればせいぜい上衣をぬぐくらいのことだった。大阪駅に着くとすぐ、福知山線経由、山陰線廻りの大社行急行列車に乗り換えなければならない。これが当時では大阪―大社間をむすぶ唯一の直通急行列車であった。急行列車といったってもちろん、C型の蒸気機関車が

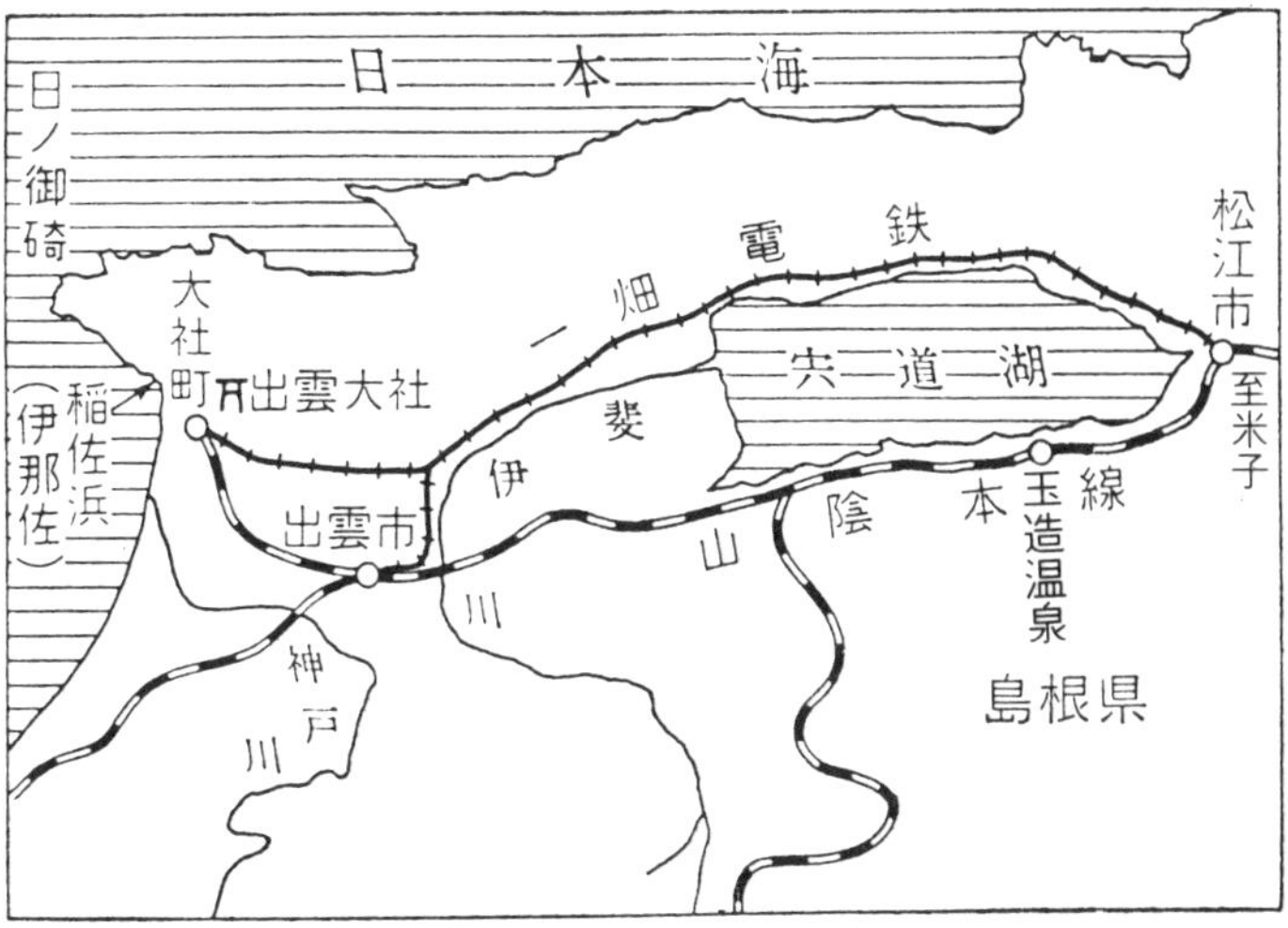

ひっぱって走っていたのである。この急行列車は四十七分の待ちあわせで、午前七時五十七分大阪駅を発車した。

東海道線の間はまあまあであるが、日中走るこのローカル急行列車は、石炭のすすを存分に車内にたたきつけ意気揚々と走ってくれる。暑いので上衣はぬいでいたから、白いワイシャツがすすで真っ黒くなる。とくに山陰線に入り城の崎から日本海岸にでると、トンネルの連続になるからたまらない。手や顔は、洗っても洗ってもすぐ黒くなる。ままよと観念して窓を開けはなち、写真をとりながら山陰道をひた走る。

鳥取・松崎・上井と、だんだん出雲に接近してくる。大山も見えだした。美保湾と、島根半島が見えた。ほどなく米子に到着する。安来で十神山が見える。この辺から、日ごろ『出雲国風土記』で読んでおぼえている山や川が車窓から眺められる。これが伯太《はくた》川《がわ》、これが飯梨《いいなし》川《がわ》だ。揖夜《いや》、ああこれが出雲のイフヤ坂だといわれているところだ。意宇川《おうがわ》をわたる。中海に「タコ島」すなわち今の大根島《だいこんじま》が見える。なるほどなるほどと独りうなずきながら、『出雲国風土記』の記述と現実とを対照させながらいそがしい。

松江城が見え、松江駅に着いた。右手に宍道湖《しんじこ》を眺めながら、玉造温泉駅に停まる。ここが玉作遺跡のあるところかと、はじめて見る玉造の風景を楽しみながら、玉造川の鉄橋をわたる。いまは玉作の調査を後日にまわして、大社へ一番先にいく予定であるから、そのまま通過してしまった。

玉造をすぎて来待燈籠《きまちとうろう》の産地、来待駅のホームに入ったとき、この急行列車は臨時停車した。単線である山陰本線は、駅の構内で上下線の列車の交換をしなければならないので、約十分近く上り貨物列車の到着待合せのため停車した。その間あまり暑いのでホームに下りて涼をとっていたら、ホームの柵の向こう側にはじめ一人二人の子供が遊んでいた。その子供たちがいきなり私の方を見るやいなやサッと走り去ったとおもったら、まもなく十数人の子供の群がおしよせてきて、柵の鉄条網をよじのぼってホームに侵入し、私のまわりをとりかこんだ。何だろうとおもったら、口々に「とんがり帽子、とんがり帽子」とさけんで、めずらしそうに私の帽子を見ている。私のかぶっている早稲田の角帽がよほどめずらしかったとみえる。はじめ一人二人が見つけて、めずらしいからというので、大急ぎで仲間を集めて見物にきたというわけだ。

そのころは島根県には、松江の高等学校以外に、大学と名のつくものはなかったのだから、来待あたりの子供たちに、早稲田の制帽のようにとくに四角のとんがった角帽がめずらしかったのはあたりまえのことだろう。そこで帽子をぬいで一人にかぶせてやったら、よろこんで順番にかぶってみて歓声をあげた。そのうちに列車が発車する時刻になったので、子供たちと別れて列車にのりこんだ。そして午後四時二十分に大社駅にやっとのことで到着した。

そのころの玉湯町

大社での調査に一週間をついやして、七月二十八日に大社を汽車で出発して、玉造温泉駅で下車し、温泉町まで歩いた。駅を出て玉湯町の中を山陰道沿いに玉造川のほとりまで歩き、そこから左に折れて川沿いに桜の並木道を真南にさかのぼること約一キロ。この道が天平時代からあった正南道であることは、『出雲国風土記』に徴して明らかである。そしてこの川沿いの水田は、むかしは宍道湖岸で砂浜であったらしく、この川には出湯《いでゆ》が流れて、人々がこの辺でゆあみして、いこいの場となっていたところである。

風土記の記述をおもいうかべながら、川風にふかれて、ほこりっぽい白い道を歩いた。出雲大社で、当時宮司であられた第八十二代出雲国造《いづものくにのみやつこ》千家《せんげ》尊統《たかむね》大人《うし》の御取り計らいで、掌典であった矢田豊蔵さん（今は故人）から、「玉造ではここへ宿をとりなさい」と「鶴の湯」という旅館に紹介状をもらってきていたので、そこへ落ち着いた。今日でこそ「鶴の湯」は玉造温泉街のほぼ中ほどであるが、当時はまだ温泉街のはずれの方で、それでも当時としては大きな旅館であった。

今とちがって、当時は大学生というと、社会一般に、とても尊敬されたものである。今のように掃けばすてるほど大学生はいなかったから、稀少価値があったのだろうし、またわれわれも大学生としてのプライドをもって処していたこともあって、旅館などではたいていどこでも優遇されたものである。「鶴の湯」ではその上、国造様からの御紹介状の御威光をも蒙って、たいへんなもてなしをうけ、ここでまた一週間滞留して、調査をつづけることができた。

温泉とはいえ、今日の玉造温泉とはちがって、ほんとうに静かな山間の湯治場という感じであった。広いこの旅館に、夏季のせいもあったのであろうが、お客は私をいれて二人きりしかいなかった。それでもいつも透明な熱い湯が豊富に湧き出ていて、気持ちがよかった。夜などはこわいほど静かで物音一つしなかった。温泉街といっても土産物を売る店が二、三軒あったかなかったかで、温泉旅館も数軒が点々と玉造川をはさんで点在しているだけ。温泉の一番上の玉作湯神社の橋のそばに氷屋が一軒、夜おそくまで店を開けていて、そこだけに人が集まって涼をとっていた程度で、いまではとうてい想像もおよばない光景だった。

玉作遺跡の調査

こんな環境の中で一週間、私は暑さをものともせず、京大の報告書で調べてきていた玉作遺跡の一つ一つを、翌日から根気よく歩きまわった。築山古墳の船形石棺にはじまって、築山横穴群、岩屋寺の横穴、徳連場《とくれんば》の石棺、木枯志神社跡から花仙山《かせんざん》はいうにおよばず、カゴ岩・波止山・宮垣・向新宮・別所谷・玉ノ宮・馬ノ背などの遺跡地をたんねんに歩いてまわった。私は世の中で電気と蛇が嫌いなのだが、出雲に蛇が多いのには閉口し、おそるおそる草むらや湿地や畔道を歩いた。ずいぶん注意していたのだけれども十数回も蛇と出あうはめになり、そのつど肝を冷やした。

それに反して温泉が湧き出ていることは、なににもかえがたいほど有難いことであった。どんなに汗をかいても、一つの遺跡を歩いてきてすぐ宿にもどりサアーッと一ふろ浴びて、さっぱりして、また次の遺跡へでかける。こんなことをくり返して、一日に何回となく湯を浴びる毎日を送った。こんなぜいたくな調査はここならではのことであろう。まったく楽しい調査であった。

そして、一日は花仙山をこえて忌部村にでかけた。また一日は正南道にそって大東町の方まで、風土記の記載と実地とをあわせつつ、出雲古道の里程を勘案しながら歩いた。玉作湯神社には、この付近から出土した玉類がことごとく集められていると聞いていたので、それを実見したいものと、何回か足をはこんで神社を訪れたが、神主さんに会えず、その機会をなかなか得られなかったが、四日目の夕方、もう夕闇がせまるころやっと神主さんに会えた。事情を話してぜひ宝物の玉類を拝観させていただきたいと申し入れたら心よく承知され、すぐに本殿につれていかれ、お祓いをし、祝詞を奏上して、神主さんが本殿中よりおごそかに幾重にも桐の箱にいれた玉類をもちだされて、階の下にならべて見せてくださったことが、とても印象的であった。出土の状況や、神社へ奉納されるまでの経過などをうかがいながら、日がとっぷり暮れおちるまで見せてもらって、宿へもどったのであった。そこで私ははじめて出雲玉造出土品の古代勾玉の数々を実際に見たのであった。

それからまた二日間を、新宮福次郎さんのお宅ですごして、手工業としての玉の製造過程をゆっくり説明してもらい、実際の工程をつぶさに見学させてもらえたことは、何よりも一番強く印象に残ったことであった。報告書でいくら読んでも攻玉の実際は容易にわからなかったが、新宮さんのところでこうして直接見ながら説明をきくことができたので、攻玉術にかんするかぎり、だいたい理解することができた。このことが、とうとう私をしていつも頭のすみのどこかで、勾玉のことを考えつづけさせる大きな動機となっているとおもう。天平時代の出雲のここの玉作部の工人たちも、この玉造川の川湯にゆあみして疲れをいやしては毎日黙々と玉を擦りつづけていたのであろうと、私は宿の温泉にひたりながら、ありし日の玉作部の工人たちの姿を彷彿とおもいうかべていたのである。この玉造での攻玉技術をのみこんだことは、なによりの収穫であった。

新宮さんとの出会い

新宮さんのめのう細工店

私が玉造を訪れて、一番うれしかったことは、花仙山の碧玉をつくっている新宮さんのめのう（瑪瑙）細工店があったことである。玉造に着いた翌朝、私はまず「鶴の湯」をでて、玉作湯神社とか築山古墳など、温泉街周辺の遺跡地を巡訪することから実地調査をはじめようと、玉造川にかかっている小橋をわたって、川沿いに玉作湯神社をめざしてのぼっていった。ちょうど玉造温泉街の中ほどであろう。まばらに立ちならんでいる湯治場の旅館の間に、めのう細工の看板をかかげて、めのう製品をならべて、片隅で、数人の玉工さんが製作をしている店をみとめて、おもわず足をとめた。それが新宮福次郎さん経営の玉造めのう細工の製作販売の元店であったのである。

店の前に立ってガラス戸越しに眺めると、いろいろなめのう細工の製品がかざられている。店の左隅では少々水をはった木桶をおいて、樋《とゆ》のような鉄板で一所懸命に飾玉をこすっている玉工さん、とがった鉄棒で碧玉岩を打ちかいている人、未製品や、打ちかけた碧玉のくずが一面にちらばっている工房の板の上には、いまできあがったばかりの飾玉、打ちかいて半月形に形づくられた未製品が数個のせてある。石器時代の打製石器や、磨製石器の製作法をまのあたりに見るようだ。古代の玉作部の人々も、このあたりで、こんなふうにして玉をつくっていたのかとおもう。たいへん興味深くおもって、しばらく立って眺めていたが、玉造へきたことがことさらにうれしく感じられてきた。

「ああ、よかった。これで本を読んでいてわからなかったところが、はっきりする」と独りつぶやいて、後刻ゆっくり訪れようと心にいいきかせながら神社へ急いだ。

それから毎日新宮さんの店の前を通りながら、横目でちらりと眺めるだけで、店内に立入ることはなかった。毎日のように、花仙山に登ったり、正南道に沿って歩いたり、忌部村の方へ出かけたり、遠方まわりばかりしていて、玉造の調査をあとまわしにしたためである。そして五日目にやっと朝から新宮さんの店を訪れることになった。

その日もよく晴れていた。山間のこの湯治場には客もまばらで、ひっそりとしていて、玉造川の流れの音だけが、静けさをやぶるただ一つのリズミカルなもの音だった。そしてその上流の、一畑薬師と彫られた灯籠のたっているあたりの川面からは、さかんに湯煙りが立ちこめていた。川沿いの道を、角帽に黒い学生服などきて、夏の温泉町を朝早くから歩いているのは、私一人だけだった。私の泊まっている「鶴の湯」とは比較にならないほどの、道ばたの小さな二階建の温泉宿の部屋から顔を出している、浴衣がけの二、三人の客が、怪訝な顔をして私を見おろしていた。

新宮さんの店を訪ねる

新宮さんの店に着いて、ガラス戸を開けて中に入った。まだ朝早いせいか、毎日見ていた玉工さんは一人も姿をみせていない。店内はガランとしていた。だれもいないので、「こんにちは」といってみた。

やっと奥から人の出てくる気配がして、「いらっしゃいまし」といって店におり立たれたので、私はべつにめのう細工を買いにきたのではなくて、玉の製作工程を見せてもらいたい、いろいろとお話をうかがいたいとおもって訪れた者で、出雲文化の研究を目的に当地にやってきた者であることを告げた。

それはたぶん新宮さんの奥さんであったと記憶しているのだが、「そうですか。それはそれはたいへんご苦労さまでした。どうぞゆっくりしていってください。いますぐよんできますから」といって奥へ入り、入れ違いに、新宮さんが、私のわたした名刺を手にしてでてこられた。そこで初対面の挨拶をかわした。

私の来意を知って、新宮さんはたいそうよろこんでくださって、「では花仙山の原石採掘のところから案内してあげます。それからここで攻玉の実際をゆっくり見学していってください」といってすぐに外出のしたくをして、「参りましょう」と、まず花仙山に登られた。

途中木枯志神社址を通り、この付近からも遺物が出た話や、あちらの山は赤めのうの山、こちらが碧玉《へきぎょく》の山、めのうと碧玉は出る場所がちがうというようなことを話されながら、徳連場の石棺のところを通り、花仙山の頂近くの採掘址をまわり、むかしの竪穴を掘り、カマを見つけた跡などを見せてくださった。そして二時間近くも花仙山を歩き、ふたたび昼近く店にもどった。

「午後からは家で攻玉の話をしながら、実際にお見せしましょう」といわれ、いったんお別れをして、宿にもどり、夏の山歩きに汗びっしょりの体を、なめらかな湯に洗い清め、昼食をすませてから、また新宮さんのお店におじゃました。

出雲玉造の攻玉

後の章でまたくわしく述べるが、採掘から始まり、原石を切断して、必要な手ごろな形に割っていき、それを製作するものに応じた形にだんだんと剝《は》いでいく工程、あたかも打製石器の製作技術と同じだと感心しながら話をきき、石を剝いで形を整えていく方法を実験して見せてもらった。

原石の中から良質の石をとり出すための苦心や、すべて手先で、形を一つ一つ整えるたいへんな手工業的生産の技術には、異常な興味と感銘とをうけた。浜田博士の報告書を読んだだけではとうてい味わえない、生々しい貴重な体験であった。

それからとくに勾玉をつくる話になり、実際に目の前で勾玉を打製によってつくるところを見せてもらえた。一番苦労するのは孔をあけるときであり、またここが一番失敗をしやすいところであるから、まず全体の形を切りだしてから、次に孔をあける。その時には「矢」とよばれる、切っ先が小さい面になっている千枚通し状の鉄錐を、上からたたきながら、廻し廻し打ちこんでいく。この矢は先のほうがかえって太く、中央が細くなっていて、普通の錐《きり》とは逆な構造である。これは厚みのある玉—とくに管玉のような玉に穿孔する場合、普通の先のとがった錐では孔はあけられない。すなわち矢を打ちこめないのだということであった。

忘れられない話

ここで、いまだに私が忘れられない話がある。それは古代勾玉製作上の永遠の謎についてである。古代の勾玉を見ると、穿孔にさいして、上下両面から穿孔し、途中で両者が合致してひもがとおるように、孔がつらぬかれるものが多い。そのために孔は一直線でなく「く」の字形にまがって貫通している場合が多く見出される。とくに管玉などでは多い。また一面からのみ孔をあけて貫通しているものもあるが、さてそれらの孔を見ると、いずれもV字状を呈している。すなわち一面が大きく、他面が小さく孔があけられている。

このような孔は、今日の玉造で使っている矢のような形のものでは筒状の孔だけしかあかず、V字状のものはどうしても錐状にとがった矢でなければできない。ところがとがった錐状の矢では打ちこめないのである。

「この点がどうしても私にはわかりません。古代人の技術にはたいへんすぐれたものがあり、また現代のわれわれの知恵ではどうしてもわからないものがありますが、この古代の勾玉や管玉の穿孔技術も、まったくわからないものの一つです」と新宮さんが首をかしげながら語られたことである。

それから打製で形をととのえ、孔をあけたら、今度は荒砥石《あらといし》にかけて磨く、そしてだんだんときめの細かな砥石にかえて、根気よく何十回も、何百回も擦《す》るのである。「玉すり」といわれるのはまことである。これはおもしろくもない、そして根気のいる作業である。深緑の碧玉もこうして磨かれていくと、だんだんと光沢のない石になってしまう。そして完全に磨きあげが終わると、今度はそれをベニガラで磨く。そうするとあの深緑色のくすんだなんともいえない光沢がでてくるのだ。

このような話をききながら、とうとう私は半日をすごしてしまった。自ら手にとって実際に工作をしながら話してくださった新宮さんに、かぎりない感謝の念をこめてお礼を述べ、店を出たのは五時を少しすぎていたころであった。

この日一日、私はひじょうに豊かな知見を得られたようにおもった。満足感が全身にあふれ、宿に帰って、さっそくきょうの出来事を頭の中で整理し、ノートに書き記そうとおもっても、興奮のほうが先立って、なかなかおもうように筆が走らなかったほどに、私は熱中してしまった。そしてあすもう一日、今度はだまって、みんなが製作しているところを見学させてもらおうと、一人で心にきめこんだ。私はこの時から完全に勾玉のとりこになってしまったようだ。

その翌日、玉造周辺の調査を完了してしまった私は、また朝から一日中新宮さんのところへでかけていって、なにかとお話をきき、「玉すり」の工作を見学して、その攻玉の技術をはっきりとのみこむことができた。

手にいれた玉作り工程のセット

そのころは今日とちがって、アクセサリーなどがそれほど流行していないので、新宮さんのところのめのう細工も、今日のようなバラエティーはなかった。かんざし、こうがい、帯留め、数珠の玉、指輪の石、ざっとそんな程度の製品が並べられていたにすぎなかった。赤めのうも青めのうも、みんな花仙山のものであった。それらの中に、勾玉を碧玉でつくる工程を示したものがあった。原石から半月状に打ちかいたもの、それをさらに勾玉状に打ち出し孔をあけたもの、それを荒砥で磨きあげたもの、さらにそれを細砥にかけたもの、そして最後にベニガラで光沢をだしたものと、これらが長さ一寸ぐらいの碧玉でそれぞれ作られセットになっていた。

私はそれを見て、どうしても欲しくなった。ほかの製品はみな値段がついているが、これだけはつけてない。ほかの製品と比較してみると、どうみても高そうだ。私はおそるおそる新宮さんに、このセットが欲しいが、どのくらいですかとたずねてみた。すると、

「これは売品ではなく、ただ参考につくっておいたものですが、研究のためにご必要なら、またつくればいいので、これをお持ちください。値段のほうは、学生さんのことですし、研究のためなら、格安にしておきまして、二円でもいただいときましょう」

「え？」

と私はききかえし、おもわず私の耳をうたがった。ほかの装飾品と比較してあまりにも安すぎる値段だから。私は十円か、五円かとおもっておそるおそる聞いたのに、たった二円といわれたからだ。新宮さんは、

「ほんとうは差しあげればいいんですが、職人の手間賃だけいただいときますから」

とのこと。私はさっそくそれをゆずってもらって、今回の旅行の最高の土産品だとばかり喜び勇んでもち帰ったものだった（これは残念ながら昭和二十年八月二日未明の八王子市の空襲で、自宅で焼失してしまった）。

新宮家の家柄

新宮さんは、しかし、むかしからの玉作部の人というのではない。めのう細工を新宮さんがはじめられたのは明治以後なのだ。新宮家は元来、月山城にたてこもっていた尼子氏の重臣であった。尼子と毛利の合戦のときに、月山を攻めた毛利軍は、謀略を用いて尼子一族を分裂させ、居城月山を落城させて、尼子の滅亡を早めさせたといわれている。

すなわち、尼子の重臣であった新宮国久とその子誠久が、毛利の謀略にまんまとのせられた月

山城主尼子晴久の手によって、不意に奇襲をかけられて、非業《ひごう》の死を遂《と》げた。この血で血を洗う尼子一族の同士討が落城を早めさせたのである。奇襲をかけられてその主軸を失った新宮党一族は、追手をのがれて、小曲り峠を越え、この玉造の地に落ちのびて、ここに土着するにいたったようである。

現在玉造温泉付近には、新宮福次郎氏のほか、新宮姓を名乗る人々が二十数軒におよんでいるそうであるが、一族の氏神としての新宮神社があり、祖先を同族たちの手で奉斎して今日にいたっているという。新宮さんとはこういう家柄の人なのである。

この時以来私と新宮さんとの交際がつづいている。まったく勾玉のとりもつ縁である。新宮福次郎さんが他界されたのちも、今日まで後嗣福司郎さんになにかとお世話になっている。この書物を書くについてもいろいろとご協力をいただいている。おもえば、はじめて新宮さんをおたずねしてからもう三十年もたっている。つい先頃のことのようにおもえるのだが。

こうして新宮さんを訪れた翌朝、私は一週間にわたって滞在した玉造をあとに、松江に向かって出立した。湯煙りのさかんに立ちのぼる玉造川に沿って、松江まで歩いていこうと、荷物をかついで歩いた。だんだん遠ざかっていく山あいの温泉街、なつかしい玉作遺跡をつつんだ花仙山をめぐる山々をふりかえり、ふりかえり、長い玉造川の桜並木の道を、感慨にひたりながら歩きつづけた。ヒャウェル！　玉造。

真夏の暑い太陽はようしゃなく照りつけるが、宍道湖から吹いてくる冷たい風は、心地よくわがほほをなでて吹きぬけていく。すがすがしい夏の朝だった。

ヒャウェル！　玉造。私はもう一度さけんで、山陰道を東へ折れていった。

変わらぬ出雲との再会

私が玉造川のほとりで、玉造に別れをつげて、またいつか訪れることを心にちかってから、長い間、その機会はあたえられなかった。重苦しく、暗い戦争

戦火をくぐって

が翌年の暮れからはじまって、国民総力戦がさけばれてから、のんきに古代への愛着をいだいて玉作遺跡を逍遥することなど、とうていできなくなってしまった。そのうちに私も戦場にかりだされ、遠く蒙彊《もうきょう》の奥地に転戦して、そこで終戦をむかえた。

敗残兵として復員してくると、「国破れて山河あり」とはいうものの、わが美しい祖国の土は無惨な焦土と化し、やけただれた都市の残骸が痛々しく放置されたままであった。非武装都市も爆撃の洗礼をうけたものが多くあった。東京都八王子市の私の家も財産も、いっさい米軍の戦略爆撃隊のじゅうたん爆撃で、昭和二十年八月二日未明に瞬時にして焼失していた。

わが家の焼跡にたたずんで、その日の惨劇を想像したとき、私はふとおもった。戦争がはじまったときに、日本人が「鬼畜米英」という言葉を使っていたのをみて、こんなていどの敵国認識で、はたして総力をあげて全世界を相手に戦えるものかと、苦々しくおもったことであったが、その「鬼畜米英」という言葉が、私の心にあざやかによみがえってきたのである。アメリカ人は、「リメンバー・ザ・パール・ハーバァ！」といったそうだが、私もこの八王子の自宅の空襲にお

もいを馳せるならば、アメリカ空軍の非人道性を生涯忘れることはできないであろう。

こんな苦境から、無一物の私は自力ではい上がらなければならなかった。いっぽうでは研究をつづけながら、他方では家族とともに、人並みな生活をおくれるようになるまで十年はかかった。この苦しみは戦災にあった人でなければとうていわかってはもらえない苦しみである。そんな中から出雲へまたでかけていく余裕は、経済的にも、また精神的にもなかったのである。

研究の火は消えず

それでも私の古代出雲への研究の情熱は絶えなかった。そしてやっと戦後十四年たった昭和三十四年秋十月、私は出雲を訪れる機会を得た。なにしろ戦後はじめての旅行であるし、ようすもよくわからないままに、とにかく出雲まで行けばなんとかなるだろうということで、広島の原爆のあとを見る目的もあって、広島を訪れてから芸備線で出雲へ行こうという計画をたてた。この時には私の主宰している早稲田大学古代史研究会の会員で、出雲の研究をして卒業した、当時キルコート・エアゾールの社長であった升本喜彦君が同道してくれた。

広島の見学を終え、いよいよ芸備線の準急「ちどり号」で木次線をまわって、まず出雲の玉造温泉におもむくことになっていたが、旅館の手配もしてこなかった。玉造へ行けば、温泉街だからなんとかなるだろうという私の考えは甘いと、広島で升本君に注意された。それでは別に心当たりもないが、昔泊まった「鶴の湯」をおもい出して、ではとにかく電報を打っておこうということになり、「ちどり号」に乗車する前に広島駅から「鶴の湯」あてに打電した。もちろん行って満員でだめならどこかへ世話をしてもらおうという心積もりであったので、玉造へ着いて、すぐにタクシーで「鶴の湯」に行った。タクシーを降りて「鶴の湯」の玄関に入ると、女中さんがでてきて、どうぞとすぐに部屋に案内してくれたので安堵した。

久しぶりに訪れた玉造は、この「鶴の湯」も外観はまったく二十年前と変わっていず、内部に多少の模様がえはあったが、湯ぶねなども元のままなので、なんともいわれないほどになつかしさを感じた。温泉街も昔よりずっと開けて、旅館の数は増したけれど、まだまだ昔のおもかげが残っており、あすこいらにこんなものがあったはずだとおもうと、ちゃんとそこに二十年前のままで残っていた。夜、街にでて、新宮さんの店をたずねてみようとおもい、めのう細工製造元の新宮さんの店といったらすぐにわかった。

さすがにここのお店はきれいに改装され、品物もすっかり近代的なアクセサリー類に変わって、豊富にならんでいた。昔のように、店の片隅に桶《おけ》をならべて玉を擦るという風情は見られなくなったが、案内を乞うてでてこられた新宮さんにお会いして、昔話をし、今では店の奥に工房をうつし、そこで製造していることをうかがった。そして勾玉などは、最近ではあまりつくらないが、それでも昔から新宮さんのお店のシンボルのように飾られていた、献納品の御統玉《みすまるのたま》の同製品は、いぜんとして店頭にかざられていた。今回は時間の余裕がないため、ゆっくり話をするひまもなかったので、後日の再会を約して別れた。

私はこの時の出雲旅行によって、出雲もずいぶん変わってしまって、戦前のおもかげなどないものとばかりおもってきてみたのに、出雲の山河は、いぜんとして旧態をよく保ちとどめ、自然も、人情も、二十年前と少しも変わっていなかったことを目のあたりにして、ほんとうにうれしかった。

それと同時にまた出雲のバス網が発達して、交通がとても便利になっていたのに一驚して、このようにバス網が出雲国内を四通八達しているから、これを利用すれば、それまで断念していた出雲の実地踏査をふたたび自分の力で遂行できると感じたことであった。そこで私はその翌年から、多い時には年に三度、少ない時でも一度はかならず訪れて、『出雲国風土記』の実地研究を行うことを決意したのであった。

変貌する玉造

レジャーブームと遺跡の保存

昭和三十五年三月から四月にかけて出雲を訪れたときも、ふたたび玉造におもむき、一日ゆっくりと新宮さんにお会いして、戦後の花仙山やら、勾玉製造の実況をつぶさに見学させてもらい、戦前福次郎さんにゆずっていただいた勾玉製作工程のセット模型よりもいっそう立派な模型を、碧玉で製作してもらうことを約束したりした。

こうして毎年のように、私は出雲へくるたびに玉造を訪れるようになったが、昭和三十七年頃から、玉造温泉街はめざましい発展をとげ、旅館はほとんど近代建築に変わり、堂々たる大旅館が軒を連ね、道路は全部舗装されるし、玉造川は改修されて、コンクリートの川底に化してしまった。そうして築山古墳も文化財として保護の手が加わり、わずか一、二年の間に、万般面目を一新してしまった。新宮さんの店も、その名も「玉造観光百貨店」となり、堂々たる三階建てのビルとなった。今では、もう昔日のおもかげはほとんどとどめなくなってしまった。

こうした急激な玉造の変貌は、ちょうどそのころから、日本で全国的におこったレジャーブームや観光開発ブームに、山陰地方のような後進地帯の地域開発ブームが重なって、急速に観光客が増加し、県や地元も観光客の誘致に全力をあげるようになったためである。それでも玉造は、まだまだ山陰の温泉街としては、上品で、静かな温泉街として、新婚旅行者たちによろこばれて大いに利用されている。

このような観光ブームが、この温泉郷をとりまく古代の玉作部の攻玉遺跡を破壊してしまわないかと、私は年ごとに危ぶんでいた。だんだんと家が建ちこめて、山手へ山手へと別荘や会社の寮が建つと、重要な遺跡がつぶされる。早く保存をしたほうがいいとおもっていた。最近になって、玉造温泉の東側花仙山山麓台地に史跡公園をつくり、史跡の保存にのりだすということである。玉湯町は、国の指定史跡になった玉作址の史跡地二ヘクタールを買いあげて史跡公園とし、この周囲に一二ヘクタールの地を区画整理して、児童遊園地、駐車場、観光団地などをつくる計画があり、さらにその東側に幅一二メートル、長さ二〇〇〇メートルにおよぶバイパスを作り、新しい温泉街を現出させるということである。温泉街が発展して町の財政がゆたかになるのは結構なことであるが、わずか二ヘクタールの史跡公園が設けられるという名目につられて、それとだき合わせて、花仙山一帯の史跡地が新しい温泉街のためにつぶされて、昔日のおもかげをなくしてしまうようでは、せっかくの史跡保存の意図は半ば失われてしまう。史跡保存ということは、ごくその一部を保存すればよいというのではなく、できるかぎり広域保存をしておくことが必要な条件であることを忘れてもらいたくないとおもう。

保存への努力

新宮福司郎さんは、昨年から、自らの経営する「玉造観光百貨店」の二階の一隅をさいて、めのう製作資料を展示するコーナーを設けられた。これはまことに有意義なことで、これまでなかなか見ることのできなかった攻玉の器具のことごとくが一堂に集められているので、一目見ただけですぐにその全貌を知ることができる。私も本書を執筆するにさいして、またあらためてそのコーナーを訪れて、調査を進めさせてもらった。

出雲にはこのような特殊な資料室や博物館が多い。安来《やすき》の砂鉄の博物館、和鋼記念館はその最たるもの。出雲の砂鉄のことはここへ行けばなんでもわかる。八雲村岩坂には安部栄四郎さんの出雲民芸紙の民芸館があって、民芸紙のことならここを訪れるだけでなんでもわかる。美保神社には近い将来、モロタ舟・ソリコ舟・トモドなどの刳舟や縫合船の資料を中心とした海洋博物館ができるそうだ。ここ玉造の古代攻玉の遺跡地に、新宮さんの努力で、こうした攻玉の資料室が完備されることは願ってもないことである。

出雲の攻玉文化もだんだん変化していく。いまやその貴重な民芸的な攻玉技術は、その器具とともになんとか保存しておかなければならない。変貌する玉造にあって、こうした技術の保存とともに、ぜひとも古代の遺物をも集めて、同時に展示し、古代の攻玉と現代の攻玉とを結んで、一貫した出雲の玉作りの博物館のようなものに発展させていただきたいものだと、新宮さんにお願いしておきたい。

一 史跡公園と玉造温泉の近代化

玉作部工房跡の発掘と保存

プロローグの末尾に述べた私の玉作技術の伝承と遺跡の保存の必要性への希望に関連して、この書物の初版本が刊行された昭和四十三年頃に、すでに地元の玉湯町では、着々と古代玉作遺跡や遺物の保存についての関心がたかめられており、古くは大正十一年に玉湯町内三ヵ所――宮垣地区・宮ノ上地区・玉ノ宮地区――が、「史跡出雲玉作跡」として国の指定史跡にされていた。この指定は、今日流にいえば文化財の指定にあたるのであって、そうとうに古い時期に属するのである。

史跡公園の建設

そこで町としては、温泉街のいちじるしい発展にあわせて、古代攻玉文化の日本におけるメッカの地という認識をもって、この遺跡を永久に保存していく必要を感じ、国の指定地になっている前記三ヵ所の地区の中で、種々の条件を考察した結果、その中から一ヵ所を選定して史跡公園とし、玉作遺跡を永久に保存しようと考えられるにいたった。

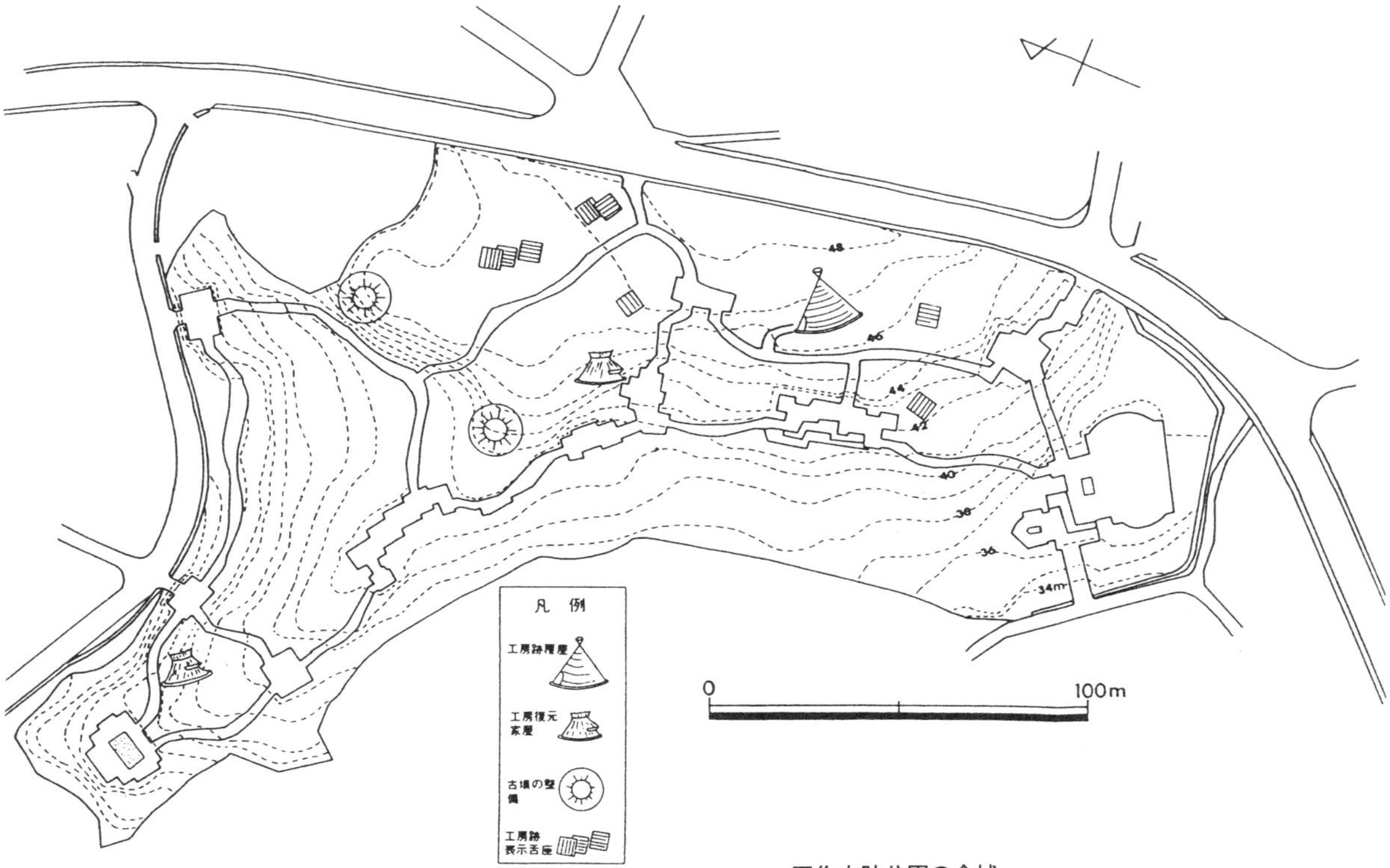

玉作史跡公園の全域

工房跡の発掘

その条件に適した地として宮垣地区が選定され、そのために、昭和四十四年二月から三月にかけて公園への道路予定地内の事前予備調査が実施され、その際、玉作部の工房跡などが発見された。そして昭和四十四年十月に、道路建設を主とする指定史跡内の現状変更の許可がようやく文化庁から出されて、幅一二メートルの道路が昭和四十六年から着工され、これは昭和五十五年に完成している。

昭和四十六年の第二次調査において、多くの玉作部の工房跡や玉類（未成品をも含めて）数万点が出土して、宮垣地区における玉作部の実態が推定されるにいたった。

これは日本古代攻玉史上の画期的な成果であり、それにもとづいて史跡公園としての設定の基本方針も定まり、昭和四十九年三月に出雲玉作史跡公園が完成した。この公園は芝生の広場として、復元家屋・古墳（記加羅志神社跡古墳・青木原古墳・小丸山古墳）・玉作工房跡台座などが設けられている。

この遺跡地の発掘では、工作遺跡としてふさわしい約三十棟におよぶ工房跡が発見され、碧玉の管玉・勾玉・丸玉の完成品や未製品、玉磨きのための砥石、孔あけ用の錐など数万点におよぶ遺物が出土している。玉作の工房は一般生活の住居と大きさが変わりなく、その構造もほぼ同じであった。

この史跡公園の敷地面積は二八〇〇平方メートルであり、その園内に工房復元家屋二棟、工房跡原状保存覆屋一棟、ならびに工房跡表示台座六カ所と古墳二基が存在している。

玉磨の砥石

工房跡原状保存覆屋

復元家屋と台座

工房の復元

復元家屋は二棟あるが、その一つは、入口に近いA地区に造られた工房で、発掘にさいして71CⅡ号工房と名づけられた工房跡の隅丸方形プランをもつ、半傾斜床をなす竪穴住居址をモデルにしてつくられた。また、西北のB地区に建てられた工房のほうは、純方形のプランである71A号工房のプランをモデルにしたものである。

これらの竪穴住居址は、竪穴の床面にいずれも工作用に用いられたピットとよばれる作業用の穴を多数有しているので、一般住居跡とは容易に識別される。このような工房はまた工人たちの住居をもかねていた。こうしたカヤ葺き竪穴住居は、一軒の広さはおよそ二四、五平方メートルで、一軒一室式の構造であった。この工房で、工人たちは年中、玉の形づくりから、磨き・孔あけ・艶出しにいたる全工程を行なっていたのである。

原状保存と攻玉の再現

工房跡原状保存覆屋といわれる建造物が一棟あるが、これは古代攻玉の実態を再現して、発掘によって明らかになった工房をそのままの状態で保存し、視覚にうったえて理解されるよう一般に公開しようという目的で建てられた施設である。そのため、発掘において発見されたC地区の71CⅡ号工房跡を、円錐形をしたドームで覆っている。

玉造を訪れた一般の人々がてっとり早く古代玉作部の工人たちの攻玉の実状やその生活を理解するのには、きわめて有効な展示である。これら出土した遺跡や遺物は、けっして一時期のものだけではなく、その示す年代は、古墳時代から歴史時代、すなわち玉の需要がつづいていた平安時代にいたるまでの長い期間——およそ七、八百年にわたっており、玉作部の工人たちがこの地に代々住みついて、攻玉をつづけていたことが立証されたのであった。

工房跡表示台座
　公園内の緑の芝生の間に、木板で覆った台座が点在するが、それは発掘によって発見された工房跡の位置を示すために、住居址の上を覆った施設である。

一個の住居址として発掘されたもの（単座といっている）が四基ある。また二つの住居址が上下に重なって発見されたものを複座といっているが、この複合住居址は二基ある。

　この公園内に小円墳が二基存在したので、その古墳も芝張りによって保存されている。

昭和五十年代以降、出雲玉造の古代攻玉文化を伝える遺跡が、この史跡公園の建設によってようやく大規模に発掘され、それによって文字の上だけではなく、実物によってもその実態が明らかにされて、その成果が一般に公開される道が開かれた。

　このことによって、日本史上にユニークな碧玉製勾玉・管玉の原産地、花仙山と結びついた古代出雲の忌部の攻玉遺跡が、一般の人々にも身近な存在となったことは、まことに喜ばしい出来事であって、昭和三十年代にいだいていた、私の出雲玉造に対する切実な希望が、ここに実現されるにいたったのである。

　そしてまた本書の初版のプロローグで私の述べている、消してはならない伝承文化としての古代出雲の玉作文化が、この後よく保存・伝承されていくかどうかという不安が、こうした伝承文化の保存への諸方の積極的な努力が結実をみたことでたちまち解消されたことを、私は心からうれしくおもうのである。初版出版のころにいだいていた私の不安が杞憂にすぎなかったことは幸いであった。

よみがえる「玉作街」

玉作資料館の設立

史跡公園がオープンされた昭和四十九年十月についで、玉湯町では次の文化財に関する大事業として、玉作資料館の建設が計画されていた。

昭和五十一年に着工して、昭和五十二年三月に完成し、同年十月にオープンをした玉作資料館は、鉄筋二階建の三七二・五八平方メートルの建物である。史跡公園に接するその東側の丘陵上に建てられ、眼下に史跡公園の全貌を見下ろすとともに、玉造川に沿って宍道湖も眺望できる。

ここは玉類の資料館として全国的にも特異な存在であり、史跡公園設立のときの二次にわたる発掘によって得られた、玉作関係資料数万点を収蔵展示する。一階・二階の展示室は、古代玉作の資料、近代玉造のめのう細工の資料を常設展示している。

今日、われわれはいつでも自由に、玉造における古代攻玉の文化を実見することができるようになったのはまことに幸いであり、ここが、日本における玉の資料館としてふさわしい展示と、研究の拠点として発展することを期待してやまない。

出雲めのう細工伝承館の創立

島根県ふるさと伝統工芸品の指定店となっていた新宮福司郎さんのめのう細工の店が、やがて玉造観光百貨店に発展し、その二階に、新宮さんの努力で攻玉の資料室が完備されたことは、すでに初版本のプロローグの中で述べたとおりであるが、その後、新宮さんのお店は、「観光百貨店」をあらためて新装の「めのうやしんぐう」となり、さらに昭和六十年三月八日に、「いずもめのう細工伝承館」という名の新店舗を、玉湯町の湯町一七五五番地の地を卜して創立されたのである。この新しいお店は、ちょうど『出雲国風土記』に記されている「玉作《たまつくりの》街《ちまた》」（第三章において詳述）に相当する場所であり、伝承館がここに建てられたことは、まことに有意義なことであった。

今日では出雲へ旅行する人々は多い。以前は、玉造温泉に宿泊する人たちは、そこで「めのうやしんぐう」という新宮さんのお店や、立ちならぶ土産物店で玉類を求めることができたが、温泉に立ち寄らない人たちはせっかく出雲にきても、玉作のめのうの玉を見たり求めたりすることも、また攻玉の実際を知ることにも恵まれなかった。

しかし最近のように車で旅行する人が多くなれば、山陰道を車で走って出雲大社へ参拝する人も多いのであるが、そういう人々のためには、山陰道の玉湯町にできた新宮さんの伝承館はまことに便宜な場所にある。玉造温泉街へわざわざ立ち寄らなくても、車をとめて、この伝承館で古代攻玉の技術を実見し、また土産に玉類を求めることができるのであって、手作業で行われる古代さながらの攻玉技法を、目のあたりに会得することができるようになったのである。

出雲の伝統工芸の一つである碧玉やめのうの玉細工を、労せずして実見することができるのはまことに有難いことである。その意味で、新宮さんが玉造温泉の本店のほかに、湯町に立派な伝承館を建てられたことは、地方文化の普及のために大きな貢献だといえよう。

新宮福司郎氏と伝統工芸

私は、出雲の勾玉に魅せられて長年にわたって出雲を訪れ、先々代の福次郎翁ご夫妻、そして嗣子福司郎さん（本名薫さんという）ご夫妻にいろいろと教えられ、また花仙山山麓の遺跡地を案内してもらったり、攻玉技術の手ほどきをしてもらったりして、玉についての正確な認識をもつことができた。その点についてはこれまでの記述をとおして十分おわかり頂けたと思う。福次郎翁の時代、大正から昭和にかけては、この伝統の工芸を、碧玉やめのうの産地を控えて地道に営業をつづけておられたが、福司郎さんはよくその事業を継承して大いに時代に即応して事業を発展させられた。

伝統工芸の継承

それは昭和という時代、とくに戦後の目覚しい復興の気運、経済成長、レジャーブーム等々の時代傾向にも助けられた点もあったであろうが、その経営が誠実で手堅く、着実な努力が功を奏して、近代的な店舗へと脱皮していかれた。経営がうまくいったというだけでなく、福司郎さんはつねに、その利潤の一部を攻玉の伝統技術の保存と発展のためについやされ、自力で攻玉の資料室を店の一角に設立されたり、技術の普及に努めたりしておられた。そうした念願が結実して、新しく伝承館の設立となり、地方文化を代表する攻玉技術の伝統の保存と普及とに対する努力を惜しまれなかった。

玉湯町の山陰道に完成した伝承館

攻玉の方法

伝承館の攻玉工房

新宮さんのめのうの本店

寡黙ではあったけれども、篤実で恩義に厚い福司郎さんは、私が接した感じでは体格もよく、とても壮健であられるように見受けられていたので、ますますこの道に貢献されるものと大いに期待をしていたのである。それは平成元年九月二十五日のことであった。突然良子令夫人より電話で、福司郎さんの逝去を伝えられた。一瞬、私は自分の耳を疑うほどの驚きを覚え、話す声すら出なかった。生前のおもかげが走馬灯のように私の脳裡に映じた。誠実で実直、それでいて溢れるような和やかな風貌が眼に浮かんでくる。まことに残念に思えてたまらなかった。私はさっそく、大切にしていた福司郎さんに製作してもらった三種一連の勾玉のみすまるや、碧玉製の勾玉の製作過程の模型をとり出した。そしてじっと眺めているると、眼頭がおのずからあつくなってきた。思えばじつに長いおつき合いであった。私がここに福司郎さんのことをあれこれ追憶して述べるよりも、悉知の関係であられた第八十三代出雲国造、出雲大社の千家尊祀宮司様より、福司郎氏の葬儀にさいして頂戴した弔詞を引用させていただくことのお許しを願い、福司郎氏の人となりやその生涯を通じて、攻玉の伝承一筋に生きてこられた足跡を偲ぶよすがとさせていただくのがよいと思う。

攻玉伝承一筋に

弔詞

新宮 薫さん

貴方の訃報に接し全く驚き悲しみました。貴方は大正八年瑪瑙の産地の当地に出生され、出雲古代文化の粋とも云うべき瑪瑙細工の技術をみがかれ、その技術は第一人者として、美はしい瑪瑙の美術工芸品を数多く製作され、出雲の伝統の瑪瑙細工を世に広く紹介されました。その結果として昭和五十七年には島根県からふるさと伝統工芸の指定を受けられ、最近の出雲古代史研究ブームと共に、貴方の製作された瑪瑙細工は、世の好評を博しています。

特に出雲大社と貴方とは、出雲古代の史実として、奈良平安の昔、出雲國造の代替りには必ず宮中に参内し、神賀詞を奏し、金銀製の刀剣を始め、当地の瑪瑙の玉六十八枚を献上する古例に従い、私が八十三代の出雲國造を襲職いたしました昭和二十三年六月二十一日、宮中に参内し、天皇陛下に拝謁の上、神賀詞を捧り、貴方に依頼して謹製された三種一連の瑪瑙の玉を献上して以来、再三、再四、貴方に数多く製作をお願い致しました。

昭和四十二年、昭和天皇、皇太后お揃いで出雲大社に御参拝になりました時には、貴方に依頼して製作していただいた瑪瑙の牛の像を天皇様に、兎の像を皇太后様に献上いたしまして非常にお喜びになりました。この時貴方の瑪瑙工場は天覧の光栄に浴された由、私も承り喜んだ次第であります。

更に昭和五十六年五月十一日には、貴方が精魂をこめて製作された三種一連の玉を、出雲大社に奉納されました。出雲大社では永久に出雲大社の神宝として伝えることにしております。

このように出雲伝統の瑪瑙工芸品は、貴方の名声と共に後世に伝えられるものと信じます。出雲の玉を語る上に欠くことの出来ない貴方と、今幽冥境を異にすることは惜しみてもあり余るものがあり、哀惜の情に堪えないものがあります。どうか幽冥大神のみもとに安らかにお鎮りになりますよう、粗辞をささげて心からお冥福を祈るものであります。

平成元年九月二十六日

出雲大社宮司
出雲國造　千家　尊祀

まことに要を尽くした文章である。福司郎さんの面目躍如としている。攻玉に対する貢献の偉大さが十二分に説きつくされている。

それにしても福司郎さんは享年七十歳であったという。私より一歳年下であるから、まだまだこれからという年齢であったのに、とその逝去がくやまれてならないのである。

福司郎さんの残していかれた「めのうやしんぐう」と、「いずもめのう細工伝承館」との二つのお店は、いま、良子令夫人と嗣子新宮福仁郎氏とによって継承されている。この福司郎さんの衣鉢を継いでさらにいっそうの努力を重ね、伝統技術とその文化とを発展させてほしいと切望してやまない。伝承館の工房が、由緒ある出雲玉作攻玉文化のセンターとなって、永くめのう細工のメッカとなるように心掛けて努力を重ね、伝承館の名にふさわしく、攻玉技術の保存と普及発展に資せられたい。

攻玉の発展と伝統工芸の継承

最近十年ぶりで玉造を訪れた私は、温泉街の近代化に目を見張った。リゾートブームの波は、この山間の渓流にそった湯治場的な温泉郷のおもかげをすっかり消していた。学生のころの夜、せせらぎのほとりのかき氷屋の縁台で涼みながら、金時を食べたことをふと懐しく想い出した。もうそんな風情は見られなくなってしまった。

この温泉街の近代化が、由緒のある古い玉造を変貌させたことは確かである。それは一面からみれば、自然の破壊といわれるかもしれないが、しかしその反面、小さな町である玉湯町が、史跡公園を建設したり、日本でもユニークな玉の資料館を建設したり、攻玉の資料の蒐集や研究に便宜をはかる施設をつくったりして、伝統工芸の保存と普及とに努力をすることができるのは、やはり玉造温泉からの収益が大きな財源となっているのであろうから、それは伝統文化の保存に大きな貢献といえることとなろう。そのために遺跡や遺物がよく保存され、事実を正しく後世に伝えることができるならば、玉造温泉の発展はまた、文化の上にも大きな貢献を果たしていると

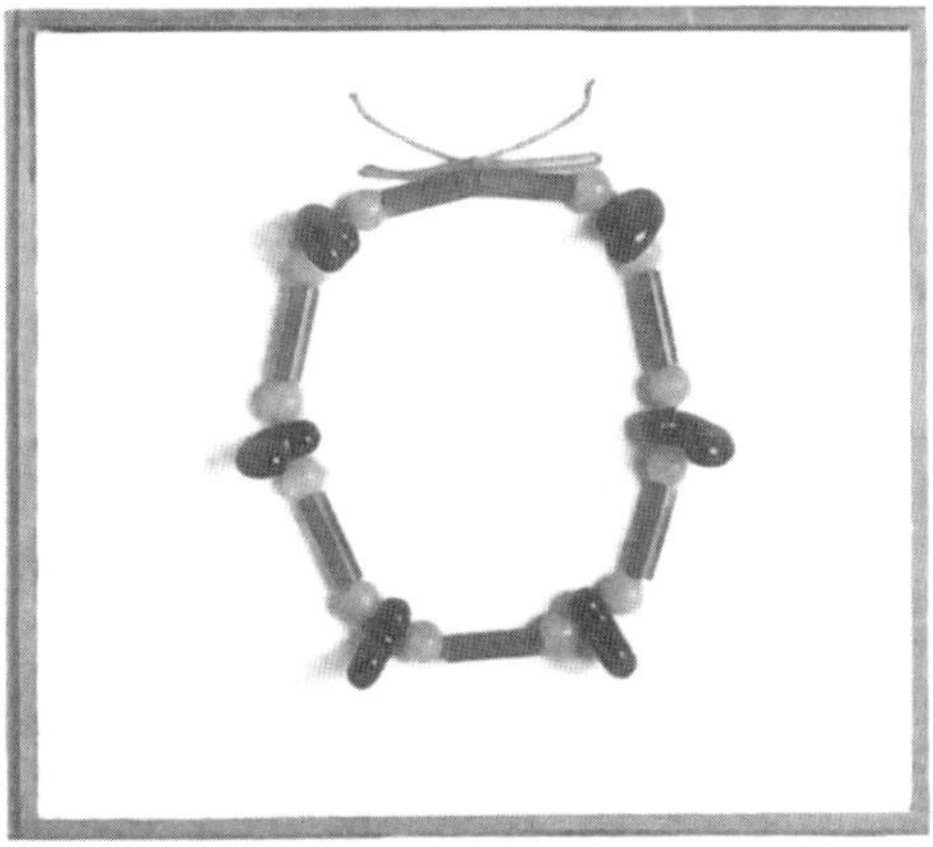

出雲国造より昭和天皇に献上された三種一連の玉
（新宮福司郎氏謹製）

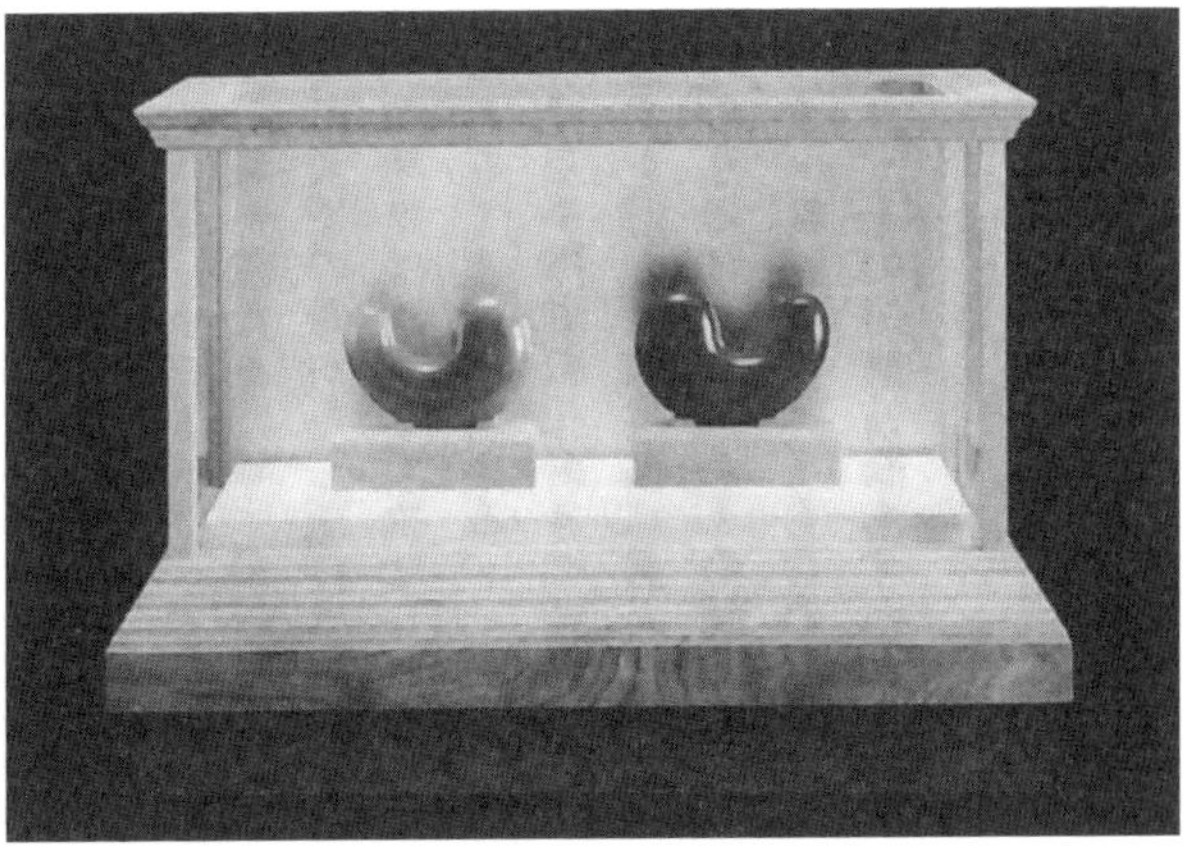

今上天皇即位記念に献上された勾玉二種
（伝承館謹製）

いえる。

玉造温泉の発展は、けっして近代に突如としてはじまったことではない。すでに詳述したごとく『出雲国風土記』では、「玉作街」が出雲国庁の「十字街《ちまた》」と並んで特記されており、そこが、当時すでに、出雲での重要な繁華な街であったことも記されている。なかでも「玉作街」は付近に自然に湧出する温泉があって、そこに老若男女が集い来たり、年中湯浴みに来て繁華な状態を呈していたことを記しているのであるから、すでに天平の昔から、玉作は保養の地として繁栄していたことが明らかである。それゆえ、玉造温泉の発展はけっして故なしとはせず、千二百年以上もの永い伝統を受けついだ近代での復活であるとみてよいのである。

天平時代の玉作の工人らは、年中休まずにつづける手作業の玉磨きに疲れた体を、丘の下を流れる玉作川に湧出する温泉に浸って休め、新たな力を貯えては生業に励んだ。第二十世紀の温泉に集う人々は、今の玉造の工人たちのつくっためのうのアクセサリーの魅力にとりつかれて、多くのアクセサリー類を求めて楽しむ。新しい第二十一世紀に入ってもこの傾向は持続され、玉造温泉の発展とともに、出雲の玉もますます愛好され、その伝統技術もすたれることもなく新しい時代に継承されていくことであろう。

攻玉技術は後世への大切な遺産

千数百年の昔から碧玉製勾玉や管玉を製作してきた出雲の玉作の工人たちのあとをうけて、今日復活した玉造の攻玉の伝統が永く継承されていくことは望ましいことであるが、永い生産の歴史をふまえて、花仙山のめのうも埋蔵量が減少し、今日では採掘をやめてしまっている。それで、めのうはもっぱら輸入の原石を利用して製造しているといわれるが、その輸入先は南アメリカ、主としてブラジル産の原石が利用されている。新宮令子さんのご教示によれば、新宮さんの所では、今日もなお、碧玉の原石は花仙山産出のものを保持されていると聞いている。碧玉も漸次少なくなっているのはやむをえないことであろうが、たとえ石材は変わっても、出雲の伝統的な攻玉の技術はなんとしても保存し、伝承して、その美しい飾玉の伝承を将来にのこし伝えてほしいと切望してやまない。

二　玉のいろいろ

玉の魅力

勾玉の謎

さて、出雲の玉作遺跡を訪れて、そこがいわゆる勾玉の製作址であることを知った私は、爾来《じらい》勾玉にとりつかれたように、勾玉についてのいろいろな考えが頭の中をかけめぐり、こびりついてはなれない。

それは数ある玉の中でも、もっとも特異な形態をしている玉であること。とくに勾玉は硬玉製品を主体としていること。硬玉が得られないときには、その色調が似ているので、とくに管玉と同様、碧玉岩《へきぎょく》―出雲石を原料として製作したものが主流をなしていること。すなわち勾玉はその色調としてもっとも深緑色をよしとすること。

こういう特色をふまえて、この奇妙な形態は、いったい何をシンボルしているのだろうか。もしそれを解き明かすことができたならば、勾玉を佩用《はいよう》する意義がすらすらと解けるのである。

しかも勾玉といえば日本特有の玉であって、日本以外で同じ形をした勾玉類似品があるとすれば、エジプトにごく小形の、形態の類似したものがあり、朝鮮では早くから慶州新羅の金冠塚出土の黄金の王冠に勾玉がつけられており、その後、朝鮮では勾玉が垂玉として用いられていた例が知られるにつれて、勾玉は朝鮮から伝来してきたという説も出てきているが、私は今なお、朝鮮の勾玉は日本から伝えられたものであるという考えを捨てていない。

勾玉にはわが民族でなければわからない何かが宿されているとみなければならない。いったいそれはなんだろう。なかなかわからないから、いっそう解明してみたくなる。

そのうえ勾玉は、皇位継承のシンボルである三種の神器の一つとして、「ヤサカニノマガタマ」が古くから伝えられ、しかもこれは天皇の宮殿内に安置され、天皇のお側近くにいつもおかれているのであるという。

そんな重要な意義をもつ勾玉であるから、なんとしてもその原義を明らかにしてみたいと思う。とくにこの勾玉が、もっぱら出雲の玉作部の製作によっている玉であるからには、古代出雲の研究をこころざしている私には、どうしてもそのまま放置しておけない重要な研究課題になるのである。

それでは本題に入る前に、日本人の玉を身につける慣習について若干述べてみよう。

装身具としての玉

まず、玉――それはたしかに美しい魅力をもっている。女性ならずとも、その美しい姿態・色調に魅せられ、自分の身体の一部にそれをおびて、飾りにしたいという気持ちをおこさせずにはおかない。古今東西を問わず、玉への憧れはつよかった。とくに女性にとっては、佩玉《はいぎょく》（玉を身につけること）はこよなきアクセサリーとして、尊重されてきたものである。

今日では、アクセサリーとしての佩玉の習俗はますます増大するばかりで、その需要は莫大なものになっている。まず今日の女性で、飾身具のなかに玉の一つや二つをもっていない女性は、ほとんどないといってよいだろう。

もちろん、一口に玉といっても、その種類は一様ではない。玉の材質によっても千差万別であり、またそのアクセサリーとしての使用法の上でも、いろいろ異なってくる。

なんといっても、玉としてもっとも普通に考えられるのは首飾り—ネックレスであろう。ネックレスといえば、まっさきに真珠が思い出されよう。そして、それについで、いろいろの宝石や岩物の玉類が愛好される。その玉の大きさや、連の数も一連・二連・三連のものなどさまざまである。

それに耳飾り—イヤリングである。耳朶《みみたぶ》に玉をぶらさげて、動くたびにつり下げた玉がゆらゆらとゆれるものや、耳朶にしっかり玉をとめつけたものなど、趣向はさまざまである。

さらにブローチにペンダント、腕輪まで玉でつくられたものがある。また、昔の女性（といっても昭和の二十年代までの女性である）は日本髪が多く、洋髪にしても現在とはよほど型がちがっていたので、頭髪にもアクセサリーを用い、玉のついたかんざしやこうがいが用いられていたが、現在ではほとんど姿を消してしまった。

女性ばかりが玉を愛用するわけではない。べつにちかごろのように、男性か女性か、外見上識別できかねるような男性が横行しだしたから、女性用アクセサリーとしての玉類を男性が用いるという意味からいっているのではない。男性用アクセサリーとして、ネクタイピンやネクタイどめ、あるいはカフスボタンとして玉が用いられている。

このように服飾のアクセサリーとしての玉の使用は数かぎりないし、古今を問わず、玉に対する人間の愛着には、きわめて熱烈なものがあった。

佩玉の慣習の起こり

人間が身体になにほどかの装飾をほどこして美しくみせたいという本能は、ずいぶん古くから存在したけれども、装身にしろ、化粧にしろ、そのはじめは、たんに美的本能に発するものではなく、もっと呪的・宗教的な意味に発するものであって、美意識の発達する時代のはるか以前にその起源があったのである。

考古学的にみると、佩玉の習俗はすでに旧石器時代にまでもさかのぼることができる。

玉を身につけることにしても、それは玉をつけることによって美しさを倍加する装飾を意味する以上に、それを身につけることによって、より呪的・宗教的（呪教的）な意義——あるいは一種の護符的な意義をもって用いられたのである。

だから今日、玉というと、たいてい美しい色調をおびた球状の宝石、あるいは磨かれた岩石や真珠のようなものをすぐに思い出すが、最初の佩玉の対象となったものは、けっしてそんな美しいものばかりではなかった。それは動物の、しかも巨獣類の牙であったり、角であったり、骨であったり、魚や獣の歯であったりした。それらの実物に孔をあけて、それをいくつもいくつも連ねて、今日の玉のように首にまきつけ、胸に垂れ下げ、腕にまいていたのである。

けれども、それはけっして美的装身具として着装しているのではなかった。巨獣の牙に孔をあけて紐で連ねてそれを身につけることには、そのことによって、古代人の信じていた呪教的な考え方、模倣呪術《もほうじゅじゅつ》の原理によって、同じ形状のもの、同質のものは同一の霊力をはたすから、巨獣の牙を身につけることで、その巨獣のもつ猛威と同等の威力を、その人が身に帯することになると考えられたからである。鏡を胸にぶらさげることも、鏡は神霊の憑代《よりしろ》と考えられていたから、その神霊が着装した人にのりうつったことになるので、古代のマジシャンは好んで鏡を身につけたのである。

それが後にだんだんそういう呪的信仰が失われてくると、それまで呪的意義をもって着装されていた玉や鏡などが、その外形だけをなおとどめて、今度は身体装飾品という性格の変わったものとして、アクセサリーとして愛用されることになったのである。

とりわけ装身具としての玉は、その形状において、その色調において、またその質の多様性に富んでいることで、こよなき身体装飾品として愛好され、その需要を増したのであった。

装身具としての玉の愛用は、わが民族においても古来顕著であって、古代にさかのぼるほど、その多種多様な玉の着装は、とうてい今日の比ではない。頭髪の結びにはじまって足結《あゆい》りにいたるまで、装飾といえば、ほとんど玉をともなっていないものはないほどである。

ただ、ここで重ねて注意しておいてほしいことは、佩玉の習俗も、そのはじめはけっして身体装飾に発したものではなく、より深く、より重く、呪術的な意義をもって、身体に玉類を着装するようになったということである。

玉の分類

形からみた玉の種類

いわゆる玉《たま》といえば、丸く磨かれたものを総称しているのであるが、しかし玉の名称については一定の標準がなく、かならずしも丸いものでなくても玉とよばれるものもある。本書の表題である勾玉とか、あるいは管玉《くだたま》などは、かならずしも丸い球状を呈していない。

玉を物質の種類によって分けてよぶこともある。琥珀玉《こはくだま》であるとか、水晶玉《すいしょう》であるとかいう類。あるいは色調によって瑠璃玉《るりだま》といい、玉の模様から蜻蛉玉《かげろうだま》とか雁木玉《がんぎ》とかいう類。みんな玉について、それぞれの観点から命名され、よびならわされている。

そこでこのような玉の分類について、学問的に、統一した分類を決めておくことも大切である。それにはまず、昔から玉とよばれてきたものを、その形状から区別するのがいちばん適当であろうとおもう。すなわち、玉の形からみると、およそ次の十種に分類される。

(1)　丸《まる》　玉《だま》　球状を呈するいわゆる玉

(2)　平《ひら》　玉《たま》　丸玉の両側面をおしつぶしてやや扁平にした玉

(3)　小《こ》　玉《だま》　丸くてきわめて小さな玉

(4)　管《くだ》　玉《たま》　円筒状を呈し、竹を短かく切ったような形の玉

(5)　臼《うす》　玉《だま》　管玉をきわめて短かく切った玉で、長さが直径以下のもの

(6)　棗《なつめ》　玉《だま》　長い切子玉の稜角をとりさった形の玉で、棗の実に似ている玉

(7)　蜜柑玉《みかんだま》　丸玉の側面に縦状に凹線をきざみ、蜜柑や南瓜《かぼちゃ》に似た形の玉

(8)　山梔玉《くちなしだま》　平らな底面を共有し、円錐体の側面に縦状の凹線をきざみ、山梔の実に似た形状の玉

(9)　切子玉《きりこだま》　平らな底面を共有し、断頂多角錐状か円錐状を呈し、一見してガラスの切籠《きりこ》に似た玉

(10)　勾玉《まがたま》　長く彎曲した玉で、多少扁平になる傾向を示すものが多い玉

このように、玉の形状によって十種に分類をしたが、これらの形状にはおのずから系統がたてられる。すなわち、玉の形をした丸玉に長くのばす力を加えると棗玉になり、その棗玉の稜を立てると切子玉になる。その側面を圧して円筒状にいっそうのばすと管玉になる。そして丸玉の上下両面を圧迫して平らにして底面をつけると平玉になり、さらにそれを小さくすれば小玉、小玉の角をとりさると臼玉になり、その臼玉を長くのばせば管玉になる（ここでいう玉の長短・高低とは、勾玉を別として、すべて玉の孔と同一方向をもって長さ、高さという。直径とは、孔と直角に交わる方向に測った玉の長さのことである）。

すなわち、その関係を図示すると、次頁の下図のようになる。そうするとただ勾玉だけが、これら一系の玉とは異なった系列のもののようにみられる。

この勾玉だけはどう考えても、丸玉や管玉のいずれからも分離した形状とは考えられない。しかも勾玉という玉の形状は日本独特のもので、他の国ではあまりみられない。今日まで知られているかぎりでは、朝鮮―とくに南朝鮮で多数みられることと、類似の形状がエジプトの玉の中に知られているだけであるから、まず、わが国特有の玉といってよい。私が数ある玉の中からとく

首飾りをした埴輪
（群馬県古海出土　東京国立博物館蔵）

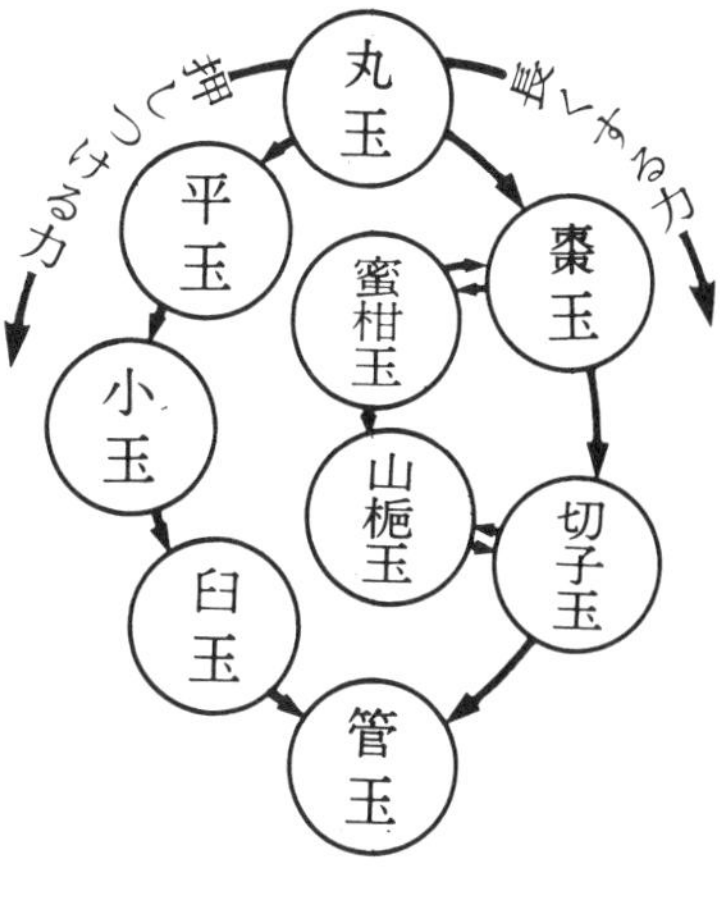

に勾玉だけをとりあげて論じようと思ったことの理由の一つは、じつにこの点に存したのである。いわゆる玉の概念からはみだした、玉ならぬ玉としての勾玉、その謎を解き明かしてみようとするのが本書の目的なのである。

質からみた玉の種類

形状から玉を分類すると、前に述べたように十種類に分類されるが、それらの玉はどんな物質をもってつくられるのか。玉の材質についてみてもきわめて多種多様である。いまおよそ玉類に使用される原材質を、玉の形状の種別との関連において列挙すると、次のように十七種類に分けられる。

(1) 斑瑪瑙　勾玉・管玉・切子玉・丸玉・小玉

(2) 紅瑪瑙　勾玉・管玉・切子玉・丸玉・小玉

(3) 碧玉岩　おもに出雲で産出され、出雲石または青瑪瑙ともよばれる。管玉・勾玉・棗玉・切子玉・丸玉・平玉

(4) 玉　髄　勾玉・管玉

(5) 水晶(石英)　切子玉を主とする。勾玉・管玉・丸玉・平玉など

(6) 滑　石　臼玉・粗製勾玉

(7) 蠟　石　臼玉・棗玉・切子玉・粗製勾玉

(8) 蛇紋岩　勾玉・丸玉

(9) 琥　珀　棗玉・まれに勾玉にある。

(10) 加賀玉　北陸地方の勾玉

(11) 硬　玉　琅玕《ろうかん》・翡翠《ひすい》といわれるもので雲南、ミャンマー産を良質とし、日本でも新潟県などで産出する日本翡翠があるが、質があまりよくない。勾玉にこの質の優品があり、まれに小玉にもみられる。外国産の硬玉の原石を輸入し、日本で勾玉などに加工したことは疑いの余地がない。

(12) 土　小玉・管玉・勾玉

(13) 埋　木　切子玉・棗玉・扶桑木の玉というのはこれであろう。

(14) 琺《ほう》瑯《ろう》　管玉・切子玉・丸玉・小玉・棗玉

(15) 玻《は》璃《り》　ガラス玉で、色はいろいろある。勾玉・小玉・丸玉にみられる。

(16) 金　銅　勾玉・丸玉の中にまれにある。中空で厚さは薄い。

(17) 銀　銅　勾玉・丸玉にいくらかみられる。山梔玉にもある。

これら十七種類の材質についてみると、その過半数が鉱石であり、なかにはいわゆる宝石の部類に加えられる貴重なものから、岩物とよばれるふつうの石の類がふくまれている。十七種中十一種が鉱石で、他は土・木・ガラス・琺瑯が各一種、合金属が二種となっている。

もちろん、これらのほかに、すでに破壊されてしまって遺物としては残っていない、木の実などをいくらか加工して、玉として着装していたこともあったかと推定されるが、装身具として、あるいは呪具《じゆぐ》として後世まで永く用いられていた玉類をみると、いずれも古代の遺物にみられるような材質のものの範囲に限られているので、おそらく自然の木の実などは、獣牙や獣歯などに孔をあけて用いた石器時代までのことであって、それ以後、いわゆる玉として佩用されたものは、おおむね、以上のような材質の鉱石を主としたものに限られたとみてさしつかえないようである。

また玉の形状によって、おのずから材質が限定されたらしい傾向も前表によって想像されるであろう。いろいろとバラエティーに富んでいるが、勾玉などでは硬玉のものがもっとも多く、かつ硬玉の類品として碧玉岩製のものが多いということは、勾玉と硬玉、あるいは碧玉岩との間に、何か結びつけられる理由があったこととおもわれる。それが何であるかは容易に解決しえない難問題であろうが、それには勾玉が、とくにある特定の鉱石にかぎって製作されていることと関係があろうかとおもう。なぜならば、玉の製作に使用される鉱石は、いずれも美しい特有の色調や光沢を有していることから、玉と色調とが深い関係にあり、そのためにその必要な色調を有する鉱石が選ばれて、玉の製作に使用されたのではないかと考えられるからである。

そこで、次には玉の色調の種類について調べてみよう。

玉の形状と、その質との間になんらかの関係があることを述べたが、その材質のもつ特有な色調は、また玉の本質と大いに関連するところがある。とく

色調からみた玉

に玉がその呪教的な意義を離れて、装飾品として愛用されるようになってからは、ことさらに、その色調・光沢は重要性をもつようになってきた。現在の装身具としての玉の色調は別として、いまもっぱら古代の玉の遺物上からみた色調の種別を列挙してみると、次のようである。

(1) 赤色　紅瑪瑙・斑瑪瑙
(2) 赤褐色　琥珀
(3) 黄褐色　斑瑪瑙・蠟石
(4) 黄色　金銅・玻璃・琺瑯
(5) 緑色　硬玉・玻璃・琺瑯
(6) 暗緑色　碧玉岩・蛇紋岩
(7) 青色　玻璃・琺瑯
(8) 紺色　玻璃
(9) 水色　玻璃
(10) 浅紫色　紫水晶
(11) 鼠色　滑石・蠟石・加賀玉
(12) 黒色　埋木・土・泥板岩・琺瑯
(13) 白色　石英・白瑪瑙・銀銅
(14) 透明　水晶

以上のように玉を色調の上から区別すると十四種に分類され、それぞれの色はその材質によって特定されることが明らかである。このように等しく同色をだす材質があっても、とくにある特定のものに限定されるのは、その製作の点で、技術上の問題点や、材質そのものが玉として製作するのにふさわしくないものを除く結果であろう。たとえば黒色を呈する黒曜石など石器時代から知られた鉱石であるのに、黒曜石製の玉がないのは、その玻璃質であるという材質が、玉の製作にあわず、攻玉上からもふさわしくないため使われなかったのである。

また逆に、硬度が高くて、その研磨の点や、切断あるいは孔をあけるという点からいろいろ疑問をもたれている硬玉が、とくに日本で加工され、勾玉のようなきわめてむずかしい形状の玉に研磨された優品が多数出土しているのは、勾玉のためには硬玉が絶対必要であるという意識があって、そのためには、いかに困難な技術上の問題があっても、それを克服して目的を達しようとした古代人の情熱があったからであろう。そして玉の色調は、勾玉にとってきわめて重要な条件であったことが想像されるのである。

そこで、出土した玉の色調と、形状と、質との関連を表記してバラエティーを調べると、次表のような結果となる。

この表についていえることは、玉の色調・材質の種類について、ともにもっともバラエティーに富んでいるのは勾玉であり、それについで丸玉、切子玉、管玉、小玉の順であることがわかる。このことは、佩用された玉の中で、もっとも普遍的なものは勾玉と丸玉とであり、それに切子玉や管玉が加わっていることになる。また色調においては、赤色系統（赤色・赤褐色）のものと、黄色系統（黄褐色・黄色）のものと、緑色系統（緑色・暗緑色）のものと、青色系統（青色・紺色・水色）のものとが、とくに主要なものであることがわかる。

この表において、そうした点は数字の上に表れていないが、丸玉としては赤色・黄色・青色・白色系統のものが主体をなし、勾玉はもっぱら緑色系統のものが主体であって、バラエティーに富んではいるが、緑色系統以外の色調のものには粗製品が多いので、緑色の硬玉か、暗緑色の碧玉岩を主に使用していると考えられる。そして管玉はやはり碧玉岩製を主体とするものであるこ

玉の色調・形状・質の関係表

（備考）表中の数字は玉の材質の種別を示す。

色調＼形状	赤色	赤褐色	黄褐色	黄色	緑色	暗緑色	青色	紺色	水色	浅紫色	鼠色	黒色	白色	透明	色の種類	質の種類
丸玉	1・2		1	14・15	14・15	3・8	14・15	15	15	5		14	5	5	12	7
平玉						3				5				5	3	2
小玉	1・2		1	14・15	11・14・15		14・15	15	15			12・14			8	5
管玉	1・2		1	14		3	14			5		12・14		5	8	5
臼玉			7								6・7				2	2
切子玉	1・2		1・7	14		3	14			5	7	13	5	5	10	6
棗玉		9	7	14		3	14				7	13			7	5
蜜柑玉							15	15							2	1
山梔玉													17		1	1
勾玉	1・2	9	1・7	15・16	11・14・15	3・8	15	15	15	5	6・7		5	5	13	13
質の種類	2	1	2	3	3	2	2	1	1	1	2	3	2	1		
形状の種類	5	2	7	6	3	6	7	4	3	5	4	5	4	5		

1 斑瑪瑙　2 紅瑪瑙　3 碧玉岩　4 玉髄　5 水晶（石英）　6 滑石　7 蠟石
8 蛇紋岩　9 琥珀　10 加賀玉　11 硬玉　12 土　13 埋木　14 琺瑯
15 玻璃　16 金銅　17 銀銅

とが、出土遺物の数量の上からみると圧倒的に多数を占めることによって明らかにされる。

そうすると、玉の本来の形状と色調とは、丸玉の赤色、勾玉の硬玉の緑色、管玉の碧玉の暗緑色と、この三つにしぼれるようにおもわれる。こういうところに玉の起源の問題がかくされているのではないだろうか。とくに私は、このように玉を分析的にみてくると、硬玉を主体として考えなければならないところに、日本独特の勾玉の謎が解明できるのではなかろうかと考えるようになったのである。

玉の起源

佩玉の起源

いったい玉はどんな意義をもって、人々に着装されるようになったのであろうか。次にはその点を考えることにしよう。私はこの問題を考えていくことによって、どうしても古代出雲の玉作部《たまつくりべ》の実態をはっきりさせなければ解決できないことを知り、次には、いきおいその方向の研究に向けられていったのである。

玉を大別すると、丸玉と管玉と勾玉とに分けられることを述べたが、いったい玉の起源はどういう点に存したのだろうか。

玉のうち、その本来の形状が丸い球状のものであるとすれば、丸玉がその祖形でなければならない。丸玉といってもかならずしも正しい球体ではなく、ほぼ丸い形状をしているもので、長さが直径およそ一・五センチ前後以上のものをいい、それよりも直径の短かいものは小玉に入れる。

古くは、木の実などをそのまま用いて装玉にしていた時代にはじまり、やがてそれを鉱石にその形を移して用いるようになった。およそ球体のものを身にまとうことは何を意味するのであろうか。

玉の「タマ」は、また霊魂の「タマ」に通ずる。古代人は万物にすべて霊魂があり、その作用で森羅万象《しんらばんしょう》がめぐりうごくものと解し、それらの霊魂を信仰し、畏怖していた。いわゆるアニミズム（有霊観）の信仰である。それらの霊魂は、ふつう目に見えない気体様のものであると判断されていて、自由自在に行動しうるものと理解されていたので、その形は丸い、球状のものと考えていたらしい。だから玉を身につけるという呪術は、より多くの霊魂を身につけて、常人以上の霊威の力をもっている人間であることのシンボルにほかならず、またそれによって、自分を霊的存在態と判断させるための行為であった。そこに玉を身につけることの本来の意義があり、佩玉の起源はその辺にあったものだと私は考えている。

玉の起源についてはいろいろな説がなされているようであるが、まず丸玉については、右のように説明されるとしても、では、管玉や勾玉はそれで十分な説明になろうか。

勾玉と管玉との関係

管玉の起源については、古くからこの玉の形状によって、竹管によるものだとの説がなされてきた。琉球では「竹珠」あるいは「ハケダマ」といって、細い竹管をひもでつらぬき、古くは、竹珠と竹珠との間に勾玉を混じえつらぬいて頸《くび》につけた習俗があることから、管玉はこのような竹管を模したものであるという説がある。

わが国の古典である『万葉集』の歌謡のなかにも、しばしば「竹玉」という語が見え、「竹玉を繁々《しじ》に貫き垂れ」とか、「竹玉を間なく貫き垂れ」などと詠まれていて、竹玉が数多く連なって頸にまかれたり、あるいは葬式のときに榊の枝にそれを垂れ下げたりしたさまを示しているが、この『万葉集』にみえる祭式儀礼用の「竹玉」が、竹管の玉ではなく、管玉もしくは臼玉のことであると説く学者もある。おそらくそうであろう。

そのうえ、この説によりいっそう都合のよいことは、管玉の出土品の大多数、約九割までが暗緑色の碧玉岩からつくられていることで、若竹の竹管の色を意味しているという。しかし、管玉のなかにも紅《あか》めのう製のものがあって、それは赤色、また水晶製のものは透明であるなどといって、これまでの管玉—竹玉起源説に一致しないという説もあったが、それらはごくめずらしい例であり、この場合重要なこととはならない。

管玉、またそれを小さくした臼玉（管玉は通例長さ三・五センチ、直径一センチ前後で、臼玉は長さ〇・五センチ　直径一センチ以下のもの）は、いわゆる玉の概念とは、ややはずれたものとして考えれば、玉を連ねる場合にはじめて生じた形状であって、玉としては二次的なものといってよいかもしれない。そしてここで注目すべきことは、管玉の九割までが碧玉岩製であることで、このことは管玉が勾玉と密接な関係にあることを示唆するのである。

古代人の玉の着装を知るために、形象埴輪《けいしょうはにわ》についてみると、玉は男性・女性を問わず身につけ、頸玉《くびだま》をかけた男子武装埴輪さえあり、また頸に二連の玉をまきつけた女性埴輪もある。そして丸玉をもってつくられたネックレスには、管玉はいっさい使用されていないで、勾玉をつけているものにかぎって、勾玉と管玉とを交互に連ねた頸玉をかけたものがふつうに見られる。これら埴輪の着装例からしても、勾玉を身につける上で管玉が生じたということは、確かな事実である。そこで碧色か暗緑色を主体とする勾玉と、それを連綴する際に用いられる管玉が、ともに碧玉岩製を主体とすることは必然的な結果だとおもわれる。

特異な玉としての勾玉の起源が何であるか、これは重大な問題であるので、いまここで簡単に結論をくだすことはやめて、以下節を追ってこの問題の解決をしていこうとおもうが、私が玉の中でとくに関心をよせた勾玉が、管玉と密接な関係にあり、その管玉の九割までが碧玉岩製であることに、私はひじょうな興味を覚えたのである。私の玉の研究は、じつにこの碧玉岩の玉の探究から遍歴がはじまったといってよい。

出雲の玉作部

碧玉はわが国では出雲地方にだけしか産出しない岩石であり、そのために俗に「出雲石」とよばれていると知ったとき、なぜ出雲にだけしか産出しない碧玉岩製の管玉が、全国的に分布しているのだろうというのが、当時中学生であった私の、最初の素朴な疑問であった。

そして出雲の地図を調べて、八束郡玉湯町玉造温泉の地名をみたときに、やはり碧玉の産地に、管玉や勾玉を専門的に製作した玉作部の工人がいたことを知り、ひじょうな興味と興奮を覚えたことをいまでも思い出す。そして、いつかその出雲の玉作部の跡を実地に調べてみたい、という希望をいだいたことであった。勾玉――管玉――碧玉――出雲玉造、これが、そのころの私の頭の中にこびりついてはなれない探究心のかたまりであったのだ。

ところがおもいがけず、この探究心が現実にみたされる機会が訪れたのである。それは長い間の念願であった出雲玉造へ調査に赴けるという日がめぐってきたことである。こうして私の勾玉への具体的な研究が進められる端緒が開かれたのであった。その時の私のよろこびはいま筆舌に尽くしがたいほどのものであった。

三　神の湯と玉を作った人々

神の湯

やすらぎの出湯

出雲は玉作りという特殊な工芸を発達させたところである。それはなんといっても、花仙山《かせんざん》とよばれる碧玉とめのうの山をもっていたからである。とりわけ花仙山は、紅めのうや斑めのうばかりではない、日本国中ほかのどこからもあまり産出しないという碧玉岩を産出することによって、どうしてもここに玉作部が定住して、勾玉を製作しなければならない宿命にあったのである。

玉作りはなかなか手数のかかる、根気のいる地味な仕事である。毎日毎日、雨の日も、風の日も、黙々として、山から切り出した原石を打ちかき、形を整え、矢を打ちこんでは孔をあけ、それができれば、ただ座ったままで手先を動かして玉を擦り、艶《つや》出しをする。単調な作業が何時間も、いな何日も何日も黙々としてつづけられなければ、ひとつの玉が美しく仕上がらない。その生活はきわめて単調である。そんな単調な生活の毎日をつづけて、何百年もの間、代々この天職を受けついで、出雲の玉作部の工人たちは、花仙山の麓に住みついて、貢納《こうのう》の玉を擦りつづけたのである。

なんの変哲もない、この静かな山あいの谷間に何百年もの間、だまって玉を擦りつづけた出雲の玉作部の工人たちをあわれんで、かれらが氏祖神と斎き祭る玉祖命は、その子孫のために、唯一の永遠のやすらぎをさずけておくことを忘れなかったようである。

こうした単調な玉作部の工人たちの生活に、ただ一つのうるおいをあたえたものは温泉である。花仙山の山麓を流れる玉造川には出湯があった。熱い清らかな湯がこの川上に湧き出して、年中流れていた。玉作りの作業に疲労を感ずると、工人たちは、その住居の前を流れる、このきれいな玉造川の自然の出湯にひたって、そのつかれを休めることができた。ほどよい湯かげんの、澄んだこの川湯につかって、青い天空を眺めるとき、工人たちの平素の単調さにあきあきした心はたちまちに消しとんでしまい、明日の生産へのあらたなる意欲がかきたてられたことであろう。

玉造温泉の由来

「山陰」という名称によって、なんとなく暗い陰気な感じを先入観としてあたえられてしまう日本海沿岸地帯の、ここ出雲をふくめた地域の、あまり恵まれない自然条件のうちで、古来ただ一つの恵まれた自然の恩恵といえば、それは温泉であろう。

地形学的・地質学的特徴からいって、中国山地の日本海側に、一条の火山帯が、中部地方から九州北部にかけて長く東西に走向をとってつづいていることが、山陰地方を古くから温泉地帯としている自然条件の一つの要因である。出雲においても、白山火山脈の作用で、東に伯耆大山《ほうきだいせん》(出雲富士)、西に三瓶山《さんべさん》の二大火山を擁《よう》し、それらの山麓および白山火山脈沿いの各地に、温泉が湧出している。

山陽方面では、わずかに山口県の湯田・美作《みまさか》の湯郷《ゆのごう》・奥津・真賀・湯原の温泉があるにすぎないが、山陰には、日本一のラジュウム温泉として名高い三朝《みささ》、それに次ぐ関金をはじめとして、東からかぞえると、玄武岩で有名な城崎温泉（但馬）・湯村（但馬）・岩井（因幡）・鳥取・吉岡（因幡）・浜村・東郷・浅津（因幡）・皆生《かいけ》（伯耆）・鷺の湯（出雲）・玉造・海潮・湯村・湯の川（出雲）・志学（石見）・池田・湯抱《ゆがかえ》・湯泉津《ゆのつ》・有福温泉（石見）等々、まさに温泉の過密地帯ともいえる分布状況を呈している。

このように、温泉に恵まれた地域であったため、『出雲国風土記』にも、すでに出雲の温泉についての詳細な記述がのこされており、今日の温泉と比較してみると、たいへんに興味深いものがある。

『出雲国風土記』の意宇郡「忌部神戸《いんべのかんべ》」の条をみると、忌部神戸は、郡家の正西二十一里二百六十歩のところにあり、国造《こくぞう》が神吉詞《かんよごと》を奏上しに大和の朝廷へ参向のさい、御沐《みそぎ》をするところ、すなわち忌里《いみさと》であるから、忌部と称するのだという地名起源説話を掲げている。そしてつづいて、

即ち川辺に湯出ず。出湯の在る所、海陸を兼ねたり。よって男女老少、あるいは道路を駱駅《らくえき》し、或は海中を洲に沿い、日に集まりて市を成し、繽紛《みだれまぎ》れて燕楽《さかもり》す。ひとたび濯《すす》げば形容端正《かたちきらきら》しく、再び浴《ゆあみ》すれば万の病悉《ことごと》く除かる。古《いにしえ》より今に至るまで、験《しるし》を得ずということなし。故《かれ》、俗人《よのひと》神の湯という。

とみえる。ここに書かれている温泉が現在の玉造温泉であることは、風土記に記されている方角

と里程によって、ほぼ意見の一致をみている。すなわち忌部神戸の所在地点は、意宇郡家の正西二一里二六〇歩とあるから、意宇郡家より山陰道（正西道）を真西に向かってすすむと、一九里（一〇・一五七キロ）の地点で玉作街にでる。総記の「道度記」によると、ここで山陰道と正南道とが分かれ、正南道は玉造川にそって南に向かい、一四里二一〇歩（七・八六キロ）で意宇郡の南境に達したとあるから、玉作街から二里二六〇歩（一・五一キロ）南に折れたあたりに、忌部神戸の郷家があったらしい。

玉作街は、今日の湯町の小学校付近にあったとおもわれるが、ここから南へ、玉作川をさかのぼること二里二六〇歩の地点というと、ちょうど玉作湯神社の西南麓に達する。したがって、そこが忌部神戸の郷家の所在地点であったと考えられる。しかもそこは、今日の玉造川にそった玉造温泉街のあたりに相当しており、風土記の説明では、この川辺に湯が湧き、湧湯が川に流れていたのである。

そしてこの忌部神戸の温泉の湧き出るところは、ちょうど海陸の景勝地をかねそなえた地であって、老若男女が毎日のように集まってきて市のようなにぎわいを呈し、この道路をそぞろ歩き、あるいは海中（入海すなわち宍道湖）の砂洲や浜辺をさまよい、往き来しては、入り乱れて酒盛りなどをし、遊び楽しんださまが伝えられている。これはまさしく、忌部神戸を、ここ玉造温泉街の地と定めるに十分な記述であるから、あえて異論はあるまい。

御沐の忌里

古代において、玉造川に湧き出る温泉は、御沐《みそぎ》の忌里《いみさと》であるとされていた。出雲国造家に伝わるいろいろな儀式のなかで、古より今日にいたるまでもっともきびしく修業されているのは、潔斎《けっさい》である。国造は、日夜厳重な潔斎によって神前に奉仕し、それは「神火相続式《おひつぎしき》」のその瞬間から、変わることなく一生を通じてきびしく行われるのである。これはきわめて遠い古代からの伝統の一つであって、それがとくに国造職補任というような、出雲国造一生一度の儀式の場合には、なおさら厳粛《げんしゅく》になされることは当然であろう。

だがこの諸式のなかでもっとも慎重に厳粛に行われなければならない潔斎が、玉造川の神の湯で行われたということは、いささか異様に感じないでもない。「御沐忌里」というように、「みそぎ」は身心によりつくいっさいの穢《けがれ》を聖水できよめ滌《そそ》ぐことであるから、「水滌《みそぎ》」である。だから本来ならば冷水できよめるはずなのに、この場合は湯を用いている。

清浄を尊ぶ古代人の観念において、潔祓をするならば、そこはもっとも神聖な場所でなければならない、またその水も神聖な水であって、穢されてはならない聖水であるべきなのに、万人が沐浴している温泉で行われたとは不思議である。しかもこの温泉は、俗人、皆神の湯と称して尊んでいたという。なぜであろうか。

忌部の里

出雲国造が、神賀詞奏上《かんよごと》のときの潔斎に、最初に用いる聖水は、この玉造川の出湯の水ではなく、仁多郡三沢郷の聖泉の水であったことを風土記は伝えている。すなわち、大神大穴持命《おほなもち》の御子である阿遅須枳高日子命《あぢすきたかひこ》は、壮年に達しても一日中泣いてばかりいて、ことばを話すことができなかった。そこで父神の大穴持命は、御子を船に乗せて八十嶋を巡り、慰めてみたがやはり泣きやまない。ある日父神が「御子の泣くわけを教えてほしい」と夢の中に神意のお告げのあることを祈ったところ、その夜御子がしゃべった夢を見た。目ざめて御子に問いかけると、「御沢」と答えるので、「どこのことを御沢というのか」と聞き返すと、高日子命は即座に父神の前を去って外にいで、石川を渡って坂の上で立ち止まり、「ここのことです」と言われた。そしてその沢の溢れ出る水を汲み取って、沐浴して身体を清められた。これが、国造が神吉事を奏上しに朝廷に参向するとき、この沢の水を汲み取って潔斎に用いるようになった初めである。

この聾唖《ろうあ》児伝説は、出雲においてはしばしば類型的にあらわれ、須佐之男命の伝承や垂仁朝の本牟智和気命の伝承として有名であるが、その表現型式もほとんど同じなので、一つのオリジナルな伝承から、おのおの分かれたものとおもわれる。だが、この聖泉の水を、まず国造補任の、もっとも厳粛を必要とする潔斎にさいして用いるということは、そうとうに確固たる根拠がなければならないことである。阿遅須枳高日子命にまつわる聾唖児としてのこの伝承は、出雲では有名な伝承であったらしく、仁多郡の三沢郷ばかりか、神門郡の高岸郷の伝承にもみえるので、出雲の人々に広く知れわたっていたのであろう。そしてその聾唖が、聖泉の水に沐浴し、潔斎することによって治癒したのであるから、この泉の水が聖水として尊ばれ、そのために古代出雲において著名であったとしても、いっこうにさしつかえないであろう。

だが出雲国造が、国造補任式を行うときに、はるばる斐伊川の上流、仁多郡三沢郷の山間の僻地にまで足を運び、そこの聖泉の水をもって潔斎を始めたとは考えにくい。だから私は、神賀詞奏上の一年間の厳重な潔斎を行うときには、国造は玉作街の南方、忌部の里の出湯の斎場にて潔斎をし、そこに三沢の聖泉の水を運ばせたと考える。

運搬のルートは、陸路を通ったとすると、三沢から正南道を北上して仁多郡家を過ぎ、さらに東南道を通って大原郡家にいたり、大原郡家から正南道を北上して玉作街に運ばれたであろうから、その労力は大変なものであったとおもわれる。また水上運搬具を利用したなら、三沢郷から斐伊川の水路を利用して、船で斐伊郷に運び、そこで陸揚げして、それから南西道を通って大原郡家にいたり、正南道を通って玉作街へというコースも考えられる。おそらくはこの水路の方を利用して運んだのではないかと、私は考える。それほどに、この聖泉の水は霊験《れいげん》あらたかな聖水であったのである。

かの『出雲国造神賀詞』の文中にも、この泉の水は「若水《わかみず》」であり、「若やぐ」霊力をもっていると記されている。

ここかしこの聖なる川に流れ出る、生命賦与者（Life Giver）の若水を、身に沐浴みていよいよ若返り、滌ぎふる淀みの水をかぶり、いよいよ若返りますように

とことほぐ神賀詞のことばにも明らかなように、聖泉の水は、生命賦与者的霊力をもつものと信じられていたのである。不健康な身体と不健全な精神は、ことごとくなんらかの「罪穢《つみけがれ》の因果」によって生じるものであるが、この霊水に沐浴することによって、いっさいの罪・穢が清められ、

出雲国造の潔斎

滌ぎ去られる結果、健康にして健全な身体と精神がさずけられ、そこで人々は若返るのである。三沢郷の泉は、まさしくそうした霊力をそなえたものであったといえる。

今日でも三沢大字原田の小字には、三津田と称するところがある。斐伊川の本流にそった南岸の丘陵上に位置するが、そこには、どんなに旱天《かんてん》がつづいてもけっして渇れたことがないと伝えられる泉が湧き出ていて、ここが「御津」の伝承地であるといわれている。

付近には清浄な神田として、婦女子には触れさせないという聖地があり、もしこの神田をけがす婦女子があると、その耕作者の家に聾唖者が出るという俗信が、今もなお語り伝えられている。これは阿遅須枳高日子命の聾唖児伝説から出発して、風土記にもすでに採録されているような、「産婦はこの村の稲を食わない。食えばかならず生まれる子が聾唖になる」というような伝説に系統を引くものであろうが、山間の僻地においては、いかに伝統の力が強く作用しているかを、如実にわれわれに物語ってくれる。

出湯による潔斎

国造がこの玉造温泉の出湯で斎戒沐浴をしたのは、この温泉がやはり、神湯としての霊験があらたかであったことと、国造の居住地に近く、しかもここが当時の出雲の政治の中心地域に接近し、交通の便がよかったことによるのであろう。

この温泉の効用について風土記は、「一度濯《すす》げば形容端正《かたちきらきら》しく、再び浴《ゆあみ》すれば万《よろず》の病、悉《ことごと》く除かる。古《いにしえ》より今に至るまで、験《しるし》を得ずということなし」と記しているが、現代流にいうならば、入浴美容法にかない、かつ保健・療養にも適切であるということになろう。これは天平時代としてはきわめて進歩的な宣伝文句であったといえるわけであるが、実際ここの温泉は、無色透明の芒硝性含食塩石膏苦味泉で、温度は五〇〜七三度あり、今日でもなお清浄で豊富な湯が湧き出ている。山陰地方でも三朝《みささ》・皆生《かいけ》と並んでとくに有名であるが、この玉造温泉は他の二者とくらべて、近代的俗化の度が比較的おくれているので、家族連れの慰安とか新婚向きの温泉地として、山陰随一の温泉とみられており、一般に愛好されている。

しかし最近は、ここ玉造温泉も旅行ブームのあおりをくらって、いわゆるシーズンオフという現象がみられなくなり、年間を通じてあらゆる種類の客足が多くなった。ここの湯は、浴用すれば、慢性関節炎・リューマチス・創傷・神経痛・神経炎・神経性ヒステリー症・慢性皮膚病・胃腸炎・尿管素質・慢性婦人病に療効ありといわれ、また飲用すれば、慢性便秘・肥胖症・動脈硬化症・慢性胆囊炎・胆道炎・胃腸炎・ジンマシン・痔疾等に効果があるとされているので、風土記の記載はまさにそのとおりといえるわけで、医薬の術が進んでいなかった天平時代およびそれ以前にあっては、温泉は無二の医療機関であり、天与の療養手段として尊重され、そのために「神の湯」と称されたのもうなずけるわけである。

またこの無色透明な、芒硝泉質のなめらかな湯は、とくに浴する者の素肌を美しくするので、風土記が、一度浴すれば容姿端麗になると記しているのも事実であったといえる。そしてこの温泉と、玉造川の流路と、宍道湖の湖岸の砂浜と、この三つの条件に恵まれた玉作街の付近が、天平の昔より人々が集まってきて、保養地として繁栄していたのは当然であった。

このように出雲では、温泉に恵まれていた地域だけに、温泉について比較的くわしく記されていて、すでに天平時代の出雲の人々が、温泉についてのそうとうに正しく詳しい知識をもっていたとおもわれるし、また温泉が当時の人々に広く利用されていた事実をも知ることができるのである。そしてそれは、今日の人々が考えているような単なる慰安とか娯楽のための温泉、遊び場としての温泉ではなく、もっと日常生活に必要な機関としての役割を演ずる場であったことを物語るのである。「薬湯」とか「神の湯」と称されるように、それはまず医療手段として活用されたのであり、次にこれが慰安と娯楽のために使用されるようになったのである。

そして、地中より湧き出す熱湯の神秘を畏敬した古代人は、温泉を神の賜物と率直に感じ、そこに神秘を認め、「湯の神」の信仰をもたらしているのである。われわれは、史学上で温泉というものを取り扱うとき、この点を重視したいとおもう。

「湯の神」の信仰

多くの場合、今日においてもそうであるが、温泉にはかならず温泉を守護してくれる神が祭られている。そしてこの「湯の神」信仰によって、温泉の神秘性と、浄化と保存とがなされてきたのである。「神の湯」という思想は、長い間、日本の有する数少ない天与の幸をよく保存し、維持発展させてきたのである。

古来日本人は、「ゆあみ」を愛好し、尊重する気風があるが、それは一面において、この原始的な呪的《じゅてき》・宗教的儀式としての「みそぎ」の思想と結合し、いっさいのけがれを洗い清めることによって、罪禍よりのがれようとする行ないとなり、湯浴みをする風習がひろまり、この風習が各地において、温泉を発見させたのである。そして、やがてそこから原始的医療思想を体験的に獲得して、温泉を神の湯・薬湯として尊重し、親しみ愛好する習俗が早くから身についたものであろう。だから日本においては、民間伝承や神話のなかで、医薬治病の神として信仰されている神は、大国主命にしても少名彦那命にしても、ともに温泉の神という神格を同時に兼ねそなえた神として、伝承され信仰されているのである。

忌部神戸の範囲

前述の忌部神戸の境域については、『風土記抄』に、「東西の忌部・玉作・湯市・面白・大谷これらの所々都《すべ》て忌部神戸」とあるように、松江市の西南部から玉湯町一帯の地域をふくめていたらしい。

だがこの忌部神戸は、他の神戸といささか性質を異にするものであった。すなわち意宇郡の出雲神戸は（現在の松江市大庭神魂神社付近）、熊野大社と杵築大社との出雲の二大社に隷属《れいぞく》させられた民戸であり、神領であったし、賀茂神戸（能義郡加茂—現在の安来市大塚の東辺の地域）は、阿遅須枳《あぢすき》高日子《たかひこ》命の大和葛城《かつらぎ》にある賀茂の社の御料のための神領とされているように、いずれも各神社に所属し、その地の租《そ》・庸《よう》・調《ちょう》および雑徭《ぞうよう》等は、すべてその神社の造営・調度・徭《よう》役《えき》等にあてられるものである。そのほか、秋鹿《あいか》・楯縫《たてぬい》・出雲・神門四郡の神戸里もみな出雲の神戸で、熊野・杵築二大社の神領である。

このように出雲の七神戸のうち、六神戸が熊野・杵築・賀茂の大社の神領であるのに、忌部神戸だけが神社の神領でなく、ほかとは異質の性格をもつ神戸であったらしい。それはこの忌部神戸が、特定の神社に所属する神戸ではなく、忌部氏にあてられた神戸であったことによる。

ここにいう忌部氏とは、出雲の忌部氏のことであって、中央の神祇官家としての斎部氏をさすものではない。

出雲の忌部氏は、出雲国造家の祭器の調達や神事のことを司るのを世襲的な職能とした人々である。とくに出雲国造家においてのみ、そうした特殊な人々が隷属したのは、出雲国造補任式などという臨時祭式としての特別な儀式が課せられていたことに、大きな原因の一つがかぞえられるであろう。すなわちこのような重大な特殊儀式を行うための経費の財源として、とくに忌部神戸が意宇郡内に設定されていたのであり、この地がえらばれたのは、花仙山のめのうと碧石と神の湯といわれる温泉の湧出との、二つの条件をもっていたことに関係がある。

出雲国造の補任式　出雲国造補任式は、新任の国造が、前・後斎の前年一年間にわたる厳重な潔斎をすませ、御富岐《みふき》玉六十連をはじめ白鳥などの多数の献上品をととのえて、百数十名の神職を動員して行われるのである。そこでそうした忌部の氏人らの神戸として、意宇郡に忌部神戸がおかれたわけである。

　櫛明玉命を祖神と斎く出雲の玉作部の人々は、攻玉技術をもって勾玉などの調製にあたっていたが、かれらもこの出雲の忌部の一族であったのである。

　今日、忌部といわれている場所は、松江市の南部の野白川の谷にそって、乃白《のじろ》から下忌部を経て、大東町にぬける谷地で、才ノ峠の麓にあたる。東忌部と西忌部の両部落に分かれていて、忌部の宮内に忌部神社があり、これが出雲の忌部神戸の総社であるといわれている。しかし、風土記には忌部神社の名はみえず、意宇郡の神帳に「久多美社」の名が記されている。

　『延喜式』の神名帳によれば、これが「久多弥神社」とある神社であって、この社は、もと松江市東忌部町の久多美山上に鎮座《ちんざ》していたものを、中世になって築城のために山麓に移され、久多美大明神といわれて、大穴持命を祭神としていたが、大正時代になって、忌部神社に合祀《ごうし》されている。

だがここのみが、元来忌部氏の本拠地であったのではない。忌部神戸は、ここ野白川流域の谷地もふくめて、玉造川流域におよぶきわめて広い地域を神戸としていたのであって、それだけに出雲国造の祭祀権がいちじるしく大きく、かつ特殊な存在であったことを知らせるわけであろう。そして神戸の郷家は、やはり交通の便利な玉作湯神社の宮山の麓にあったのである。

出雲玉作部と御祈玉

出雲における玉作部の分布

古代玉作部の遺跡は、現在になってもなお明らかではない。古代玉作部の居住地域であったとおもわれる攻玉址は、すでに畑地化され、開墾しつくされているし、さらにこの地は玉作部の攻玉址であったこと以上に、古くから温泉地として開けていたところでもあるので、住居址の発掘はとうていおぼつかない。ただ攻玉址とおもわれる未成品散布地域が玉造川に沿って分布しているので、そこを玉作部の住居址とみる以外にしかたのない状態である。

『出雲国風土記』にみえる玉作街・玉作川・玉作山・玉作湯社などの記載は、すべて古代出雲における玉作部の存在を示すものである。

玉作街が、今日の湯町の小学校付近の玉造川岸にあたることはすでに述べたが、風土記には巻末の道度の条に、正西《まにし》の道は、十字街より西のかた一十二里にして、野代橋に至る。長さ六丈、広さ一丈五尺なり。又西のかた七里にして、玉作街に至り、即ち分れて二道と為る。

と見え、玉作街で正西道と正南道とが分かれていたことがわかる。

ここにいう「正西道」こそは今日の山陰道である。「十字街」というのは出雲国庁のあった、今日の松江市山代町茶臼山南麓の地にあたり、国庁と意宇郡家とが同所であり、そこが十字街とよばれていた。そこから真西に向かって十二里の地点が野代川に架した野代橋で、そこから西へ七里で「玉作街」に達する。

「玉作街」というのは今日の八束郡玉湯町湯町の地に比定されている。「玉作街」は国庁の十字街のように、人家がならび、交道の要地であって、「十字街」では「正西道」と「枉北道」とに分かれていたのと同じく、「玉作街」はそこで、「正西道」から「正南道」が分岐していた。「正南道」は、「玉作街」で山陰道から分岐して、真南に向かって「玉作川」にそって走り、南の大原郡家にいたる道である。ちょうど新宮さんの伝承館の建っているあたりが「玉作街」とよばれていた所であろうと推測される。ここは当時の交通の要衝《ようしょう》でもあり、また「街」と名づけられているところをみると、出雲としては、そうとうにひらけた繁華街であったと思われる。

そしてここが「玉作街」として称されたのは、この十字路の付近からずっと南方の、今日の玉造温泉街にそった地域に、古代の玉作部が居住していたことと、温泉が湧出していたこととによるものであろう。その玉作部が居住し、攻玉していた場所は、現在の玉造川にそって、いまの湯町の十字路よりはるか南、山陰本線の踏切を越えて、さらに一五〇〇メートルあまりも南に入っない。

た、花仙山の連丘の西北麓から西南麓にかけての地域であったとおもわれる。現在、この地域内には、古代玉作部の遺跡とみるべき考古学的な遺物・遺跡が数多く分布していて、疑いの余地はない。

次に「玉作川」というのは、現在でも玉造温泉街の中央を流れている川で、いまなおタマツクリガワ（現在では「造」の字を使用）とよんでいるが、風土記には、

玉作川。源は郡家の正西一十九里なる阿志山より出で、北流して入海《いりうみ》に入る。年魚《あゆ》有り。

と記載されている。ところがこの文による「川の源が、意宇郡の郡家から真西へ一〇・一五六キロの地点」というのは、玉作街へ至るのとまったく同位置・同方向であり、地理的に一致しない。そこで、これは方角の誤記で、実際には西南とあるべきであろう。

玉作川は、奥大谷付近から流れてくるが、風土記の里程からいうと、だいたい玉造温泉街の奥、下大谷から玉の宮付近の距離に相当するので、風土記では、今日の大連川筋を玉作川の本流とみていたのである。そして、大連川の水源をそれにあてたものであったと私は考える。

後藤蔵四郎氏は、『出雲国風土記考証』の中で、「玉造川の源は、大谷の奥であって、大谷と海潮村の山王寺との境の葦山である。古写本にいづれも志山とあるは、阿志山の阿が脱落したものかも知れぬ。『風土記解』に、拝志山であろうといったれば、『訂正風土記』には拝志山と書いているのは軽率である。拝志の郷には関係がない」とされ、さらに加藤義成氏もまたこの説を受けて、「□志山は、諸本志山とあり、倉野本に上一字分空白を存していて、解本には拝志山かとされているが、方角路程から推すと、玉造川の上流である八東郡玉湯村の城床と、大原郡大東町との境に

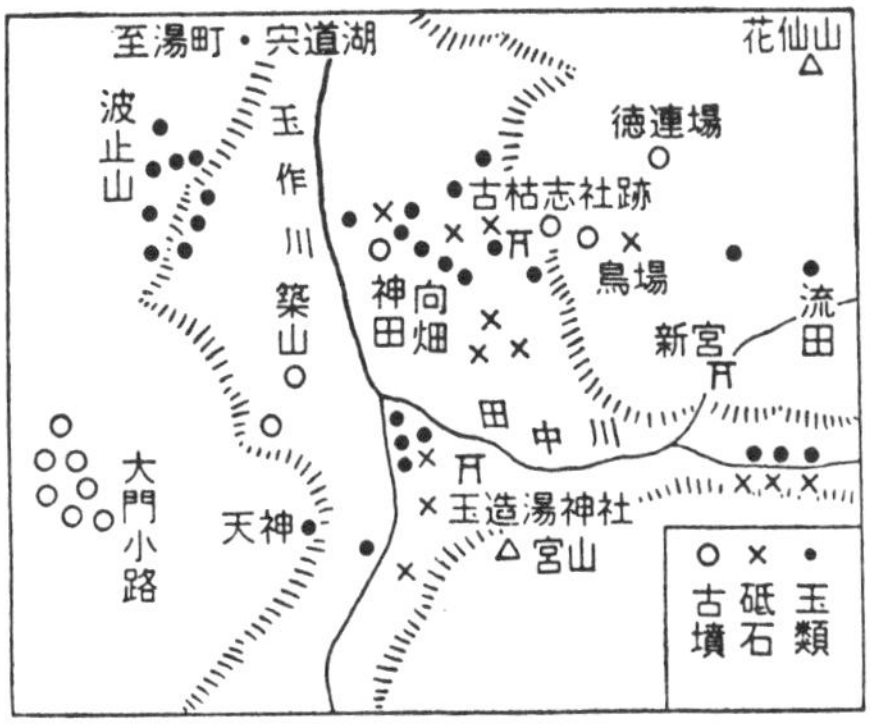

古代玉作部遺跡の分布

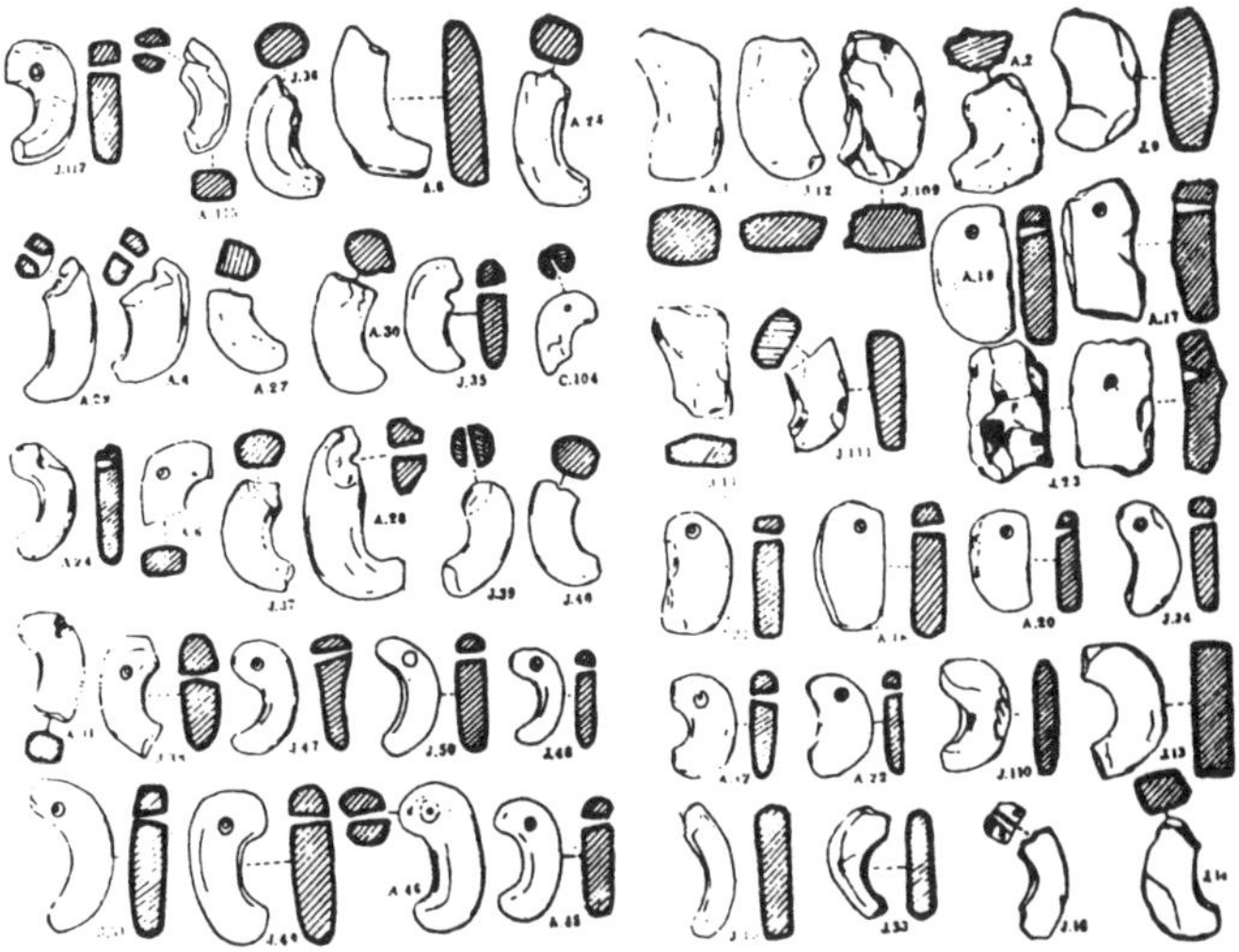

玉作遺跡の出土品（浜田耕作『出雲上代玉作遺物の研究』より）

ある葦山（標高約四八〇米）がそれであろう。そうであるとすれば、阿志山の阿が脱落したものと考えられる」と『出雲国風土記参究』において述べられている。

だが、このように一写本の空白をもって、現在の山名に比定し、阿志山と推定されるのは、はたしていかがであろうか。方角はともかくとして、それでは距離がぜんぜん一致しない。

私は、葦山説は距離の点から認めがたいので、玉の宮奥地の山塊をもって、水源に比定することにしたい。この玉作川は、めのうの産地花仙山を囲む連丘の西麓にそって北流しているが、この川の流域の低地に丘が迫ってくるあたり、西側の傾斜地に、玉作部の聚落《しゅうらく》が点々と散在していたと考える。

出雲は玉の中心地

さて、出雲は古来、玉の製作地である。攻玉は出雲文化の一つの特色であるとおもう。それは「出雲石」とよばれるように、独特の碧玉を花仙山から産出することが、古くからこの国を製玉の国・貢玉の国として、特殊な文化を展開させた大きな原因であろう。

その出雲の玉のなかで、もっとも重要な貢納玉としては、「御祈玉《みほぎたま》」とよばれる玉があげられる。その「御祈玉」とは、『古語拾遺』の神武天皇の橿原《かしわら》遷都の条に、

> 櫛明玉命《くしあかるだまのみこと》、御祈玉（古語に美《み》保《ほ》伎《き》玉《たま》というのは祈禱《きとう》のことを言うなり）を造る。其の齎《まつ》いま出雲の国にあり、毎年調物《みつぎもの》として、その玉を貢《みつ》ぎ進《たてま》つるなり。

とある、その玉である。

この「御祈玉」が、『延喜式』などによると「御《み》富《ふ》岐《き》玉」とあり、『祝詞《のりと》』に「みづやさかにのみ

ふきのいほつみすまるのたま」とある、その「御吹玉」と同じであるという解釈があり、「みふきだま」の「ふき」は「吹く」だから、これはガラスをつくる技術として、第一世紀の初めごろにローマで考えだされた吹きガラスの技術と同じように、管の先にドロドロとしたガラスの塊《かたまり》をつけて、麦わらでシャボン玉を吹くように吹きながら、瓶や水差しをつくる方法でガラスをつくったので、「吹玉」といったという解釈で、「ガラス玉」のことだというのである。

わが国では、弥生時代中期の須玖《すぐ》遺跡から、中国から輸入されたとおもわれるガラス製のヘキ、静岡県登呂遺跡からコバルト色の美しいガラスの小玉五個が発見されたのが古い例であるが、いずれも日本でできたものではなく、中国や楽浪郡から伝来したものであろうといわれている。

そして古墳時代になってから、ようやく日本でもガラスがつくられるようになった。第四世紀から第六世紀頃までのガラス製品には、主として玉や腕輪がある。ガラス玉にはたしかに切子玉・棗玉《なつめだま》・トンボ玉や勾玉がある。この時代のガラスは、大陸から輸入した板ガラスなどを原料として、それをルツボに入れていったん溶かしてやわらかくし、それを鉄の棒にまきつけてつくる、きわめて簡単なものであって、吹きガラスの手法はまだみられなかった。

ところが第七世紀から第八世紀に入って、中国の仏教文化が入ってくると、ガラスの使用もさかんになり、わが国のガラス製造技術も発達して、吹きガラスの製法も伝わり、正倉院の御物のなかに見られるような、魚形腰飾やガラス尺や、ガラス玉を通した銀の針金であんだ花籠《けこ》などがつくられている。奈良の大仏の開眼式に使われたガラス製の大高坏、ガラスの長手の酒坏、ガラス製のタンツボなどは、いずれも吹きガラスの手法で製造されたものである。

したがって「御祈玉」や「御富岐玉」や「御吹玉」がガラス玉であるとすると、これはずっと後の時代のものでなければならないことになり、『延喜式』の「御富岐玉」や「御吹玉」がガラス玉であることはさしつかえないが、『古語拾遺』にある「御祈玉」までをガラス玉と解してよいかどうかは問題であり、それをもって出雲の玉作部のつくった玉がガラス玉であるときめつけることに、私は躊躇《ちゅうちょ》せざるをえないのである。それなら、玉の中心地出雲でつくられた貢納玉としての「御祈玉」とは、いったいどんな玉であったと理解すればよいか。

ミホギ玉のもともとの意味

前に述べたように、櫛明玉命《くしあかるだまのみこと》のつくられた「御祈玉」を、『古語拾遺』は「ミホギ」と訓《よ》み、それを「祈禱」のことだと割註している。この註は正しいのであって、「祈《き》」とは、「斤」を音とする形声文字で、「示」と「斤」との会意で、「斤」は「オノ」であり、断ち切ることを意味する。また断ち切ることは開くことを意味するので、開陳《かいちん》するという意味をもつ。すなわち自分の心中を神に開陳して、明らかに示し、神に願いごとをするのが「祈」で、「いのる」こと、「いのり」の意味である。

「禱《とう》」は「寿」を音とする形声文字で、「示」と「寿」との会意であり、「寿《じゅ》」は「ことほぐ」意であって、「禱」は神を祀り、事を告げ示して福を求める意。神仏に頼り求めるというところから、やはり「いのる」とか「いのり」の意味になる。「御祈玉」と書いても「御禱玉」と書いても同義語であるが、要するに、「神霊に祈り捧げる神聖な玉」という意味にほかならない。

すなわち出雲の玉作部の製造する玉は、一般の装飾用の玉などとちがって、よりいっそう強く、宗教的な意義をもった神聖な玉であって、それは一般の佩玉とは区別されるべきものであり、それは特殊な宗教的儀礼用としての玉であることを意味していると解さなければならないとおもう。そして出雲玉作の玉は、それが「御祈玉」であることを特色とするといえよう。

それでは、その「御祈玉」の内容はどんな玉なのであろうか。次にはその点を考えてみよう。

出雲の御祈玉と玉作部

「出雲の御祈玉」とは、出雲国造が朝廷にでて『出雲国造神賀詞』を奏上するときに献納する神聖な玉のように、祈りをこめた格別に神聖な玉の意味であって、その材質は、ガラスでも、めのうでも、碧玉でも別に何でもいいのであるが、ただ神器・祭器・宝器としての玉を、用途の上からとくに貴んでいう言葉である。

ガラス玉の場合は、「御祈玉」ではなく、「御富岐玉」とか、「御吹玉」とあり、これは「ミフキダマ」とよむべきであり、文字通り「吹き玉」、すなわちガラスを吹いてつくった玉の意である。古代出雲の玉作で、「御富岐玉」もつくったことは事実である。『延喜式』の「臨時祭式」に、「御富岐玉六十連」を、毎年十月以前に、意宇郡の神戸氏をして造り備えしめ、使を差遣わして進上せしめよとあるので、平安時代に出雲の玉作部が、「玻璃玉《はりだま》」すなわちガラス玉を製造していたことが確認できる。

古代出雲の忌部玉作のガラス玉製作は、もっぱら別所谷と玉ノ宮の二カ所で行われていたらしく、別所谷においては古代硝子《がらす》製造用の坩堝《るつぼ》を発見し、玉ノ宮では別所谷と同様の坩堝の破片十一個が発見されている。この両地は、渓谷の奥地馬ノ背で水晶と石英を産出するため、ガラスの原料となる硅石《けいせき》にもことかかず、そのため後に、出雲玉作に対してガラス玉製作が命ぜられたとき、その原料のもっとも手に入れやすい、この玉ノ宮と別所谷の玉作部がえらばれて、碧玉・めのうの攻玉とかねて、「御吹玉」をも製造したのであろうとおもわれる。

「御祈玉」のほうは、既述のとおり、出雲国造が神賀詞を奏上するさい、献納品として、赤水精八枚・白水精十六枚・青石四十四枚の合計六十八枚の玉を献納するのが恒例であったことが、『延喜式』の「臨時祭式」に見え、また天平五年の『出雲国計会帳』を見ると、

八月十九日、水精玉百五十顆進《か》上の事。同日水精玉百顆進上の事。

とあり、水精（水晶）玉も多数製造していたことがわかる。これは馬ノ背と意宇郡長江山産の水晶を運んできて、加工したものであろう。

玉作遺跡の出土品で、今日、玉作湯神社の収蔵庫に陳列保管されている玉類は、完成品として、

勾　玉　玉造四十余個。忌部七個。碧玉とめのうが過半数を占め、白めのうと水晶がごく若干ふくまれる。

管　玉　玉造約二十個。碧玉のみ。

切子玉　玉造五個。忌部一個。水晶のみ。

下げ玉　玉造一個。水晶。

平玉・丸玉　玉造約二十個。忌部一個。十二個は碧玉、他は水晶。

などが代表的な遺物とみられる玉であるが、未成品・未完成品にいたっては、莫大な数にのぼっている。その数をあわせれば数百顆に達するであろう。

これらの材質をみると、勾玉では碧玉と赤めのうとがほとんど大半をしめ、水晶や白めのうはみあたらない。そして「翡翠《ひすい》」や「琅玕《ろうかん》」などといわれる、いわゆる玉質（jade）―硬玉質の勾玉

が、この玉作遺跡全域からただの一個も出土していないことは、とくに注意をする必要があろう。しかも管玉は碧玉のみであり、勾玉をふくめて碧玉製の玉が圧倒的に多いことが、出雲玉作の一大特色といえるのである。

以上のような実態によって、私は出雲古代の玉作部によって貢納された玉類は、勾玉を主体とし、それに「ミスマルノタマ」を形成するうえに必要な管玉を加えたものであり、しかも、それはもっぱら花仙山の碧玉をもってつくられたものであった。これがすなわち出雲の「御祈玉」といわれるものの実態であったと解釈している。

出雲の玉作においてガラス玉をつくったことは、後の時代、早くとも奈良朝以後において、玉作部の工人の一部に、その攻玉技術にガラス製法を加えてつくらせたことがあったが、けっしてそれは出雲玉作部のすべての工人にガラス玉をつくらせ、碧玉製品を停止させたのではなかった。あくまで御富岐玉は出雲攻玉の一部において行われていたにすぎない。

四　驚くべき出雲玉造の攻玉技術

現代の攻玉技術

出雲玉造の攻玉術

現在の玉造温泉街の周辺の丘陵沿いに、古代出雲の忌部氏に属した玉作が、その氏の祖神櫛明《くしあかる》玉命《だまのみこと》を奉斎しつつ、平安朝末期になるまで、その特有の攻玉技術を世襲して、出雲国造家や朝廷に対して献納する、神聖な祭祀用の玉類を製作しつづけていたことは、これまで述べてきたように、ほぼ史実として確認することができるのであるが、出雲国の忌部の玉作部の事跡をもっともくわしく伝えているのは、『古語拾遺』である。すなわち同書には、

太玉命の率いるところの神の名を、天日鷲命《あまのひわしのみこと》（阿波国忌部の祖也）、手《て》置帆《おきほ》負命《おいのみこと》（讃岐国忌部の祖也）、彦狭知命《ひこさしりのみこと》（紀伊国忌部の祖也）、櫛明《くしあかる》玉命《だまのみこと》（出雲国忌部玉作の祖也）という。

と記されていて、とくに出雲の忌部は、「出雲国忌部玉作」とあり、出雲の忌部の部民がことごとく攻玉技術を世襲する特殊職業部であったことを注意しておきたい。

さて、古代出雲の玉作部が、いったいどのような方法をもって玉を製作していたかということは、きわめて興味のある課題であろう。だが今日では、それを正確に示すべき文献をもたない。けれども幸いなことに、玉造では手工業として、現在でもめのう細工の技術が伝えられており、われわれはそうした技術から、わずかに古代の攻玉法を推測しうるのである。

この攻玉術については、すでに古く、考古学者浜田耕作博士によるくわしい研究があるが、私もまた最初に書いたように、昭和十五年頃、新宮福次郎氏からくわしくその攻玉術を教示してもらったことがあるので、その時の覚え書きと、戦後再度にわたって嗣子新宮福司郎氏について教えられたところをもって、浜田博士の説をさらに補足しつつ、以下のように、まとめて記述しておく。

現代の玉造の攻玉術は、古代玉作部の攻玉術そのものに伝統をひくというわけではなく、出雲における攻玉術は、平安時代をもって廃絶に瀕《ひん》したらしく、とりわけ承久の乱以後は、朝廷への玉の献納も廃止されてしまったと伝えられている。また古代玉作の攻玉法も、古代ガラスの製造法が中世期にはまったく忘れ去られてしまったように、それと帰を一にしたのであった。

現在の玉造における攻玉法が再開されたのは、江戸末期のことであるといわれている。土地に伝わる話では、若狭《わかさ》の工人であったせんぞうという者が、なんらかの罪を得て、ここ玉造に落ちのびてきて、湯町の民家の軒下を転々《てんてん》としながら玉の細工をしていたのがそのはじまりであるといわれている。

だが、はたしてせんぞうが、玉造の資源に目をつけてここまで流れてきたものか、あるいはまったくの偶然であったのかはっきりしない。ともあれ、現代の出雲玉造の攻玉技術の祖法は、せんぞうによってもたらされた若狭の攻玉法に、その系統をひくものであるといってよい。

当時は花仙山から産出するめのうや碧玉の量も多く、こうした郷土の資源を活用すべく、湯町の住民である伊藤仙衛門・伊藤熊次郎・福庭定次郎・長谷川孫一郎・新宮福次郎といった人々が、最初にその技術を習い覚えて、玉造における攻玉の先鞭《せんべん》をなしたのである。

明治の末年から大正にかけて、湯町と松江には十五〜二十名の工人が存在し、小規模ながらも玉造での攻玉は順調に伸びていったと考えられるが、商品としての価値が認められるにつれて、商人の搾取《さくしゅ》がはげしくなり、生業とはなしえずに転業する者が続出した。このため、昭和に入るころには玉造湯町の工人はわずか四人に減少し、さらに追い討ちをかけられるように、戦時中の物品税によって打撃をうけ、玉造には新宮氏のみ、松江にも二人の老工人が残り、細々とめのう細工をつづけるだけという衰退を示したのである。

花仙山の原石

次に花仙山の原石については、明治初期の頃は、甲斐や若狭へ移出するほどであったが、大正年間にほとんど産出がなくなり、昭和十二年と十七年に久しぶりに多量の碧玉の産出があった。しかしこの産出もすぐにとだえ、昭和二十六、七年頃からは海外の資源にたよらざるをえないという状態になり、ブラジルから原石を輸入し、代用とするようになった。

土地の古老の話によれば、当時の花仙山における原石の採掘は、一二〜一五メートル掘り下げる程度の、簡単な露天掘りであったということであるから、さらに二〇〜三〇メートル掘り下げれば、あるいはまた碧玉産出の可能性があるのではないかとの期待がもたれている。なお花仙山付近の学校林として残されている山からは、今も良質の碧玉が産出するということである。近年、道路工事や地下工事のときに、碧玉の鉱脈が発見されたこともあるが、いずれも石質が悪くて細工用にはならず、石ブームの折から、床の間の飾物としての需要にまわされているそうである。

水晶の彫琢《ちょうたく》で有名な甲府では、県が新興産業として攻玉に力をいれ、水晶の産出が途絶えた今も、原石を南米から輸入し、若狭や玉造をしのぐ規模で量産を行なっている。そのため、工人不足の深刻化していた玉造では、甲府に加工を依頼し、量産を助けてもらっていたというのが往時の姿であった。

このように、出雲の玉造の現代の攻玉はしだいに衰微しているが、それは原石が花仙山から出なくなったことも一つの原因であり、このような根気のいるわりに十分な手間代にならない攻玉などに一生をたくそうという工人気質が、若い世代の人々にあわないので、玉作工人が出てこないことが、なによりの原因をなしていると思われる。

現代の玉造の攻玉術

現代の玉造でみられる攻玉の技術が、たとえ古代玉作部の攻玉技術そのものの伝承ではないとしても、明治時代以来、手工業として、若狭から系統をひく技術をもって現在まで攻玉がつづけられていることは、古代玉作部の攻玉技術についてなんら調べるような史料がない今日、その技術を推測するうえで、きわめて参考とすることができるものである。

そこで私は、かつて昭和十五年に先代の新宮福次郎氏について教えられた話を思い出しつつ、戦後あらためて嗣子新宮福司郎氏より教示いただいた現代の玉造の攻玉技術について、くわしく述べてみたい。

現在もなおここで、めのう製造として実際に行われている攻玉技術は、大別して六工程に分かれているので、以下その六工程に分けて説明していくことにしよう。

原石の採掘（第一工程）

青めのうと俗にいっている碧玉（jasper）や赤めのう（agate）は、花仙山に産出するが、これらの鉱石は、地表下において岩脈の中に塊状で存在する。土地の人はそれを「釜《かま》」とよぶが、この釜を掘りあてるまでにはたいへんな労力を要し、費用もかかる。その方法としては、まず山の中腹から、約一メートル四方の穴を垂直に掘り下げる。花仙山は赤色の粘土質であるが、その中に薄緑色の岩脈が層状をなしているから、そうした土質の変化に注意しつつ掘りすすみ、良質の岩層にぶつかったならば、今度はその層にそって横に掘っていき、層中にふくまれる塊状の鉱石をとりだすわけである。

しかしこの玉材の外部は、浸食酸化されて皮をかぶったような状態になっており、その内部の良質の部分にいたって、はじめて玉材としての原石を得ることができるわけである。「釜」の深さは、だいたい地表下二メートルから五メートル、場合によっては一〇メートル以上も深く掘らなければ岩層に達しないことがあるので、花仙山には、全山無数に「釜」を掘りあてるための採掘竪坑の址がある。

「釜」にあたれば、そこから原石を大小不同の石塊として破砕《はさい》したうえで採掘し、運びだす。これを攻玉工人が必要に応じて切断し、加工するのである。前述のように、今日花仙山のめのうの岩脈は、もはやほとんど採掘しつくされてしまい、従来のような採掘方法では良質の石材を出す「釜」にぶつかる可能性がうすいので、昭和十七年の採鉱を最後に、現在はまったく行われていない。

原石の切断（第二工程）

まず原石の質の良否を確かめるために、石塊の一部を釘で打ち割り、「石の走り」を確かめる。良質で、玉材として適当であるとなると、必要な大きさに切断しなければならない。

切断には切断用の石引鋸《のこぎり》（引割機）を用いるが、この石引鋸というのは、長さ八〇センチほどの長方形の浅い水槽の両端に支柱をつけ、鉄製の「鋸板《のこいた》」のついた腕木を支え、これを前後に引いて原石に筋をいれる用具である。水槽中には硅素炭化物（carbide of silicon）としての青色を帯びたカーボランダム（carborundum）を水とともに入れ、石どめでしっかりと固定されている原石に、この砂漿《さしょう》を注ぎながら鋸を引く。筋がついたら、これに「矢」という鑿《のみ》状の鉄をさしこんで打ち割り、必要な大きさに切断するわけである。

荒作り（第三工程）

これは切断された原石を、「剣ガネ」をもって、あたかも打製石器を作るときの要領で削砕《さくさい》し、必要な形に近い、だいたいの形態を作りあげる作業である。

「剣ガネ」は、長さ一メートル前後の四角な鉄棒で、先端は両方とも鋭くとがっていて、「鼻」をなしている。この棒の一端を「剣ガネ枕」に支えさせ、「コギ板」という台上にあてて、右手で「剣ガネ」をこぎながら、切断された原石の周縁からしだいに削砕し、およその形に整形する。これが「荒作り」の工程である。

穿孔（第四工程）

勾玉でも管玉でも、「荒作り」の後は、すぐに穿孔にかかる。

孔をあけるのは、直径・高さともに二〇センチ前後の丸木の木台の上に、「荒作り」した石材を、あらかじめ木台の表面に刻んであるくぼみ（これを床とよぶ）にはめこんで固定し、「孔アカシ矢」を上から打ちこみながら、矢を廻し廻し孔をあける。

「孔アカシ矢」は鋼鉄製で、長さ二寸前後のものから、四寸前後のものまでいろいろあるが、その先端は平たく、中心部が先端部より細くなっているという特殊な形状を示している。これを手に持って穿孔部にあてがいながら、左右に揉《も》みつつ、頭を小さな鉄槌で打ち、孔をあけるわけであるが、時々種油か金剛砂を「矢」の先端につけて、穿孔を助けなければならない。

とくに孔があく最後の瞬間には、よほど注意深く慎重に打たないと、玉を破損してしまって、九仭《きゅうじん》の功を一簣《いっき》に虧《か》くことになってしまう。出雲では両面から孔をあけることは行われず、一方からのみ孔をあけるので、「荒作り」のさいに、あらかじめ裏の孔をあける部分を少々厚目にしておき、穿孔の最後に孔の周囲を破損しても、その部分だけ削り取ればよいように配慮する。

「矢」を打って孔が貫通したら、一端を固定させてある針金に玉を通して、研磨用の砂を密着させて摩擦《まさつ》し、「孔さらえ」を行う。穿孔の工程では、約一寸の碧玉製管玉で三時間、めのうでも一時間半という時間を要し、その技術的なむずかしさがわかる。

荒磨き（第五工程）

小型の浅い盥《たらい》に磨砂と水を入れ、細長い鉄板の一端を盥の縁にかけて水中に斜めにおく。この鉄板上に砂漿《さしょう》を流し流し、孔をあけた石を荒磨きするのであるが、この時に使う磨砂として、かつては金剛砂を用いたが、現在ではカーボランダムを使用している。金剛砂には一番から三番までの三種類、カーボランダムには一番から六番までの六種類の荒・細の差があり、荒いものから細かいものへと順に磨砂を変えつつ玉を磨く。

普通「板金《いたがね》」には、長さ一尺五寸・幅三寸五分の平たい鋳鉄板を用いるが、勾玉の背のように、凸面が曲がっている部分を研磨するさいには、「樋金《ひがね》」とよぶ樋《とい》状の鉄板を用いて、カーブにそって磨く。また逆に勾玉の腹のように、凹曲する部分を磨くときには、「樋金」の縁か、鉄製の「丸棒」を腹の凹曲部にあてがって磨く。

仕上げ（第六工程）

荒磨きを終えた玉は、さらに砥石《といし》でていねいに磨きあげられる。玉造付近で採掘された古代の玉磨砥石は花崗岩質であるが、現在は粘板岩質の砥石を用いている。これを質の粗・密によって、荒砥・中砥・仕上砥の三種をそなえ、順に荒いものから、細かい仕上砥へと三回磨く。砥石には、古代の砥石と同様、深い溝が彫られており、そこへいれて磨く。

完全に整形され、磨きあげられた玉は、最後の仕上げとして桐材の木砥で、硼砂《ほうさ》か紅殻《べにがら》をもって磨かれ、光沢を出す。勾玉の腹部は、細かい桐材の棒をあてがって、紅殻を用いて磨く。穿孔部の場合には、長さ二五センチほどの下細になっている鉄棒の円錐形の頭部を回転させ、細かい磨砂漿をつけながら孔の口の「面取り」をする。これを「面取り棒」とよぶ。戦後は硼砂や紅殻で光沢を出すかわりに、酸化クロームの粉末を使用して、光沢を出している。

以上の六工程で、一個の玉が仕上がるのであるが、全部の工程を手工業で行うから、三センチ大の碧玉の勾玉一個を製作するのに、最少限一人一日を要するし、管玉でも半日をついやさなければならないという。

またのうの場合には、光沢を出すため、加工に入る前に、石釜に生石灰を混入して石材を入れ、その上に炭火をおいて一週間以上焼きあげたのち、細工する。すなわち「焼を入れる」という工程が、めのうの場合には細工前に一つ加わるわけである。この工程を経ると、「生石」のままよりも石材がやわらかくなって、加工もしやすくなり、かつめのう特有のあの美しい光沢を発揮することにもなる。古代のめのう玉は、すべて「生石」のまま製作されているため、真の光沢を発揮しえないでいるので、この技術上の点から、新・旧の製品の区別ができるということである。

アクセサリーとしての勾玉

めのう細工は、戦前では、わずかにここを訪れる巡礼と、湯治客とを相手に営業をいとなんでいたにすぎなかったのに、現在はアクセサリーの流行などで、全国から集まってくる観光客や外国人を相手に、さまざまな種類をそろえておかねばならず、量産を要求されることになったので、機械をいれて、製品の能率化をはかっているけれども、ただ動力を使う程度で、製玉の基本は、いぜんとして手工業にゆだねられている部分が過半数をしめている。

このような状況であるから、私どもは民間工芸として、こうした手工業の貴重な技術が永く保存され、心ある若い人々の自覚によって、亡びゆくこの攻玉の技術が、永くこの土地に保存されていくように願ってやまないのである。

それにしても、花仙山の原石が産出されないことは致命傷である。三〇メートル以上も掘り下げれば、まだまだ鉱脈はあり、碧玉も出るという人もあるが、花仙山の地下水が、その採掘をはばんでいるようである。

古代の攻玉技術

出雲古代の玉作部の攻玉術

以上述べてきたところは、故新宮福次郎氏と新宮福司郎氏より直接聞いた、現代の玉造での攻玉技術の方式である。このような現代の攻玉法から、ただちに古代玉作部のそれを律することはたしかに早計であるといえよう。

しかしながら、出雲玉造では、つい最近まで親類一族をあげての手工業で行われてきたことをみ、かつその攻玉法がきわめて素朴な方法であり、非大量生産的方法であるところに、かえってよく古法の伝統が残っているとおもわれる。

たとえば新宮福司郎氏の店で、若干の電動力をそなえた機械を使用し、アクセサリー用の装身具を大量生産できるようになったのは、昭和三十五年以降のことであるという。機械力の導入というのはじつについ最近のことなのである。やや近代工業化されたとはいえ、攻玉の基本的作業は、なお手工業時代の方式を踏襲《とうしゅう》している。これは攻玉という特殊工業の技術的な必要から、そうしなければならない必然性があるためで、けっして工業の近代化に遅れているわけでも、また資本の規模による理由によって、手工業の域から脱しきれないでいるのでもない。おそらく今日の攻玉法と、古代玉作部の攻玉法とでは、技術史的にそれほどいちじるしい変動はなかったと考えてよいであろう。

まず採掘についてであるが、往古は深く岩脈を掘りあてて、いわゆる「釜」を発見して採石するというようなことはせず、表面近くの石を採集するといった程度ではなかったかとおもう。古墳から出土する綜麻石《へそいし》と称されるところの紡錘車様の石製品、石釧・鍬石・琴柱石などの特殊石製品は、碧玉か、あるいは碧玉が自然に分解してやわらかく練物《ねりもの》のように白色を帯びているものを材料としている。このようなものは出雲の花仙山でも産するので、そうした大塊を採取し、利用したものとおもわれる。

次に石材の切断については、上代の石屑《いしくず》らしい破片をみればわかるように、石鏃《せきぞく》などの製作に用いた「コギ破り方法」を適用したとおもわれ、荒作りの工程もほぼ同様であったろう。石引き鋸や矢は存在したが、カーボランダムはなかったから、磨砂として何を用いたかが問題である。カーボランダムの使用前には、磨砂として金剛砂を用いていたが、解玉砂として金剛砂を使用するようになったのは、文献に明らかなかぎりでは、天平十五年九月以降のことであろう。すなわち『続日本紀』には、

己酉《きゆう》。官奴斐太《ひだ》を免じて良に従ぜしめ、大友史《のふひと》姓を賜う。斐太は始めて大坂の沙を以って玉石を始めし人なり。

とある。この斐太という者が、大友史という姓を賜わっているところをみると、帰化人であったと考えられる。すなわちこの人は、百済人白猪奈世の後裔であった。かれが初めて大坂の沙、すなわち南葛城郡の逢坂村・穴虫村などから、柘榴《ざくろ》石の砂、つまり金剛砂をとり出して解玉砂として使用し、玉を製したというのである。

そこでそれ以前には、金剛砂に代わるものとして、磨砂には石英や水晶の粉末を使用したものと考えられる。古代出雲の玉作部も、おそらく花仙山や馬ノ背の石英、および長江山の水晶を手に入れて、これらで細砂を作り、磨砂として自給自足していたのであろう。金剛砂の使用が出雲の玉作部で行われていたことの文献的な確証はなく、石英と水晶の粉末をもって磨砂の代用としていたとおもう。

荒磨きも、「剣ガネ」で「コギ破り方法」で整形し、樋金などは使用せず、すぐに磨砂を使いながら、玉磨砥石でもって外側を磨いたのである。また勾玉のように彎曲したものの内側は、内磨用の細長い砥石を使って磨いたことがわかる。

古代の玉磨砥石

古代の玉磨砥石については、遺物が豊富に出土しているので、これらを比較検討していろいろ類別すると、その第一は、表面に無数の筋溝がついていて、「狐の爪磨玉」などとよばれる「外磨用筋溝砥石」で、もっとも出土例が多い。第二は、大きな円形ないし楕円形の窪みと溝のあるもので、「外磨大窪砥石」といい、出土例は少ない。そして第三は、扁平な板状の砥石で、勾玉の腹部のくびれた部分を磨くための「内磨板砥石」である。この三種について、それぞれ説明を加えてみる。

外磨筋溝砥石　玉作湯神社に保管されているものだけでも七十個をかぞえるほど、多数発見されている。石質は、山陰産の花崗岩・砂岩・玄武岩で、これを加工して方柱状ないし板状の長方形にし、表面、あるいは両側面に深さ一・五センチ、幅一・五〜三センチぐらいの長い筋溝を凹ませてある。この筋溝は、一面に二、三条から十数条におよぶが、だいたい直線的に並行してつくられ、時として曲線的にカーブを描いているものもある。凹溝の内側は光沢を帯び、かつ滑らかで、その昔、勾玉の背をいかに磨いたかを雄弁に物語っている。

外磨大窪砥石　筋溝砥石よりもやや大形の砂岩質か花崗岩質の石の表面に、直径九センチ程度の円、もしくは長楕円状の窪みをもつもので、なかには筋溝と共有するものもある。その内面はやはり研磨によって光沢があり、なめらかになっているので、勾玉や管玉以外の、大形の玉を磨いたものかとおもわれる。

内磨板砥石　石質は前二者とまったく異なり、石英片岩・紅簾片岩・緑泥片岩などの、扁平に薄く剝げる石で作られ、二〇センチ前後の細長い板状を示す。この砥石の使い方は、勾玉の内側のくびれ部にこの板砥をあててこすり、磨いたと考えられる。

このようにして、しだいに形が整えられると、次に孔をあける段階に入るが、これは勾玉作りの全工程のなかで、もっとも困難な作業であったろう。

古代人の穿孔技術の謎

出雲玉作部の時代には、すでに鉄器時代に入っていたことであるから、孔をあけるのに鉄利器が使われたことは疑いの余地がない。だが鉄製の矢を用いて孔をあけたことは確実としても、その矢を打ちこむ手段に問題がある。すなわち、舞鑽《まいぎり》（bow-drill）を使用したのか、それとも現代の玉造の攻玉のように、手で揉みあげ、鉄槌で打ちこむという手段によっていたのか、その点がはっきりしないのである。

現代出雲の攻玉技術では、舞鑽を使用すると、孔をあけるさいに材質に応じた手加減ができないので、かえって破損してしまうおそれがあるため、矢を指で回転させつつ、鉄小槌で打ちこむ方法のほうがよいとしている。

ところが古代においては、舞鑽を使用してすみやかに孔をあけたらしいことが、ほかの所からの遺物によって明らかにされているのである。たとえば、山城国の久津川古墳出土の勾玉には、穿孔の内側に螺旋《らせん》状の筋が並行してついており、舞鑽状の器具を使用して孔をあけていたことを示している。この場合、硬玉や軟玉製の勾玉なら、両側面から孔をあけて内部で両孔を結合させる手段をとるので、舞鑽を使用してもそれほど破砕《はさい》する心配はないのである。

ところが、出雲の現代の玉作り技術では、伝統的な手法として、片面より孔をあけ、両面からの穿孔はしないという。

出雲の各地で発見される古代の勾玉類の穿孔法を調べると、いずれも片面から孔をあけたもので、両面からのものはほとんどないといってよい。管玉などは、各地のものには、両面から孔をあけたものが、勾玉の場合に比べてはるかに多いのであるが、出雲で発見される管玉の成品・未成品にみられる穿孔状態から考えると、ほとんどが片面から孔をあけたものである。暗緑色の碧玉製の太い管玉を特色とする出雲の穿孔法は、古代においても片面穿孔の手法を採用し、舞鑽による穿孔も行われなかったとみるのがよいであろう。

これに対して、硬玉・軟玉の勾玉を伴出する地域では、大和をはじめ各地の玉作部が採用している穿孔法は両面穿孔であり、これは舞鑽を使用したとおもわれる。新羅慶州の古墳から出土した硬玉製の勾玉なども、多くは両面穿孔である。硬玉・軟玉製勾玉は一個も発見されず、碧玉製勾玉ばかり製作していたとおもわれる出雲玉作の攻玉法は、日本各地の玉作遺跡においてみられる攻玉法と、この点でいちじるしい特殊性を認めるべきであろうと私は考える。

技術史的にこうみてくると、出雲の「御祈玉」は、やはり碧玉製勾玉であったとの見方が、いっそう確実視されるのである。

浜田耕作博士は、硬玉や軟玉のような貴重な資材で勾玉を製作するさいには、細心の注意をはらって両面より孔をあけ、その孔が内部でくい違い、使用にたえないものにならないように、穿孔の位置をよほど精密に決定したうえで、さらにまた孔口の仕上げを美しくするためにも、両面穿孔の手法がとられたと推定されている。

そしてこの硬玉・軟玉および玻璃の場合の両面穿孔法と、碧玉における片面穿孔の手法との方法上の相違がおこることについては、その著『出雲上代玉作遺物の研究』の中で、次のように述べられている。

或《ある》は之《これ》を以《もっ》て硬玉・軟玉の石質の堅い理由に帰する人があるかも知れないが、軟玉は、硬度六・○乃至六・五にして、長石より稍々《しょうしょう》硬い許《ばか》りであり、硬玉の方は、七・○にして石英とほぼ同じであり、碧玉即ち青瑪瑙の六・○乃至六・五、紅瑪瑙・斑瑪瑙・石英及び水晶の七・○であるのに比して、軟くとも硬くはないのであるから、此の点を以て説明することは出来ないと思う。

このように、硬玉と軟玉との石質が硬いためとする説の誤っていることを指摘されている。

私はさらに、出雲の玉作部が舞鑽も使わずに、正真正銘の手工業で矢を打ちこむという片面穿孔の方法をとっていたことについては、ここの製玉が「御祈玉」であることと関連があるのではないかとおもう。すなわち土器においても、もっとも神聖な祭器としての土器は手捏《てご》ね製のものであるのと同様の理由で、その神聖性をたもつために、あえて進歩した器具などを使用しないで、純然とした手工業で精魂こめて製玉したものであったとおもうのである。

しかしながら、この穿孔は最大の難事であるので、玉造における現代の攻玉法でも、まず原石を半月形に荒作りしたあとただちに穿孔し、穿孔が成功してから荒磨き以後の工程に入るのを、もっとも賢明の策としているほどである。

古代の遺物のなかにも、未成品を見ると、やはり原石を半月形に切り、腹部のくびれすらつくり出さない前にまず穿孔したものがある。古代の出雲玉作部も、現代の玉造の攻玉工人と同じく、賢明の策をもってこの穿孔の難工程を克服しようとした、努力と苦心のあとが如実にうかがわれ、このような手工業者の技術と心情とを考えあわせると、そこに千年の歴史の時間的へだたりがあることを忘れさせてしまう。

また、穿孔のときに用いられる現代の「矢」は先端が平たく、中央部が先端部より細くつくられた特殊な揉鑽《もみきり》であるが、このような構造でないと、矢を鉄小槌で打ちこむのに進まないためである。すなわち、普通の鑽《きり》のように先端がとがったものでは、堅い玉石を上から叩いて打ちこんで孔をあけることはまったく不可能なことである。先端が平らであるから、これを回転させつつ玉に打ちこんでいけるので、これで孔の大きさが一定するのである。表裏で孔口の大きさが同じになるわけである。

ところが古代の勾玉や管玉の孔を見ると、片面から孔をあけ、貫通している孔口の大きさは一致していない。すなわち孔はV字状を呈して貫通している。これは、先端のとがった、今日の鑽様の「矢」を使ったことを示しているが、どうしてこのようなとがった「矢」を、勾玉をはじめ管玉にまで打ちこんで、貫通させることができたのか、まったくその技術は謎であると、みずからも攻玉の経験をもった、先代の新宮福次郎氏が私にしみじみと語られたことであった。

五　出雲の古代攻玉遺跡

「玉作山」と花仙山

出雲石の原産地花仙山　現代出雲の玉造の攻玉についての説明を終えたので、次にはその原材としての石についで述べることにしよう。風土記でも、地下資源の主なものについては、産地にそのことを記している。砂鉄や水晶などの産出が、一つ一つ記載されているのである。

たとえば、意宇郡の「長江山」については、

長江山。郡家の東南五十里なり。水精有り。

と記している。長江山は、郡家の東南五十里（約二六・八キロ）とあるから、この地点を地図上にさがしてみると、能義郡伯太町の上小竹の国境にそびえる鷹入山（標高七〇六メートル）に行きつく。この山の東方を安来より能義郡をへて、大宮村吉タタラへと越え、印賀川にそって、日野上村生山《しょうやま》方面に抜ける街道が通じているが、その峠を今日でも長江越といい、いまも「水精」すなわち水晶を産出している。このように長江山については、水晶の産出を特記しながら、玉作

山の場合は、

玉作山。郡家の西南廿二里なり。社有り。

とあり、めのうの産出を記していない。そこでこの玉作山は花仙山のことではなく、「社有り」と記されているから、玉作湯神社の鎮座する宮山のことではないかとする説が起こってきたわけである。

私は、後述するように、玉作山は花仙山以外の山ではありえないと考えているが、より重要な意義をもつめのうの山、すなわち花仙山についての記載がなされていないということは、やはり風土記全体からみて、不思議なことにおもわれる。それでは風土記の記述は、脱漏の多い、はなはだずさんなものであったのであろうか。私はほかの例から推して、けっしてそうはおもわない。それには何かそうしなければならなかった別な理由があったのであろうと考える。

花仙山からは、赤めのう・青めのう（碧玉岩または出雲石）が産出する。ゆえに花仙山が玉作山であるとするならば、当然この著名な特産物を明記しなければならないはずであるが、それを記しなかったのは、これらの原石が鉄やその他の産物のように一般的な物産でなく、したがって調として貢納されるようなものではなかったために、あえてそれを記載しなかったのであろう。

しかも、これらの原石からつくられる玉は神に捧げる玉類であり、忌部に所属する出雲の玉作部が朝廷や出雲の大神に献納する重要な玉であって、祭器であり、もっとも神聖な玉類であったのである。ゆえに俗物とは同一視せず、とくにその産出地としての花仙山は、いわゆる禁足地として神秘化され、とくに秘められていたのではあるまいか。そのために、あえて風土記にも一般の産物と同列として取り扱うことをせず、記さなかったのであろうとおもう。「玉作山」の碧玉・めのうはタブーであったのであろうか。

碧玉の勾玉と出雲の玉作部

古代出雲の玉作部の攻玉文化の特殊性については、すでにたびたび述べてきたが、ここではとくに碧玉製の勾玉が、多量に、また専門的に製作されたことについて考えてみよう。

なぜ出雲の玉作部は、勾玉を碧玉で専門的に製作したのであろうか。もちろん管玉も、丸玉も、また切子玉も、そして玻璃玉も製作したけれども、とくに大量に、かつきわめて長期にわたって勾玉製作が行われていたことを私がここに特筆するのは、およそ次のような理由による。

他の玉作部の遺跡では、勾玉がまったく出土していないのに、出雲の玉造では勾玉がいちじるしく多く発見されていることが第一。ここの勾玉は、碧玉・めのう、または水晶製であって、硬玉や軟玉のものは、たとえ砕屑といえども一片の出土もみていないので、硬玉・軟玉製勾玉はぜんぜん製作されず、その原石すら入ってきたことがないと考えられる。ここでは当初から碧玉によるの製作ということを目的としていたとおもわれることが第二。いわゆる出雲の「御祈《みほぎ》玉《たま》」は、碧玉製の勾玉のことであり、とくに出雲の勾玉が神器・祭器として尊ばれていたことが、その第三の理由である。

そして、出雲の玉作部が花仙山の麓に定住して攻玉を始めたのは、古墳時代の中期以降で、いわゆる古墳文化の一要素としての佩玉文化が廃絶してしまったのちも、永くこの地に居住し、その世襲的職能で生計を営んでいたのである。これはわが国の史上に特筆すべき現象であって、その終焉は、律令国家の崩壊と運命をともにしているとおもわれる。すなわち出雲の玉作部は、平安時代末、第十二世紀にいたるまで存続していたのであって、その間たえず「出雲の御祈玉」としての碧玉の勾玉・管玉の製作貢納に従事し、ときには玻璃玉を製作することもあった。

このことは、他の古代の玉作遺跡が、たとえば片山津遺跡のように、わずか百年間しかつづかなかったり、また他の玉作遺跡にしても、そのすべてが佩玉文化の廃絶とともに姿を消してしまったのにくらべ、きわめて顕著な特殊な様相を示すものと認めなければならない。これがその理由の第四。

出雲の勾玉は、すべて碧玉製およびめのう製であって、碧玉の勾玉が圧倒的に多い。このことは、出雲の玉作部が、当初からまったく硬玉、もしくは軟玉を材料とする勾玉の攻玉を考慮していなかったことを意味する。この広範な玉作遺跡から、一片の硬玉・軟玉の石屑すら出土していないという現状をもってすれば、そういう結論に到達せざるをえない。

碧玉＝出雲石

花仙山がたまたま、日本におけるきわめて有数な良質の碧玉岩の産出地であったことから、出雲の忌部氏に属する玉作部の人々が、その山麓地帯に定住し、代々碧玉の勾玉や管玉を製作するにいたったゆえんはすでに述べた。では、鉱物としての碧玉岩とはどのような岩石なのであろうか。

碧玉（jasper）は、広い意味で石英（quartz）の一種である。おもに酸化鉄や水酸化鉄からなる不純物を二〇パーセント程度ふくんでいるために、緑・黄・褐・褐黄・黒・赤色などを呈し、時として縞・斑文のあるものもあり、特にめのうのような濃淡の強い縞をもつものをジャスポニクス（jasponyx）とよんでいる。主体となるのは緑色の不透明なもので、硬度六・七〜七であり、堅緻で緻密な細粒あるいは塊状となって、鉄鉱床や火成岩接触硅化帯などで、団塊もしくは細脈帯をなして、堆積岩の中でも発見される。

色調・光沢が美麗であったので、古来、装飾品や装身具の原料として用いられてきた。ウラル・エジプト・北アフリカ・ドイツ・イタリア・北アメリカなどで産出し、日本では島根県八束郡玉湯町・新潟県佐渡島岩首村・石川県国府村・東京都小笠原諸島父島などで産出している。

玉湯町のものは緑色で出雲石とよばれ、父島のものも緑色であるが、佐渡や加賀国府のものは赤色を呈するので、赤石もしくは赤玉とよばれて知られている。

碧玉製品としては、日本では弥生時代から使用されており、管玉がつくられている。前期・中期古墳時代には、管玉・勾玉が多量につくられるようになるほか、副葬品としては、石釧・車輪石・鍬形石・紡錘車・腕飾・筒形石製品などが発見され、また各種の石製模造品にも碧玉製のものがある。奈良時代になると石帯などにも碧玉製品がみられる。

今日知られるところでは、すでに旧石器時代の石器の素材として用いられていたし、新石器時代になると、世界の各地域で打製石器として使用されていたが、剝離状態が不規則であるため、断口は貝殻状を呈して、玻璃質の断口を示す黒曜石に似ているが、黒曜石のように剝離が規則的でなかったために、黒曜石やフリントの場合のように石器として普及せず、碧玉製石器は一般的ではなく、利器としてよりも別な特色を活かして装飾品への道を歩んだようである。

こうした碧玉の一般的な動向からするならば、勾玉がとくに硬玉製を必要な条件とし、さらに硬玉の供給が困難になったときに、その色調のうえから碧玉が代用に選定されることになり、とくにそれが花仙山に産出することが発見されるにいたって、祭祀具の職業部としての忌部氏系属の出雲の玉作部の人々が、そこに定住して勾玉や管玉の製作に従事したことは、まさに「水を得た魚」であったといってよいであろう。

花仙山においては、同一の山地に、その出土地点を分けて同時にめのうが産出することも、いっそう玉作部の人々をこの地に定住させる有力な条件となった。

めのう　めのう（agate）は、碧玉が玉髄《ぎょくずい》（chalcedony）といわれるのと同様に、中心部に結晶質の石英をもつ、色や透明度の異なった帯状を呈する玉髄のことである。

玉髄というのは石英の微小結晶が網目のように集まり、超顕微鏡的な小孔をもつ硅酸の緻密な集合体のことである。その玉髄も、含有されている不純物によって、種々の性質の異なった種別がなされている。

(1)　不透明暗色・黒色玉髄類

(A)　層状または塊状のものをチャート chert とよぶ。

(B)　ノジュール状 nodule（堆積物中に膠結物質が分離濃集によって生じた団塊状もしくは不規則な結核体や、変成岩中に変成分化して生じた結核体―コンクリーション concretion）の暗色玉髄をフリント flint とよぶ。

(2)　赤・白等の色が帯状または同心円状に配列しているものを、めのうという。

また色の相異によって、紅玉髄・緑玉髄と分けられたりもするが、概して玉髄は硬度六・〇、岩石の空洞を充填したり内張りするように、乳頭状・ブドウ状を呈して産出する。

したがって、めのうは噴出岩の空洞中に、蛋白石・玉髄・石英が沈澱凝固してできた膠状硅酸である。硬度は六・五〜七・〇である。母岩が風化し崩壊すると、めのうは分離剝落し、水などで運ばれて、川原や海岸の礫の中に混じってしばしば発見される。

不透明で樹脂光沢を有し、色は乳白・青白・灰緑・灰・黄褐・赤褐・緑・褐・青・紫・紅・赤等多様である。剝離面にはそれらの色を帯びた縞状・同心円状・雲状の文様がみられる。

めのうは世界各地に産出し、日本では、秋田・新潟（佐渡）・富山・福井・石川・岐阜・島根・東京（小笠原・父島）などから産出している。

めのうは新石器時代に、インドやシベリアで、剝片が薄く鋭い縁をもつことから、小型の刃器や石鏃に用いられた例が知られているから、その利用はきわめて古い。

しかし碧玉同様、めのうも、利器としてよりもむしろ、装飾用品・装身具として利用されたのであった。とくに黒や白の美しい縞状のものは縞めのう(onyx)とされ、それに紅玉髄の加味したものは紅縞めのう(saraonyx)とよばれて珍重された。紀元前第五世紀頃から、地中海地域では、インドから輸入されためのうを素材として、カメオなどの彫刻が盛行した。

日本では、縄紋新石器時代に石鏃として使用された程度であるが、古墳時代中期以降になると勾玉などの玉類に加工されており、歴史時代にも、玉類をはじめ各種装身具や、調度品や仏具の素材として活用されている。

出雲玉作部の遺跡と花仙山

古代出雲の玉作部の遺跡について語ろう。玉造川の両岸にわたり、かなり広い地域に玉作の遺跡地が分布している。まだ考古学者から、玉作遺跡地から住居址や聚落址の発掘された話はきかないから、古代の玉作部がどこに集団で居住していたかというようなことは、まだはっきりしていない。けれども、古墳時代の遺物や攻玉遺跡は玉造川の両岸丘陵の各地から出土していて、この付近に玉作部の工人が集落をつくっていたことは疑う余地がない。

出雲の玉作遺跡

そこでまず攻玉遺物の出ている地点を巡歴して、そのうえで総合判断をくだし、できるだけ古代玉作部の実態にふれてみたいとおもう。玉作遺跡としては、玉の出土地をはじめ、半製品・未製品の出土地・原石採掘地・古墳・横穴・祭祀遺跡・製作址などのいっさいをふくめて遺跡として紹介していくことにしよう。

島根県八束郡玉湯町の玉作遺跡は、考古学上もっとも早く、その専門的調査の対象となった著名な遺跡である。ついで新潟県佐渡島新穂村の弥生式時代の玉作遺跡が調査され、戦後になって、出雲の玉作遺跡より一時期早い、古墳時代前期の管玉遺跡である石川県加賀市片山津玉造遺跡が発見・調査された。これらの遺跡が、石器時代における硬玉製勾玉製作址としての新潟県長者ヶ原遺跡とともに、日本海沿岸の一連の攻玉遺跡として、地域的にも、また年代的にも、考古学上重要な意義をもつものであることはいうまでもない。

けれども私が、他の遺跡とくらべて、とくに出雲の玉作遺跡を重視するのは、この遺跡がたんに考古学上の遺跡・遺物の出土にとどまらず、『古事記』・『古語拾遺』・『出雲国風土記』等の文献をはじめ、ひろく一般の文献・記録の上にも古来明記されていて、いろいろの関係史料も豊富であり、日本古代史学の研究上はもとより、一般の日本史学の上にも、もろもろの問題を投げかけている遺跡であるからである。

さて、このように重要な意義を有する古代出雲の玉作部の遺跡は、玉造川の渓谷にそって、その両岸に濃密に分布している。すなわち、玉類、玉類半製品・玉磨砥石がこの渓谷の各地から出土し、また丘陵沿いには円墳・横穴墳、それに石棺類が多数発見されており、出雲における考古学的遺跡・遺物の分布地域として、ここ玉造川の流域は、もっとも濃密な分布を示す地帯の一つである。このことは、玉作部が古くから長期にわたってこの地域に定住し、攻玉に専念した生活を営んでいたことを示すものである。いまその主要地点について、玉造川の下流から上流にむかって順に、その出土品や、遺跡の種別などを簡単に記していこう。

(1)　カゴ岩　玉造川の東岸、石床山の麓で、玉類を出土する。

(2)　波止山南麓　玉造川の西岸に迫る波止山の平床の丘陵間にやや平坦な場所があって、各種の玉類・半製品とともに玉磨砥石が出土しており、攻玉址であったとおもわれる。この波止山を「玉作山」に比定する説もあるが、私は採らない。

(3)　宮垣　玉造川の東岸で、波止山の対岸の丘陵上である。この丘陵は、花仙山の西南麓にあたり、木枯志神社の旧跡をふくむ田圃地で、青木原・向畑・小丸山・神湯・宮垣・鳥場・湯面などをふくむ広範な地域にわたっている。玉類や半製品がおびただしく出土し、玉磨砥石も多数発見されている。そして今なお碧玉の破片が田圃の表面で採取されるなど、この地がもっとも有力な攻玉址と目されている。しかもここは、原石産地の花仙山とも直接結びつく地域であるので、地形的にも便宜な地点であるといえる。なお、ここは早くから玉作址史跡地に指定されていた。

(4) 花仙山　玉造温泉の東北にそびえる、海抜一九九・七メートルの山である。この「玉作山」の西方と南方の、玉造温泉街に面した山腹が、玉の原石であるめのうと碧玉とを産出する地点である。玉造川の右岸の、布志名から玉造に連なる丘陵は玄武岩的石英岩であって、その岩裂中に玉髄・めのうと混じって碧玉を産する。字クララ迫・エチゴ丸・大谷・槙屋堀などが最良の採石地とされ、そこには新旧いりみだれて、採坑の竪穴が無数に掘られている。だが花仙山のめのうや碧玉類は、その後ほとんど採掘され尽くしてしまい、昭和十七年を最後にして、現在では採掘はまったくされていない。

(5) 築山古墳　玉造川西岸にある築山の丘の上の円墳で、安政年間に発掘された二個の刳抜式船形石棺が露出している。発掘のさいに、棺内より漢式鏡一面・剣・土器等とともに、たくさんの玉類を副葬品として得たので、櫛明玉命の神陵であるとみなされていた。いずれにしても、玉作部関係者の墳墓であったことは間違いないとおもわれる。

(6) 向新宮　玉造川東岸の、この川に注ぐ支流田中川の上流で、花仙山の南麓に位置し、玉類の未成品と玉磨砥石などを出土しているので、エチゴ丸の青めのう、クララ迫の青めのう・紅めのう、大谷のめのうなどを原石として運んできて、ここで攻玉したものとおもわれる。

(7)　玉作湯神社付近　玉作湯神社付近の湯端・神湯などの地域からは、玉類の未成品や玉磨砥石などが発見されている。

(8)　別所谷　玉造川東岸の上流で、大連川が分かれる谷間に面した地域で、ここからは玉磨砥石を出土している。

(9)　玉ノ宮　大連川（玉ノ宮川）にそった渓谷地帯で、玉作遺跡としてはもっとも奥地にあるが、ここも史跡に指定されている。かつて櫛明玉命を祭っていた玉ノ宮が存在した地点で、この宮址付近からは、めのうおよび碧玉の玉類・未成品・玉磨砥石を多数出土しており、ここも有力な攻玉址であったとおもわれる。

(10)　馬ノ背　大連川の上流である馬ノ背では水晶と石英を産出するが、これを利用して、この川の下流の玉ノ宮・別所谷では、ガラス玉製造が行われていた。水晶や石英の玉も発見されているので、採石して攻玉の原料にしたこともあったとおもわれる。

(11)　その他　玉造には、古墳や横穴墳としては、前記の築山古墳のほかに、宮垣の丘陵の北東に徳連場古墳があるが、徳連場古墳では刀剣類を出土した船形石棺一基が露出しており、鳥場や小丸山にも、組み合わせ石棺が露出していた。また岩屋寺には横穴二基、大門小路には勾玉・管玉・鏡・刀・土器を伴出した横穴一基があり、その奥地には六基以上の横穴群がある。これらの古墳や横穴が、玉作部の人々の墳墓の遺構であることは間違いないとおもわれるが、両者を結合する直接の資料は何ひとつない。

花仙山の玉造温泉街と山をへだてた反対側に、忌部村がある。この忌部村は花仙山の東南麓に位置し、久多美山上に鎮座していた久多美社を中心として、攻玉部民の生活を営んでいた址がみられる。野津氏はかつて――久多美山が玉の原石を産し、これを利用してこの付近で玉を製造していたのであり、温泉も湧き出ていた時代があったが、その後原石が採掘し尽くされ、温泉も出なくなったので、その中心が玉作の方へ移ったのであろう――との説をなされたが、ここが攻玉の中心地であったとされる点には賛成しがたい。近時、国学院大学の大場磐雄博士らによって攻玉遺跡の発掘が行われたが、その結果によると、忌部神社付近、同神社の東方宮内ウシロ原・神戸《ごうと》・城口・下忌部・平松などから、水晶・めのう・碧玉の玉類および未成品、玉磨砥石が発見されているので、これら忌部川の流域でも、原石を運んできて攻玉をしていたことはたしかである。しかしその質量ともに、玉作方面とはくらべものにならず、この地域を古代玉作部の本貫地であるとか、あるいは忌部神戸の本拠地とみることはできないと考える。

以上のような古代玉作部の遺跡の分布を調べても、現在の玉造温泉街の周辺が、古代出雲の玉作部の本貫の地であったことは、疑いのないところといえるであろう。

出雲の玉作遺跡の特殊性

これまで出雲の玉作の遺跡について、その大要を述べてきた。しかし、わが国古代の玉作部の遺跡としては、けっしてこの出雲の玉造だけが唯一の遺跡ではない。今、わが国で古くから玉作部が定住していたとおもわれる所の地名と、現在地の比定地点、ならびにその地域で発見された攻玉関係の遺跡・遺物について、西日本から順にひろいあげていってみよう。それらの遺跡を表記すると、次表のようになる。

国名	郡名	郷名・古社名	現在地比定	出土遺物	文献
周防	佐波郡	玉祖郷・玉祖神社	山口県防府市右田地区大崎	滑石模造品	和名鈔・延喜式
土佐	安芸郡	玉造郷	高知県安芸市土井		和名鈔・立倉院
出雲	意宇郡	玉作街・玉作湯神社	島根県八束郡玉湯町玉造	碧玉・勾玉等	風土記・延喜式
摂津			大阪市玉造町	砥石	日本書紀
河内	高安郡	玉祖郷・玉祖神社		玉類未成品・砥石	和名鈔・延喜式
近江	伊香郡	玉作神社		玉類	延喜式
加賀			石川県加賀市片山津	管玉・砥石等	
越前	坂井郡		福井県坂井郡坂井町河和田	管玉・石釧等	
遠江	城飼郡				続日本紀
駿河	駿河郡	玉造郷	静岡県沼津市下香貫	砥石	和名鈔
伊豆	田方郡	玉作水神社	静岡県沼津市上香貫	砥石	延喜式
上総	望陁郡				日本書紀
下総	匝瑳郡	玉作郷	千葉県香取郡多古町		和名鈔
下総	埴生郡	玉作郷	千葉県成田市大字八代	玉類未成品・砥石	和名鈔
陸奥	磐城郡	玉造郷	福島県石城郡四ツ倉町		和名鈔
陸奥	玉造郡	玉造郷	宮城県玉造郡岩出山町		和名鈔

この表を見て明らかなように、『和名鈔』や、『延喜式』などにみえる古地名に、「玉造」とか「玉作」という郡名や郷名があった場所、古社の中に「玉祖神社」などの玉作部関係の神社とおもわれる神社の所在した所には、なんらかの攻玉遺物が出土しているところが多いことがわかるので、全国的にみて攻玉遺跡はかなり多いことがわかる。そしてそれらの各遺跡をくわしく調べていくと、それぞれの遺跡では、そうとうに様相の異なった点が指摘される。たとえばある遺跡では勾玉ばかり出土しているとか、またある遺跡では管玉ばかり出土しているというぐあいに、製玉の種類もちがってくる。そこで次にはそういう相違点を各遺跡について調べていって、出雲の玉作部の遺跡の特殊性を明らかにしよう。

石川県加賀市片山津町字上野の古墳時代玉作遺跡において発掘された玉類は、管玉・ガラス小玉・勾玉などであるが、それらの玉類について、たとえば同遺跡の第二次調査時における出土例を見ると、玉類は全部で二四一個の出土を見、そのうち、勾玉三個、臼玉一個・ガラス玉三個のほかは、全部管玉である。このような管玉の圧倒的比率は、この玉造遺跡が管玉の製作を専業とした玉作部のものであることを示唆しているとおもわなければならない。

ここの管玉は碧玉とよく似ているが、そうではなく、緑色凝灰質頁岩、あるいは緑色細粒凝灰岩であって、この原石は玉作遺跡の東南側山地の、新第三紀の岩層に分布しており、大聖寺川上流の菅谷、柏野地方、あるいは動橋川上流の今立東方などに産出する。おそらくこの遺跡から一〇キロ内外の地点で採取し、運搬してきて加工したものであろう。

このような管玉、とくに細形管玉の類は東日本に多く分布し、新潟県佐渡島佐渡郡新穂村玉作遺跡のようなものもその例であり、約三十カ所をかぞえている。西日本では、京都府の函石浜遺跡で碧玉製管玉が多数発見された例が知られている（加賀市教育委員会刊、大場磐雄編『加賀片山津玉造遺蹟の研究』参照）。

このように、等しく玉作部といっても、それぞれの地域、または時代により、専門分業化された特殊職業部としての、若干の集団に分立していたことを推測させるものである。すなわち玉作部であるからといって、管玉も、勾玉も、丸玉も、あるいは硬玉製品・碧玉製品・玻璃製品等を、なんでも一人で製作したというのではなく、管玉を専門につくるもの、勾玉を製作するもの、硬玉・軟玉類の加工を専業とするもの、あるいは玻璃玉を製作することのみを職能とするものというぐあいに、こまかに玉作部の内部でさらに分化されていたことがわかる。

片山津の玉造遺跡で生活した玉作部は、弥生時代から古墳時代中期頃まで、裏日本東部に分布した管玉製作の玉作部の集団で、佐渡―加賀―函石浜を文化圏とする、移動的職業部の集団であったとおもわれる。この点、出雲の玉造に定住し、第五世紀頃から平安朝末、第十二世紀頃まで、確実にそこに定住生活をし、碧玉製勾玉と管玉とを製作することを世襲的職業としていた出雲の玉作部とは、等しく玉作部といっても、本質的な相違があるわけである。

玉作部の神

出雲の忌部の玉作部がここに定住し、子々孫々相うけて、数百年の歳月を、玉作りひとすじについやしてきたが、かれらのつくる御祈玉が特別な宗教的意義をもつ勾玉であったとすると、この工人たちは、つねに身を沐浴潔斎して清め、神聖な攻玉に従事していたとおもわれる。かれらは共通の祖神を斎き祭り、その祖神の神意を受けついで、日夜玉擦りの聖職にいそしんだことであろう。

かれらの祖神こそ櫛明玉命とよばれる攻玉の神であったが、その祖神を斎き祀った神社は、ここでも鎮座していたはずである。それはどこの、何とよぶ神社であったのであろうか。『出雲国風土記』に、その神社のことが記されているだろうか。今その点について考えてみると、まず考えにのぼってくるのが、玉造温泉街に鎮座している玉作湯神社である。

玉作湯神社は、風土記の「天平神帳」の神祇官社四十八座の中に、「玉作湯社」と記されている神社のことである。また『延喜式』の「神名帳」には、「玉作湯神社。同社坐韓国伊太氏神社」と記載されている。この神社は、現在、大名牟遅命・少彦名命・櫛明玉命・五十猛命を祭神として合祀しているが、古くから玉作の祖神である櫛明玉命《くしあかるだまのみこと》を主祭神としていたものではなかった。『三代実録』の清和天皇の貞観十三年十一月条に、「正五位上湯神に従四位下を授く」とみえるが、この湯神が祭神として祀《まつ》られていたのであり、しかもこの神階は、「佐陀神」と同格で、「能義神」・「佐草神」・「揖屋神」・「女月神」などがすべて正五位下を授けられていたのをみると、当時はそうとうに勢力のあった神社であったとおもわれる。

そしてそれは、攻玉を媒介として、出雲の忌部氏との関係が深かったためではなく、温泉守護の神としての意味から、大穴持・少彦名二神を湯神として祀っていたことによるものであろう。そうすれば、この付近の玉作部の人々が、氏人たちの祖神として斎き祀っていた櫛明玉命を、共有の祖神として、この玉作湯神社に同様に斎き祀っていたとはいえないであろう。その神社は、この玉作湯神社とは別に存在したはずである。

それでは、玉作部の人々が奉祀した櫛明玉命の社は、いったいどこにあったのであろうか。私はこの問に対して、現在、玉作湯神社に合祀されている素《そ》鵞社《がのやしろ》の前身、木枯志《きがらし》神社を比定しようとおもう。

櫛明玉命の社

木枯志神社の旧跡は、玉作湯神社の北方、田中川の谷を隔てた玉造川東部の丘陵上にある、字青木原とよばれている畑地である。この付近一帯の地は史跡保存地であり、玉類をはじめ玉磨砥石などの遺物を豊富に出土している。また、花仙山の西南麓に位置しているこの社は、素盞嗚《すさのお》尊《みこと》を祭神としていたので、玉作湯神社に合祀のさい、素鵞社とされたわけであるが、原初的には、玉作部の攻玉の遺跡の中心部にあるこの社こそ、攻玉の守護神、玉作部の氏祖神としての櫛明玉命を奉斎していた神社ではなかったか。ここに神社があったとすれば、風土記にいう「玉作山」を花仙山とみなし、「有レ社」と記されている社については、玉作湯神社ではなく、この木枯志神社のことであると解してもよいであろう。

玉作湯神社は、永禄元年の玉作湯神社棟札に、「上棟湯姫大明神社頭一宇」、寛文二年および延宝九年の修理免状に「湯姫大明神」とあるように、後世には長い間もっぱら「湯姫大明神」といい、あるいは、正徳三年の「卜部家神道裁許状」には、「湯船大明神」とみえ、『雲陽誌』にも「湯船明神」と記載されているように、元来この社は攻玉との関係はなく、温泉守護の神社として存在していたものであって、明治初年になって社号を元にもどしたのである。そこで玉作部の神社としては、この神社のほかにあるべきであろう。

野津左馬之助氏は、『島根県史』の第三巻で、「氏族制度が行なわれていた時代には、祖神を祀る神社を中心として、その付近に玉人が居住し、攻玉に従事していたのである。たとえば、宮垣に住んでいた玉人は、記加羅志神社（祭神須佐之男命）を中心として居住し、玉造狭谷に住する玉人は、玉作湯神社（祭神櫛明玉命）を中心として居住し、玉ノ宮に住する玉人は、玉ノ宮（祭神櫛明玉命）を中心として居住していたのは、その明証である」ということを述べておられるが、木枯志神社の祭神だけが、同じ玉作部の部民でありながら、須佐之男命を奉斎するのはおかしい。

これは後に祭神の変改が行われたものであるとして、本来はやはり他の社と同様、櫛明玉命を祭神としていたものとしてよいであろう。そうすれば、玉作山の麓にあったというこの社を、あえて宮山の、現在の玉作湯神社とする必要もなかろう。

したがって私は、「玉作山」は花仙山であると結論する。野津氏は、「玉作山」は花仙山のつづきの山、すなわち玉造温泉の背後にそびえ立っている大谷山のことであって、「有〻社」は、玉作湯神社のことであるとされている。また浜田青陵博士も、大谷山から花仙山全体を「玉作山」と称したものとおもわれるとし、「有〻社」の解釈は、玉作湯神社に比定する野津氏の説がもっとも妥当であると説かれる。しかし私は、「玉作山」とあるのは、そのように広範囲の山を一括した名称ではなく、花仙山そのものを指称した山名とし、玉作山についての風土記の記載は、花仙山と木枯志神社との関係において解釈するのが、もっとも妥当であるとおもっている。

小　括

出雲の玉は、出雲の忌部氏に属する玉作部の工人の製作した玉である。この出雲の忌部氏配下の玉作部が、出雲の花仙山の山麓に定住し、おそくとも平安時代までその地に永住し、朝廷へ奉納する玉などを作っていた。その大切な原料であるめのう・碧玉は、花仙山すなわち玉作山に産出した。

「玉作山」の名は風土記にもみえるけれども、他の場所の記述では、山とか川とかについての伝承を記載しているのに、玉作山については、そうした玉の原石の産地とか、それにまつわる伝承などまったく記録をしていない。

それは、花仙山の玉は普通の玉というのではなく、忌部という特殊な祭祀集団が占住していて、一つのタブー的な存在として扱われていたためではなかろうかと推考する。

普通の産物ならかならず明記するけれども、そうでない特殊なもの、しかもそれは国造の祭祀と関係する神聖な玉をつくる、あるいは「神賀詞」奏上のときに、玉を神宝として天皇に奏上するために製作して、都まで持っていくという、一種の聖器・祭器という意味をもつものであり、それは触れて穢してはならないものとされているために、玉作山産出のめのうや碧玉に関する記載ははぶいてしまったと私は解する。それほど古くから花仙山の玉は神聖視され、タブーとされていた代物であったと考えられるのである。

出雲の玉作部は、碧玉の勾玉をつくる特殊職業部民として、きわめて特色ある存在であった。じつにかれらは第五世紀頃からこの玉造に住みつき、第十三世紀初頭までの八百年間以上にわたり、その特殊技能をもって、出雲国造や朝廷にその勾玉を貢納していたのであった。

六　三種の神器と勾玉

三種の神器についての三説

考古学的批判　「三種の神器」とは、天皇の皇位継承の象徴であり、天皇の主権の存するところを象徴する、天皇家伝世の神器として、代々の天皇が継承・伝授して今日におよんでいる聖器である。しかし戦後の混迷期においては、その神聖性がどこに存するのかなどの議論がやかましくたたかわされたことがあった。そしてそのような最中に、前満州国皇帝溥儀《ふぎ》に対して、模造の「三種の神器」が授与されたというような、まことにセンセイショナルな事件が明るみに出されたりして、問題はますます複雑化したのである。その頃わが史学界においても、この問題に専門的立場から介入して、学問的にこの問題を処理しようとする学者も現れた。考古学者故後藤守一氏は、おそらくその最初の一人であったであろう。

後藤氏は、「三種の神器は、天孫ニニギノミコトが天照大神《あまてらすおおみかみ》から奉戴《ほうたい》したものであり、かつ皇位継承のしるしであるということは、今日では一般の常識であるが、奈良時代には、三種の神器と皇位継承のしるしである神器とは別物とみていたのではないかとおもわれる」という観点に立ち、この問題を文献に徴して、「天皇としての地位に登った時に、奉上するのは鏡と剣の二種であり、後に玉を加えて三種になったのである」と主張された。そして玉・剣・鏡について詳細な考古学的検討を加えたうえで、それぞれが神器として、皇室のものとなった時期を推定され、「三種の神器を神武天皇以前のものとする神話を、そのまま事実だとして受け入れることはできないが、といって、ずっと後代のものであるとすべきでもない。そうとう古い年代のものと考えてしかるべきであるとおもっている」と結ばれたのであった。

この後藤氏の所論では、これまで神話にのみもとづいて、神器の悠久なる神聖性が語られていたのに対し、まず考古学的批判が試みられたわけである。その結果、「神器にたいする思想が、実際には当初から固定していたのではなく、外来の金属器文化によってもたらされた青銅製の剣や白銅鏡が、日本人の間に用いられるようになってから以後のものである」と指摘されたのである。このような後藤氏の新味のある説は、以後考古学者が、その実証的な領域から、鏡・剣および玉のいわゆる三種の神器の、実態にふれた議論を醸成《じょうせい》する機運をもたらした。

たとえば故小林行雄氏のように、古墳の副葬品の変遷から考えて、三種の神器という思想の発生は古墳時代前期であるとする説がある。小林氏は、その著『日本古代文化の諸問題』において、

弥生文化で、鏡と剣とが伴出するのは北九州の墳墓だけで、大和では鏡が単独、あるいは銅鐸と一緒に埋められていて、銅剣との関係は考えかねる。しかし銅剣が銅鐸と伴出、あるいは単独に特殊遺跡に埋蔵された例があるのであるから、三種の神器を弥生文化の遺物だとしてもよいかも知

れない。だが弥生文化の時代に、伝世の神器というようなものがあれば、むしろ銅鐸などの方がそれに択ばれるべきであろう。しかも三種の神器のみならず、上代の神話伝説には、一切銅鐸が反映していないから、三種の神器という思想が成立したのは、銅鐸というものがあったことを忘れてしまった時代のことだと考えうる。故に「仲哀紀」の筑紫の崗県主《おかのあがたぬし》の祖、熊鰐《わに》が五百枝《いほえ》の賢木《さかき》の枝に、白銅鏡《ますみのかがみ》と、十握剣《とつかのつるぎ》と、八尺瓊勾玉《やさかにのまがたま》をかけて、天皇を迎えにでたという記述などが成立したのと、そうへだたらない古墳時代前期と考えられる。

との意向を述べられたのであった。すなわち小林行雄氏は、神器の起源を、いまから千八百年ほど以前、西暦第二世紀から第三世紀の間にもとめようとするのであるが、その理論的推定は、純然たる考古学的遺物の実証的研究の立場からなされたものである。

同じく考古学の立場にある根津正志氏になると、

三種の遺物は、神器でもなく、皇位象徴の特別品でもない。それは人間が作り、人間が使った品物で、神が作ったり、神が使ったり、あるいは君主だけが使用したのでもない。実は古墳出土のありふれた遺物にすぎない。これらの日常品を、なんらかの霊あるものとして信仰したということも考えられない。したがって三種の神器の伝説は、天皇国家の確立した奈良初期に作られたものだとおもわれる。

と、しごく簡単、無雑作に、三種の神器の神秘性、神聖性を抹殺し去り、貴族や君主が日常愛用した人工遺物だとして片付けてしまったのである。

以上、考古学三氏の所説は、戦後版「日本史」の「科学的批判」の風潮に、いち早くこたえて試みられた啓蒙的な述作の中に示されたもので、「三種の神器」についての代表的な所説である。

従来の日本史、とくにその古代史は、神話を基盤にしたというよりも、むしろ神話を必要以上に曲解して、「捏造《ねつぞう》した史実」をもって構成された個所が多かった。そのために戦後は、まずだんぜん神話の虚構をあばき、それと絶縁して、まったく別な立場から再検討するべきであるという見地から、科学的方法による実証的な人間科学としての、人類学・考古学・民族学などに古代の研究をゆだねて、その解明を得ようという気運がまっさきに起こったのである。

そこで、これまでは歴史家が取り扱ってきた主題のすべてを、考古学者らにゆだねることになり、日本の考古学者たちは、みずからが固く守ってきた伝統的な学問の領域――考古学は、遺跡・遺物の実証的研究に基づく、古代の物質文化のみを領域とする学問である――という観念を打破して、文献中心の古代史家との間に画されていた明瞭な一線をこえ、世論に要請されるまま、古代史の領域内に深く入りこんできたのである。

こうして考古学者は、両者の領域の究明を自分一人に負わされる結果になったのであるが、それはあまりに重すぎる負担であった。だが古代史から書き改めなければ、日本史の新しい、正しい研究は完遂しがたい。しかも当時の古代史家は、世の信望を失い、その発言は当該課題に対してすら重きをおかれないようなありさまで、逆に世間一般の考古学への信頼と要望は、考古学者に無理強いをしてまでも、古代史家の任務を兼帯させずにはおかないなりゆきになっていたのである。

皇位のシンボル説

そうしたなかで、「三種の神器」に対する考古学三氏の論説が発表され、新しい問題の解決へのテーマの一つとなってあらわれたのである。

しかしながら、後藤氏にしても、根津氏にしても、「三種の神器」が神代からの伝来品ではないとか、神がつくり、神が使用したものではないというような、ごく皮相的な点に拘泥しすぎて、その否定を主張するのに急であり、ただその年代が古墳時代、あるいは奈良朝初期にできあがったものであるということ、古代の貴族の日常品であったことなどの点を、考古学の実証主義的立場から云々したにすぎない。

しかもそれをもって、「三種の神器」の神聖性を抹殺しえたとし、かつそうすることが神秘のヴェールにつつまれた日本古代史の神秘性を打破しうるものであると自負していたのであるから、それはまったく「三種の神器」の解釈になっていないといわざるをえない。

そうしたことならすでに戦前から、われわれ文献史家の間でさえも先刻承知のことであったのである。すなわちわれわれは、神話によって「三種の神器」が神代より伝来の宝器であるとか、天照大神からニニギノミコトにつたえられた神器であるとかいう伝説史的事実を、まじめに考えていたわけではない。

それが神代伝来の宝器であろうと、また貴族の日常什器《じゅうき》と同一のごくありふれたものであろうと、そのような点を詮索して、「三種の神器」の本質を明らかにできるなどとは、思いもよらないこととおもっていたのである。なぜならば、われわれが現代的環境に意識的に支配されて、「三種の神器」が俗物であることをはっきりと確かめえたとしても、またそれをもって、その神聖性を冒瀆《ぼうとく》してみたとしても、一つの厳然たる歴史的事実——「三種の神器」が、千数百年の永きにわたり、今日にいたるまで、皇位のしるしとして歴代天皇により継承されてきたということの前には、なんらそれを否定する力をもってはいないからである。

また、神器が俗物と類を同じくするものであったとしても、それによって象徴される皇位というものが、虚偽《きょぎ》と欺瞞《ぎまん》とにみちたものであるとして、その存続を認めることはできないというような論理の飛躍は、なおさら認めることができないであろう。

小林氏の説といえども、氏の慎重さは、ただ「三種の神器」というようなものがあったと仮定したら、という条件をあたえたうえで推論の形をとっているので、積極的に「三種の神器」の存在を考究した論説というべきものではない。「三種の神器」とそれの類品は、天皇のみが所有した品ではなく、古代人一般が所有していた代物《しろもの》である。そのことは、考古学的発掘調査にもとづいて、各地で豊富に類品の出土をみていることにより否定できない。しかしだからといって、鏡や剣や玉に、宗教的意義がないということにはならない。

古代人が鏡や剣や玉を愛用したのは、ただそれらの形態や色調の美しさに心をひかれて、あるいは当時においてそれらは最高の芸術品であり、高価で珍貴な貴重品であったから、貴族たちが装身具として、富力と権力とを象徴する財宝としたものであろうという考え方のほかに、それらの普遍的な用途の意義を考えることはできないであろうか。

後藤氏は、「神器といっても、なにか特殊の歴史があるとしても、結局どうだ立派なものだろうと、諸臣に誇示しうるものでなければならないと思う」と述べ、草薙剣《くさなぎのつるぎ》の場合には、もしこれが鉄剣であれば、弥生中期の頃には、はじめて作られた珍しいものとして奉献したとしても、それは時とともに数を増したから、いわゆるありきたりのものとなって天下に誇示しえなくなる。しかし銅剣だとすれば、後代ではつくらないものであるから逆にまれになり、それは尊さをまして神器になりえたと説いた。そしてさらに鏡については、八《や》咫鏡《たのかがみ》がやはり地方豪族に誇示しうるものであったろうという考え方に無理がないならば、よほどの大鏡であったとしてよいであろう。したがって八咫鏡は、『正中御錺記』にある樋《ひ》代《しろ》の径一尺五寸に近いもので、周防国柳井町出土の鏡に似た大鏡であろうと考えられたのである。すなわち後藤氏は、神器なるがゆえに、それは類のない大きいものであること、ほかにあまり類品をみないめずらしいものであることを条件として、誇示するにたりるものと考えられたわけである。

だが天皇位を象徴する神器を、今日の宝物展覧会のように、ならべたて見せびらかすものと考えておられるのであろうか。それでは神器とか神宝に対する古代人の観念を正しく理解していない、あまりに皮相的な考え方だといわなければならない。

神器の一つ一つの鏡なり、剣なり、玉なりは、たしかに古代日本のありふれた器物であった。したがって、それらが単独の一個の物質としてある以上、他の同類の物質と同じ意義と価値とをもつだけで十分である。しかしいまこれらが一つになって、「三種の神器」という新しい機能をあたえられた場合、もはやそれまでの遊離的存在として認められていた各々の意義と価値とからは、はっきりと区別された新しい意義と価値とを発揮するであろう。その点を問題としなければ、「三種の神器」の本質は明らかにされるはずがない。そう考えてくると、問題はすでに物質文化上の問題であることをはなれて、精神文化上の問題に移行してくるのである。だからもはやここでは、考古学上の研究にのみ頼ることは方法論的限界に達しているのであって、われわれはここにおいて考古学的研究の基盤にたち、神器のもつ呪教的機能にまで深くつきすすんで、精神文化的な考察を試みなければならないとおもう。

　では次に、まず「三種の神器」の一つ一つについて説明していくことにしよう。

神話にみる三種の神器

　『古事記』の記載を見ると、いわゆる天岩戸神話《あめのいわとしんわ》の中の、天照大神の再出現を希求する祭祀儀礼の神話において、

ヤタノカガミ

天香山《あめのかぐやま》に生う、青々と葉の茂った榊《さかき》を、根こそぎ掘り起し、上枝には八尺瓊勾玉《やさかにのまがたま》を五百個連らねた頸飾りをとりつけ、中枝には八咫鏡《やたのかがみ》をかけ、下枝には、白い木綿の和幣《にぎて》と、青い麻の和幣を取って垂《たら》した、これらの種々の品は、布刀玉命《ふとだまのみこと》が神前に献る御幣《ごへい》として、両手に捧げ持った、云々《うんぬん》

と説かれている。この神話に書かれているいろいろの祭祀具は、すべて当時の人々によって神聖視されていたもので構成されているのであるが、大和国の香久山をモチーフとして神山を連想した高天原の天香山、その神山天香山の聖樹である榊を、根こそぎぬき取ってきて、これを神聖な御幣《ごへい》と見たてて樹立するということは、祭りにおける神霊降臨《しんれいこうりん》の標木であり、そこに祭られるべき神霊の、すでにそこに降臨したもうていることを意味し、公示しているのである。

　この榊の中枝にかけられた八咫鏡は、『日本書紀』の本文に、「一《ニ》云《ウ》。真経津鏡《まふつかがみ》」とあって、「神聖な鏡」を意味し、第二の一書には、この鏡を「此《レ》即《チ》伊勢《ノ》崇秘之大神也」として、天照大神と等格

に取り扱い、いわゆる「三種の神器」の「八咫鏡」としている。

しかし第一の一書においては、思兼神《おもいかねのかみ》がつくらせた鏡であり、それは「是《レ》即《チ》紀伊国《きいのくに》所坐《にまします》日《ひの》前神也《くまのかみなり》」として、伊勢の鏡とは別物であろうとしているようである。

この点について『古語拾遺』は、

是に思兼神《おもいかねのかみ》の議に従い、石凝姥神《いしごりとめのかみ》をして日像《ひがた》之鏡を鋳《い》せしむ。初度《はじめ》に鋳《い》る所、少《いささ》か意に合わず。（是紀伊国の日前《ひのくま》の神なり。）次《つぎ》度に鋳る所、其状美麗《うる》わし。（是伊勢の大神なり。）

と記して、紀伊・伊勢両者の関係を明示しているが、同書はさらに、

仍《よ》りて石凝姥神《いしごりとめのかみ》（天糠戸命《あめのぬかとのみこと》の子。鏡作の遠祖《えんそ》なり）をして天香山の銅を取りて、以って日像《ひがた》之鏡を鋳《い》せしむ。

と記して、紀伊・伊勢二所の鏡が別物であることを明らかにするとともに、鏡が祭器、あるいは神器としての意義をもつのは、これが「日神の像」であることにほかならないことを、明確にわれわれに伝えてくれるのである。

また、その鏡が銅で造られていたことは、『日本書紀』の第一の一書に、

伊弉《いざ》諾尊《なぎのみこと》曰《いわ》く、「吾御寓《あめのしたしら》すべき珍子《うずのみこ》を生まんと欲す」乃《すなわ》ち左手を以《も》って白銅鏡を持ちたもう時、則ち化《な》り出ずる神有り、是を大日霊尊《おおひるめのみこと》と謂《い》う。

とある。また考古学的遺物にてらしてみても明らかなように、わが国の古代の鏡は、普通に円形の白銅鏡《ますみかがみ》であったとして、ほぼ確実であろうとおもう。円形の白銅鏡は、太陽の白熱する姿の象徴であり、日神の像そのものであると、原日本人は考えていたのである。

また、天香山の銅をとって鏡を鋳造したという所伝も、銅鉱を採掘して、製錬して銅をつくったのではなく、山地に銅剣や銅鐸のような銅器を埋めておいて、鏡などの必要な銅器を製作しなければならないときに、その銅器を掘りだして、鋳直し、使用した事実を反映しているとみればよい。事実、わが国の青銅器や白銅器の仿製品《ほうせいひん》（日本で作った品）は、ぜんぶ古銅器の鋳直しによって製造されていることが、銅器の化学分析の結果明らかにされている。わが国における銅鉱の発見は、第七世紀以後のことに属するから、それまではすべて舶載《はくさい》輸入青銅器の鋳直しによってつくられていたものと解さなければならない。天香山のような神聖な山に、そうした銅器を埋めておいて、その銅器に神山の霊力を接受《せつじゅ》させ、その神聖な銅で神器を鋳造すれば、おのずから神霊のやどった神聖な神器を得ることができるわけである。天香山のこの神話は、そうした神器の出現を説明していると解すれば、まことに興味深い神話である。

とにかくこれによってヤタノカガミは大きなまるい白銅鏡であったであろうと推想され、それは「日神の像」を示すもの、いいかえれば太陽神の憑代《よりしろ》という意味をもつものといえる。

アメノムラクモノツルギ　記紀によれば、アメノムラクモノツルギは、スサノオノミコトが出雲の斐伊《ひい》川《かわ》の上流で、アシナヅチ・テナヅチの二人とその最後の娘クシナダヒメを助けて、ヤマタノオロチを退治したときに、そのオロチの尾よりでてきた一ふりの刀のことであり、これはまた、自分の私すべき品ではないというので、天照大神のもとへとどけられたものであるという。

そのアメノムラクモノツルギは、別名またクサナギノツルギとよばれる。それは神器が伊勢にうつされてのち、伊勢斎宮であった倭姫命《やまとひめのみこと》が、東国遠征に行く倭建命《やまとだけのみこと》に神剣アメノムラクモノツルギを授け、この剣を肌身はなさず捧持《ほうじ》して、つつがなく遠征の使命を達成されるようにと祈って手渡された。その剣が、倭建命が焼津で賊軍に囲まれたときに、みずからぬけでて命《みこと》の周囲の草をなぎはらい、命が野火のために焼死するのをまぬがれさせたというので、草薙剣《くさなぎのつるぎ》という名称にあらためられた。そして倭建命が東方の荒ぶる蝦夷《えみし》を平定して、熱田《あつた》の尾張氏の女《むすめ》、宮《みや》簀媛《ずひめ》のもとに立ち寄り、媛《ひめ》のもとにこの草薙剣をあずけて伊吹山の悪神退治におもむき、伊吹山の悪霊にとりつかれて命は病にかかり、ついに能褒野《のぼの》で崩じたため、草薙剣はそのまま尾張の熱田神宮にとどめられ、奉斎《ほうさい》されることになったと伝える伝説によるものである。

アメノムラクモノツルギといい、クサナギノツルギとよばれても、この神剣が、「三種の神器」の一つにかぞえられることについては、いずれの伝承も正確な説明はしていない。

アメノムラクモノツルギという名称は、この霊剣が大蛇の尾からでたということから連想してつけられた名である。蛇は龍であり、龍は水神である。龍神はつねに雲をよびあつめるので、大蛇の尾より出現したこの霊剣は龍神の霊力を秘めた剣であるから、ムラクモという名称がおこったのである。草薙剣の名称は倭建命の伝説で十分説明されているとおりであるが、この二つの神話伝説では、けっして、この霊剣が「三種の神器」の一つに加えられる理由の説明にはなっていない。

太刀か剣か

草薙剣が、太刀か剣かでまず問題がある。剣という以上剣であり、太刀ではないといえばそれまでであるが、しかし、安徳天皇が壇の浦で御入水《ごじゅすい》のさい、所持された「三種の神器」はともに入水し、神剣のみはついに海に沈んでしまい浮かんでこなかった。そこで以後二十年余は清涼殿《せいりょうでん》の御剣を神剣の代用とされていたが、承久譲位《しょうきゅうじょうい》のときに夢のお告げがあり、伊勢より一剣を得られてそれを代用されたという。順徳天皇の『禁秘抄』には、その剣がふつうの蒔絵《まきえ》であると記されているので、ふつうの蒔絵太刀《まきえたち》であったことになると、そのむかしの神剣も太刀であったということになるというのである。

しかし、これはけっきょく草薙剣そのものではなく、宮中にとどめおかれた剣の模造品のほうであるから、熱田神宮の実物の草薙剣は、『玉籤集《ぎょくせんしゅう》』の裏書に、

> 八十年ばかり前、熱田大宮司社家四、五人、志を合せ、密に御神体を窺《うかがい》奉《たてまつ》る、土用殿の内陣に入るに、雲霧立塞《ふさ》がりて物の文も見えず、故各扇にて雲霧を払い出し、隠し火にて窺奉るに、御《ぎょ》璽《じ》は長さ五尺許《ばかり》の木の御箱なり、其内に石の御箱あり、箱と箱との間を赤土にてよくつつめり、右の御箱内に樟木《くすのき》の丸木を箱の如く、内をくりて、内に黄金を延べ敷き、その上に御神体御鎮座あり、石の御箱と樟木との間赤土にてつつめり、御箱毎に御錠あり、皆一つ鎰《かぎ》にて、開様は大宮司の秘伝といふ、御神体は長さ二尺七八寸許《ばか》り、刃先は菖蒲《しょうぶ》の葉なりにして、中程はむくりと厚みあり、本の方六寸許《ばか》りは節立て、魚などの背骨の如し、色は全体白しと云々

と見えるので、草薙剣はどうみても太刀ではなく、剣であったと考えられる。しかもその色が全体として白しとある以上、白銅剣でなければならない。鉄剣や鉄製太刀ではないと判断する。もっともこの文献は、江戸時代の熱田神宮の神官らが、草薙剣をひそかに拝したときのありさまを書き残したもので、その記載はあまり詳細ではなく、正確を期しがたいが、全体としてはそのよ

うに判断できるとおもう。

そうすると、わが国で神聖な剣と目《もく》されて信仰の対象となり、また呪的意義を負わされていたのは、銅剣や銅鉾の類であり、けっして鉄製太刀や鉄剣ではなかったと考えられる。

このことは、考古学上の遺物に照らしあわせても、青銅器文化圏のうち、銅剣・銅鉾文化圏で発見される銅剣・銅鉾は、その初期の舶載青銅器は別として、実用利器ではなく、その仿製品のすべてが非実用的な祭器としての剣・鉾であることと合致する。

このように銅剣の尖光型は、わが古代人の間に、とくにいうならば、古い新羅系の帰化人の間では、神霊降臨の形象のシンボルとして神聖視されてきたようである。こういう点については、すでに比較神話学上の研究から三品彰英博士が、実証的な研究を日鮮神話について発表されている。フツヌシノミコトはフツノミタマであり、フツノミタマは剣であり、石上神宮に鎮《しず》まります布留の剣であったことが明らかである。

フツノミタマ

天上より降臨する天神の神霊の来臨を意味するこの種の神聖な剣は、しばしば神体として奉斎され、みずから行動を起こして霊威を感じさせるような作用をなし、また剣あるいは矢の型をとって、天帝子・河伯女型神婚神話や、丹塗矢型神婚神話となって現れ、天神としての霊力を発揮する。

フツノミタマが降下することは、すなわち、そこにはすでに天神の霊威が作用していることを意味し、その剣のおもむくところたちまちにして、賊はおのずから平定されるのである。

『日本書紀』「仲哀紀《ちゅうあいき》」八年の条によると、仲哀天皇が九州の熊襲《くまそ》を征伐するために、筑紫に進軍されたときに、崗《おか》の県主《あがたぬし》の祖の熊鰐が、天皇の進軍を知り、あらかじめ五百枝《いおえ》の賢木《さかき》をこじとり、九尋《くひろ》の船の舳《じく》にそれをおしたてて、その上枝に白銅鏡《ますみかがみ》、中枝に十握剣《とつかのつるぎ》、下枝に八尺瓊《やさかに》をかけて、周芳《すほう》の沙麼《さば》の浦に参向して迎えたとある。すなわち、「三種の神器」と同じものをささげている。十握剣が草薙剣と同じ意味のものであることはいうまでもない。

　また、崗津《おかのつ》にとどまっておられたときに、筑紫の伊都県主《いとのあがたぬし》の祖五十迹手《いとて》が、天皇の行幸をきいて、同じく五百枝の賢木をこじとって、船の舳艫《じくろ》に立て、上枝に八尺瓊、中枝に白銅鏡、下枝に十握剣をとりかけて、穴門《あなと》の引嶋《ひけしま》に参向してお迎えした。「三種の神器」のかけ方はちがっているがその意味は同じものである。

なぜこういうことをするのかというと、朝貢した五十迹手の奏言に、「私がこの三種の神宝をとりつけた賢木を献上いたしますわけは、天皇の統治が八尺瓊のまがれるがごとく、曲妙《たえ》に御世をしろしめし、白銅鏡のごとく明らかに山川海原をみそなわすよう、そしてこの十握剣をとりさげて天下を平定したまえ」という意味をこめて奉ったのである、という説明がある。

　これはある程度いわゆる「三種の神器」についての、古代人の理解していた意味を示していることになるが、十握剣《とつかのつるぎ》については、ここではすでに武器としての剣の意味しか説かれていない。その原義である神霊の降臨する形を示す剣が、神の来臨を意味するものであることは忘れられている。だから、前に記した賢木に鏡と玉とをとりつけたとする天岩戸神話のほうが古い形である。賢木そのものが神霊の降臨をシンボルする聖樹であるから、それにかさねて剣をとりつけて神霊の降臨を示唆する必要はないのである。だから、天岩戸の神話のほうが、「仲哀紀」の伝説よりも成立が古いことを示すであろう。

ヤサカニノマガタマ

日本神話にいう「八尺勾璁《やさかにのまがたま》」・「八尺瓊勾玉」・「八尺勾璁之五百津之美須《やさかにのまがたまのいほつのみす》麻流之珠《まるのたま》」などが、今日の考古学的遺物としての勾玉を指《さ》しているものであることは、すでに古く谷川士清、本居宣長もこれを認めている。たんに「八尺勾璁」「八尺瓊勾玉」という前二者は、単一の個体としての勾玉をいう場合であり、「美須麻流之珠」という後者は、勾玉を、他の管玉・丸玉・切子玉・棗《なつめ》玉などとともに数十個を連ねて、一連もしくは二連として、頸飾《ネツクレス》のようにした場合の飾玉の総称であったとおもわれる。

「八尺瓊勾玉」の「八尺」は、「弥真明」の約言で、美しいことの称えであるとも説かれるが、私は「八坂神」という場合のように、長大なるものの呼称とみるべきであろうと思う。「八」は算定外の無限大を示す聖数であるから、その形の長大なことをもって、「八尺」と称したのである。

「瓊」は「丹」を意味するとして、赤玉であるとか、または青玉であるというような説もあるが、『釈日本紀』所引の「私記」に、「古者謂《いにしえはいフ》レ玉《ヲ》。或為《ハなシ》レ努《ぬト》。或為《ハなス》レ弐《にト》」とあるように、玉の古語であって、色沢《いろつや》に関係する語ではない。

したがって「八尺瓊勾玉」とは、「長大なる玉の、まがれる玉」という意味であり、勾玉は、とくに長大なるものをよしとして貴んだことを示すものだとおもう。

次に勾玉の用途であるが、神話においても、また古墳の墳丘上に立てならべてあった形象埴輪のなかの人物立像などをみても、勾玉の佩用法は同じ方式であろうとおもわれ、装身具としての用途を否定してはいない。しかし、それはたんなる装身具ではなく、また石器時代の勾玉のように、獣牙のような呪力をもつ護符としてのみではとうてい理解しがたいほどに、重要な呪教的用途をもつものと考えなければならないことを示唆している。

神器としての勾玉

勾玉の意義　「三種の神器」に勾玉が加えられていることは、これを神器と承認してもおかしくないだけの理由と価値とをもっていたものであろうということを意味するものである。また勾玉が、一種の祭器としての用途があったことは、前述の天岩戸神話にもっともくわしく説明されている。

そしてこの場合勾玉は、のちの「三種の神器」のなかでは、もっとも古くから、鏡とともに神器として用いられていたことがわかる。それは剣よりも古くから神器として用いられていたのである。前にも述べたように、「三種の神器」と同じように、剣と鏡と玉をつけたという「仲哀紀」の物語のほうが、成立が新しいことが証明されたからである。

そうすると、神器としての玉は、他の古墳出土品などに見る玉のなかで、とくに勾玉だけがそれにあたるものであって、丸玉や、平玉や、臼玉などは神器としてでてこない。

そこでこの特異な形態をした、玉としてはむしろ異端者であるべきこの勾玉が、ことさらに神器として、多くの玉のなかから選びだされたのには、なにかそれ相応の理由がなければならない。勾玉だけをとりあげて、それがどんな理由かを考えることも一つの方法であろうけれども、「三種の神器」として、三種類の品があわさって、天皇位のシンボルという重要な意義をもつのであるから、それらの関連において勾玉の意義を考えるほうが賢明だとおもわれる。そこでまず「三種の神器」としての勾玉の意味について考えてみよう。

今日までに提示された勾玉の形態についての所説は種々雑多である。ざっとひろいあげてみても、魚形起源説・腎臓《じんぞう》模倣説・胎児模倣説・釣針起源説・獣牙起源説等々、多くの説がだされており、今日なお、定説をみないありさまである。これらの諸説はみな勾玉の形態が魚形をしているとか、頭が大きく尾が小さいところが胎児の形に似ているとか、腎臓を取り出して乾燥させると、その形が勾玉形になり、その色調が深緑色になるから勾玉の色に似てくるとか、勾った形が釣針に似ているとか、石器時代の勾玉と古墳時代の勾玉とを一系的進化とみると、それは獣牙から発展した形態を継承しているとか、いずれもその形態を見ておもいついた着想によったものにすぎないので、それが天皇の地位をシンボルする神器としての意味を説明するものとしては、どれもこれも、みなとるにたりない説明になってしまう。

私は、勾玉についてその意義を考えるには、およそ次の諸点を考慮に入れなければなるまいとおもう。

(1) 勾玉の形状

勾玉の形状が長大で、頭が大きく、銅がくびれて、尾が小さいもので、やや扁平《へんぺい》な形を呈しているという、一般的な形状をもとにして考えなければならない。そして勾玉と一概にいっても、それは時代的に形がやや異なる傾向が示されている。すなわち逆「く」字型・「く」字型・「コ」字型という変化があることに注意し、古い型の勾玉から原義をさがすようにすべきである。この場合、石器時代勾玉と、古墳時代勾玉とがはたして同一性質のものかどうかを再検討してみる必要があるとおもう。

(2)　勾玉の色調

私は、勾玉の原義を考えるにあたって、ただその形状を重視するだけでなく、色沢についてもあわせて考えるべきであるとおもう。石器時代勾玉が硬玉製品を主体としていたこと、および古墳時代勾玉が硬玉の減少によって、その色調をまねて、碧玉岩（出雲石）の製品を主体とするようになってきたことから、勾玉は、もともと、その固有の色沢として、深緑色か青色であることを尊重していたと考える。

(3)　神器としての勾玉

一般的な装身具としての勾玉ではなく、神器としての勾玉は、つねに鏡とあわせて用いられていることに注目しなければならない。勾玉は単独では神器として用いられていた例はない。

これらの三点をあわせて、「三種の神器」としての最古の形態をとどめているとおもわれる天岩戸神話をみると、そこでは、鏡と勾玉とが神器であり、その一つの鏡が日神の像であると説かれている。高天原がまっくらになってしまったので、光明を求める祭式をとり行うのであれば、日・月の光明を求めるものであろうから、鏡が日神の像であるならば、それと対《つい》の勾玉は月神の像ではあるまいか。日神の像が円い白銅鏡であらわされたとすると、月神の像は青い色調の三カ月形をした勾玉であらわされたとしていっこうに不思議ではあるまい。私は勾玉をこうして月神の像と解することにより、「三種の神器」としての勾玉の原義を説明しようとおもうのである。
「三種の神器」の元の形が、鏡と勾玉との「二種」であるとする天岩戸神話と、それに剣を加えた「三種」とする「仲哀紀」の伝説があるわけで、そのいずれが正しいかの問題もある。ところが「三種の神器二種説」が別に古くからあり、それはこの天岩戸神話とはまた別な二種説であるので、次にはその点についてふれよう。

三種の神器二種説

「三種の神器」というけれども、元来は二種であって、鏡と剣が本来の神器であり、玉は後につけ加えられたものであるとする説がある。だがそれは、勾玉と月神信仰とをむすびつけて解釈しようとする私見と、考古学上の遺物としての剣・鏡・玉の研究成果を参考にして考えたなら、はなはだしい誤説であることが、おのずと理解されよう。

このような「三種の神器二種説」がおこったわけは、『日本書紀』の継体天皇元年二月の条に、男大迹《おおほど》天皇に即位のことをお勧《すす》めして、

大伴金村大連《おおむらじ》、すなわち、跪《ひざまづ》いて天子の鏡剣の璽符《じふ》を上《たてまつ》りて再拝す。

と見える記載の解釈によるものなのである。この文中にある「上ル二天子ノ鏡剣ノ璽符ヲ一」は、「天皇位を象徴する鏡と剣と璽との符《しるし》」の意味ではなく、「天皇位を象徴する鏡と剣の二種の璽符《しるし》」という訓み方にしたがう解釈によるものである。この訓み方が正しいという主張は、さきの文章につづけて、「私には天子としての才幹《さいかん》がない」といって、いったんは辞退した男大迹天皇が、懇願する諸臣のことばを聞き入れて、ついに「璽符《じふ》」を受けて即位されたと記されている「璽符」の語によっても明らかであるとするのである。もともと、「璽《じ》」という語は、「玉璽《ぎょくじ》」とか「伝国璽《でんごくじ》」とか

いわれるように、「天子諸侯の印」の称で、これが秦《しん》以後はとくに帝王の印の専称となり、『後漢書』にも「璽皆《ハ》玉。螭虎紐《ノ》。文曰《ニ》《フ》皇帝行璽。皇帝之璽。皇帝信璽。天子行璽。天子之璽。天子信璽」と見えるように、すべて「帝王の印」のことを指している。そしてやがて、「帝王の印」の意から、この語には「しるし」という意味が派生してきたのであるが、これには「玉《たま》」という意味はないから、この「璽」をもって、鏡・剣に対する勾玉を指したものであると解することはあたらない。それならば璽とは何を意味するのか。

「璽符」の字義

璽（シ・通音ジ）は、「爾」と「玉」とから成る形成文字である。「爾」は象形では、で、人の正面形を示し、とくにその上半身部と胸部に㸚（リ）を加えた形を示している。㸚は文身（入れ墨）の文様を示したもので、女子の乳房を中心として加えられる文身形を示していて、それを文字化すると「爽」（そう）・「奭」（せき）となる。そして爽の字の上半部を示すのが「爾」で、「花の美しいさま」に用いられ、字の全体は女性の上半身の、乳に施された文身の美麗なるさまをあらわしている。加入・通過儀礼では文身は呪禁として加えられるので、朱を用いて描かれる。

「玉」は象形では、となり、これは三玉を紐で貫いた形を示したもので、玉はその生命力の根源にかかわる魂そのものとして、古代人の信仰の対象となった。この二者が合成された璽は、象形でで示され、「天子の、玉でつくった印」、すなわち「玉璽」をいうのである。

「符」は「しるし」、あるいは「わりふ」の義をもつ形声文字で、象形では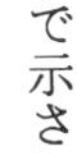で示され、『説

文』は、「信なり。漢制竹をもって長サ六寸。分ちて相合せしむ。」と説明をする。

この符信の竹符――節符は漢の文帝の時、その三年に初めて郡国守相に対して、銅虎符と竹使符とを交付させせたといわれ、そのことから「符」に「しるし」の義が派生するにいたったのであるとされる。

そこで「璽符」と書いて、『日本書紀』はすべて「しるし」と訓み、「天皇の位のしるし」と解してきた。それゆえ、そこでは「御璽」・「玉璽」の義ではなく、したがって「印」ではないことは、確かである。

日本では「印」はすでに弥生時代から存在したことは、倭奴王が、「漢倭奴王印」を用いていたことが明らかである。しかし国内で天皇などが「印」を使用していた実証は、第五〜六世紀頃にいたるまでまったくないので、ここにいう「璽符」は皇位の表徴であったとしても「印」ではないことは確かである。そうなると、「しるし」とは何を指すのかが問題となってくる。

勾玉を意味する「璽」

では、「璽符」とか「神璽」と『日本書紀』が記しているとき、「璽」を勾玉と解することはまったくできないのであろうか。もしそうであるなら、

勾玉が天皇の皇位継承のしるしとして加えられないのは、なぜなのであろうか。それに対する解答も必要となってくるはずである。

古代の文献では鏡・剣二種説が有利であるが、中世の文献になると、勾玉のことを「神璽」と記す文献が明確に指摘され、それに対して鏡は「宝鏡」と記される。そうすると、この場合「璽」は玉の意味をもたされていることになる。

そこでこの訓を「継体紀」の文章にあてはめると、「璽符」を「しるし」と訓んでいるが、上の「璽」は、その上の鏡・剣と同じく「璽」だけで独立して「玉」の義となり、「しるし」は「符」一字で示されているとすれば、この文章も、「鏡・剣・璽（玉）の符（しるし）」と訓める。そうすると、この場合でも「三種の神器」がたてまつられたという解釈がなりたつ。「継体紀」の記述も、こう訓むこともけっして不都合ではないのであるから、二種説も絶対のものとは断言できまい。

神話の伝えるところによって、天照大神より八尺瓊勾玉《やさかにのまがたま》・八咫鏡《やたのかがみ》・草薙剣《くさなぎのつるぎ》が「三種の神器」として皇孫代々伝えられたが、崇神天皇のときに天照大神親授の鏡・剣を模造し、真の鏡を伊勢神宮に、剣のほうは後に分かれて熱田神宮の御霊代として、それぞれ斎《いつ》き奉ったのである。

そして模造の鏡と剣は、斎部《いわいべ》氏をして即位のときにたてまつらしめ、八尺瓊勾玉だけは天皇みずからが次の天皇に伝えることになったので、即位の儀式のさいには、斎部氏がその職掌《しょくしょう》によって模造の鏡・剣を持し、捧《ささ》げたてまつったと考えられているのである。「継体紀」に「鏡剣の璽符」とあるのは、この儀式の模様をそのまま記したものであろうとされる。

それゆえ斎部氏の『古語拾遺』などには、

> 八咫鏡、及び草薙剣二種の神宝を以って、皇孫に授け賜い、永く天璽《あまつみしるし》と為《な》したまう。矛《ほこ》・玉、自ら従う。

と記し、勾玉はあたかも鏡・剣の付属物であるように取り扱っている。だがこの『古語拾遺』の文は、いうまでもなく斎部氏の氏文であるから、自分たちの職掌の権威を誇示しようとする意識が、知らず知らずのうちに働いている。ゆえにこれをもってただちに、「三種の神器」は二種であり三種ではなかったとする説のなによりの証拠であるといって、「三種の神器二種説」を立てるのは早計であろう。だが、神器を二種とする説は、この「継体紀」と『古語拾遺』の一文を有力な論拠として展開してきたのも事実である。

個々の神器がもつ象徴性

それならば、「三種の神器」は当初より鏡・剣・玉の「三種の神宝」がそろって同時に天皇位の象徴として定められ、伝承されたものであるとすべきなのか。私はこの説にもただちに賛成しがたい。

私としては、「三種の神器」という形式が整えられたのはずっと後のことであり、こうした形式が成立するまでには、勾玉をふくまない鏡と剣の二種であったとするよりも、むしろ玉一種だけであった時代も、また玉と鏡との二種を神器としていた時代もあったのではないかと考えたい。天皇位を象徴する神器の歴史には、このようないろいろな段階があったと解しているのである。

「三種の神器」を構成する個々の神宝は、いずれも呪的な霊力をもったものであるから、そうした点からもその真の意義を考えなければならない。「三種の神器」が成立する以前に、個々の鏡・剣・玉が、それぞれ神器と考えられていたとすると、その歴史をかえりみるならば、玉が一番古く、ついで鏡であり、一番新しいものが剣ではなかったろうかと推定をするのである。この考え方は、ただ考古学上の遺物として、玉は石器時代からあり、鏡や剣は金属器文化が伝播《でんぱ》してから後のものであるというようなことだけを主な理由とするのではなく、そういうこととともに、また文献批判の点からそういう段階が考えられるのである。

鏡は日神の像をあらわすものであるとすると、これは太陽信仰の集団の神器である。勾玉が月神の像をあらわすものであるとすると、これは月神信仰の集団の神器である。前者は顕陽の世界、後者は幽陰の世界をシンボルする神器であるとみれば、前者は大和部族の、そして後者は出雲部族の神器とみることもできよう。そして剣は、古い帰化系集団の神器とみられる。

鏡と玉と剣とは、天皇の権威の存するところを指し示すシンボル的意義をもつ「三種の神器」であり、天皇が、これらの三つの神器を所持することで霊力を所有し、日本民族を形成した三つの大きな民族的な要素の統合を意味するものであろうとおもう。すなわち、神器とそれを奉じた集団関係は、

(1)　鏡　天津神系　　神別・皇別（大和）――農耕民
(2)　玉　国津神系　　神別（出雲）――狩猟・漁撈民
(3)　剣　新羅系帰化人系　　蕃（日本海沿岸）

のように解釈される。

そこで、次にはそれらの個々の神器を統合した、一つの「三種の神器」とよばれる存在としての原義を考えてみよう。

神話が伝える三種の神器の本質

三種の神器のそもそもの意味

「三種の神器」についての古文献上の説明は、日本神話の中にくわしく伝えられているから、その本質を明らかにするためには、やはり日本神話の記述に

よって、考察を進めなければならない。

神話はあくまで神話であって、歴史的事実そのものを伝えはしない。これは否定できない明白な事実である。それでもなお、神話が歴史研究上に重要な史料となるものであると私が認めるのは、神話もまた、われわれの遠い祖先がのこした貴重な文化財の一つで、場合によっては、片々とした土器や石器のかけらとは比較にならないほどの、重要な意義をもっているからである。

実際、神話は、民族の日常生活のなかから得た、貴重な体験の集積であり、またそれは、神話が神話としての役割を演じ、社会の表面に活きていた時代の社会生活に一つの機能として、しかもそれは社会の統制の上に支配的な作用をおよぼすものとして存在していたのである。ゆえに神話を正しく解釈し、その構造をくわしく究明したならば、その基礎となっている民族の社会組織や、生活の実態や、宗教思想なりを抽出《ちゅうしゅつ》することができるのである。

神話が史実ではないとされるのは、神話をただちに抽象的な、空想的な物語とし、民族の実社会や実生活とはまったく縁もゆかりもない創作物か、たんなる夢物語にすぎないものであると解釈するからである。

けれども古代人は、みずからの経験を超越して、勝手に空想の世界に立ち入ることはできなかったし、ブロニスラウ・マリノウスキー（B. Malinowski）の「未開人は哲学は嫌《きら》いであった」という言葉通り、神話に物語られている個々の事実は、古代人の体験的事実から脱却することのできない、そういう体験的事実であったのである。日本神話といえども、神話のこの原則からかけはなれた存在ではないはずである。それゆえわれわれは、日本神話に伝えられている三種の神器についての記述を考察することによって、その本質を究明することができると信じるのである。

天岩戸神話

日本神話には、他の未開民族間にしばしばみられるような、二個以上の太陽が存在して、その一個、あるいはそれ以上の不用になった邪魔な太陽を除去するというような太陽征伐説話《せいばつせつわ》、もしくは太陽と月との光明争いの神話のようなものは、その存在が認められていない。

しかしながらこのことは、かつて日本にこのような遊離的単元神話（要素神話）が存在しなかったことを意味するのではない。それは日常神話においては、比較的古くから体系的・系譜的構造が発達したため、個々の遊離的神話群に、それらの個別的な発展性を付与するまでにいたらずに、徐々に消滅してしまったことに起因するものと解釈しなければならないだろう。

たとえば、日の女神である大日霊尊《おおひるめのみこと》に対する蛭子神《ひるこのかみ》の存在は、二個の太陽の説話が、わが国にもかつて存在したことを暗示するものであり、しかも、この蛭子神にかんする「三歳になっても、まだ脚が立たなかった」とか「葦舟に入れて、流しすてた」という類の伝承は、わが国における太陽征伐説話の、系譜化にともなう一変形であると解釈されているのである。

また天岩戸神話を、日・月二神の関係において説くならば、天照大神と素尊《すさのおのみこと》との争いを、そのまま日神と月神の争いにおきかえて説明するとすれば、日・月抗争説話の原形を示すことにもなろう。

しかもこれは私の臆断《おくだん》ではなく、『日本書紀』第十一の一書の所伝によって、有力に支持されるのである。その概要を記すなら、天照大神が、天上に在《ま》しまして詔《みことのり》していわれるには、「葦原中国《あしはらのなかつくに》には、保食神《うけもちのかみ》がいるときいている。月夜見尊《つくよみのみこと》よ、お前が出向いて様子を見ておいでなさい」。そこで月夜見命は、勅《ちょく》を受けて天上を降り、保食神の許へでかけていった。

保食神が首を回して国に向かうと、口から飯が出てきた。次に海に向かうと大小の魚が、山に向かうと獲物の動物がつぎつぎと出てきた。保食神は、この品々をことごとく机の上にならべ、月夜見尊をもてなしたが、尊は怒を顔に表して、「汚らわしいではないか。どうして口から出した物なぞを私に食べさせるのだ」といって、剣を抜いて殺してしまった。その後、帰って事のすべてを申し上げると、それを聞いた天照大神はたいそうお怒りになられて、「お前は悪しき神である。もう二度とふたたび顔を合わせることはないであろう」といわれ、月夜見尊とは一日一夜を隔て、離れて暮らすようになられたのである。

とあって、日・月両神の抗争神話の片鱗《へんりん》を示している。私はこの神話を、『古事記』の中の、素尊が大宜都比売《おおげつひめ》を切り殺した説話と比較して、品種とその化生部位との関係が混乱している点とか、あるいは素朴であるなどの点から、説話の様式がはるかに古く、日・月両神抗争神話の原形をよくとどめていると考える。

そこで、この所伝と、『日本書紀』本文の説話とを比較しながら、改めて天岩戸神話の本質を日・月二神の関係において組み立ててみようとおもう。

(1) 諸尊の両眼から化生した日・月両神は、「並是質性明麗」なる光明の神であり、そのゆえに並んで天上に坐しまして、天地を照す貴い神であり、その時はまだ昼夜の別がなかった。

(2) ある時、月神が葦原中国に天降り、保食神のもとにいった時、保食神の饗応に不満を感じて、月神がこの神を撃殺し、怒をふくんで昇天する。

(3) その様子を、シャーマン的呪力をもって予察した日神は、高天原の騒擾《そうじょう》を心配して、天安河辺《あめのやすかわ》に月神を迎え、葦原中津国における粗暴な悪行を責め、その理由を問い糺《ただ》すとともに、天上においてこのように粗暴なふるまいをしないことの誓約《うけひ》を要求する。月神はこの誓約に応じ、両神共に並び天上に坐すことになった。これがすなわち「宇気比《うけい》」の神話である。一書ではこれを省略して、「然後復命具言其事」と簡単に記しているが、これは本文との重複を避けて、ことさらに「宇気比」には言及しなかったのかもしれないと解釈するのでなければ、月神との隔絶を望んだ日神の忿怒《ふんぬ》の理由が不明となる。

月信仰の衰微に反比例して、太陽崇拝がさかんになり、日神が至高神《しこうしん》とされる前は、日・月両神は対等の尊貴性を保有していたのであるから、一方を悪神と考えたり、一方に主導性があるように考えたりするのは誤りである。月神が保食神を撃殺した理由は明示してあるのだから、それだけで日神が月神を悪しき神としてしまう理由はないはずである。

(4) 誓約の結果は、月神の勝に帰し、そこに月神の専横が始まり、日神がたえかねて天岩戸に隠れることになる。日神の岩戸隠れの結果、高天原も、葦原中国も、ともにことごとく常闇《とこやみ》となる。日神が隠れたために常闇となったと説いているのには、多分に日神の至高性を強調する傾向がうかがわれ、もし日神のみが隠れたのならば、日・月両神並び坐して、昼夜の別がなかった時代のことであるから、月神が残っていれば常闇になるはずがなく、矛盾が生じることになる。しかし対偶《たいぐう》ということを尊重した古代日本人の観念では、月があっての日であり、日があっての月であるから、日神の隠身は月神の光明さえも、そのことによって生彩を失わせるものと感じたのか、あるいはまた、諸冊二神（イザナギノミコトとイザナミノミコト）の説話にみるように、日神の後を追って月神も岩戸に隠れたのか、ともあれ、後に説くように、この説話が日食、もしくは月食という自然現象の説明神話であったとするかぎりにおいて、日・月ともにその光明を喪失してしまったと説話するのは、おおかた認められるところである。

(5) さて、そこで八百万神が、日・月両神の来臨を希求する祭りを、岩戸の前で行うことになる。

(6) その結果、日・月両神の再現を得て、天地間にふたたび光明が与えられる。けれども日神は月神を忌み嫌って、ふたたび天上で共に坐すことを拒み、諸尊はしかたなく、日・月両神を一日一夜へだてて住まうように分治させた。ここにはじめて昼夜の別が生じるにいたったのである。

以上の六要素から構成される説話が、そもそも天岩戸神話の原形ではなかったであろうか、と私は推測するのである。もちろん、一書の所伝にも、たぶんに体系神話的要素が混入していることは明らかである。日・月両神の化生した時に、分治のことがすでに決定されていたように説くのは、神話の体系的成立における因果的肯定と、系譜的構成とを使命とする機能上の逆説であり、体系神話における溯原的《さくげんてき》態度をあらわしたにすぎない。

古代人の太陽への憧れ

また体系神話において、太陽神が主導性をもって説話されているのは、それの構成された時代においてすでに太陽憧憬《しょうけい》が行われており、そのうえ、皇室を中心とする国家統一が確立されていた状態を示唆するものである。太陽憧憬は概して農耕文化複合体の一要素を形成するものであり、それ以前の社会、わが国でいえば新石器時代の段階にとどまっていた縄紋文化時代の採集・狩撈民社会においては、太陽崇拝はそれほど強烈ではなかったと考えられる。

かつては「漁撈慣海《ぎょろうかんかい》の民」であった原日本人は、太陽を崇拝するよりも、むしろ日常生活の必要から、生活に直接密接な影響をもつ月の盈虧《えいき》（満月と新月のこと）のほうに、より重大な関心をよせ、採集・狩猟・漁撈、あるいは古代航海の上での具体的な経験にもとづいて、月の運行から、ついに月を主体とする原始的な暦法を考えだした。中国の古代暦法が渡来する以前の、いわゆる本居宣長のいうような「天地自《おのずか》らの暦」である。

このようにして月の観察は生活と直結するようになり、月の運行による変化をもって、朔《さく》・望《ぼう》・晦《まい》の三旬にわける日定法を作りだすにいたった。このことはまた、必然的に月を主体とする信仰を発展させ、月神は同時に暦神の意味をもって、月読尊《つくよみのみこと》と称されるようになったのである。

「月読」とは、月の盈虧をもって朔・望・晦を算定し、月日を推算することである。すなわち月読は、日読＝暦と対峙《たいじ》する語で、中国古代暦の輸入以前のこの暦は、わが国固有の暦法といえるものであろう。だがやがて中国古代天文暦法が盛行するにつれて、「月読」の名も、その技法も、原義も忘れられてしまい、太陽崇拝が強烈になるとともに、月に対する憧憬も太陽憧憬に変わり、月神信仰も日神信仰に移行し、神話においてもわずかに月読命に、かつてのおもかげをとどめるだけとなった。しかも太陽の運行上の自然現象にあわせて、「夜之食国《よるのおすくに》」の神として、神話の主要舞台よりはるか遠方に追いはらわれ、一つの脇役にすぎない地位に転落してしまうという悲境に、とどまらざるをえなくなったのである。

「夜之食国」は、したがって常夜国であり、黄泉《よみ》の国であり、闇黒《あんこく》の世界であり、根国であり、死者の国である。そしてそれはまた滄海原《あおうなばら》であって、この月神の第二次的性格をたくみに利用して、その構造上の都合のよい解釈をする糸口をもとめている。

月読命と死者の世界

かつては光明の神であった月神が、闇黒の世界の神へと転落するわけであるが、体系神話では、高天原や葦原中国以外の、容易に到達しがたい国である。

偶数を好み、対偶を尊ぶわが国固有の観念に対して、中国から伝えられた、三・五・七などの奇数を神聖視する外来思想の影響で、諾冊二尊の二貴子が、素尊を加えて三貴子となったことは、造化の三神ということと同様に、受け入れられるところであり、素尊は出雲神話においては黄泉の国・根国の主神であるとされ、月神の第二次的性格と等しい神格をもつものである。したがって、月神の神話をそのまま素尊におきかえても、根国の神としての神格に矛盾するところはない。そこに着眼して、出雲神話を皇室神話に統合する過程で、月神と素尊とをおきかえ、両神話を体系的に矛盾することなく、巧みに結合することができたのである。

これはかならずしも、悪意による改変でも、また欺瞞《ぎまん》のための改変でもなく、さらには勝手気儘な神話作者の独善的潤色《じゅんしょく》というのでもない。むしろできるかぎり神話の原形を保存させようとした、その努力と効果とを賞すべきであろう。

また、かの「宇気比」の神話において、日神と素尊とが、それぞれの「物実《ものざね》」によってもうけた男・女児を、たがいに交換したという説話については、これにも諸々の異説があるが、これを素尊と日神との間のことではなく、月読命と天照大神との間の出来事におきかえてみたらどうだろう。すなわち日神が月神の「物実」―八尺瓊勾玉によって得た胸形三女神は、「道貴神」ともいわれるように、北九州の要津《ようしん》に坐して、対漢官許貿易の航海の安全を司る女神として斎《いつ》き祀られてきた神であるから、これを素尊の御子神とするよりは、むしろ暦および航海に関係のある、月神の「物実」である勾玉から化生した女神であるとしたほうが、当をえた説話になるであろう。

このような私の月読命と素尊に関する神話の解釈が許されるならば、月神とその「物実」としての「八尺瓊勾玉」との関係が、はじめて明らかになってくるのである。

三種の神器の確立

鏡が日神の神霊の憑代《よりしろ》であり、勾玉が月神の憑代であり、そして剣が神霊の来臨をシンボルする像であるとして、この三者の聖器を合わせて天皇の位を象徴させることは、天皇の大八洲のシラス権が、幽・明両界におよび、そのうえまた剣に代表されているように、夷蛮《いばん》（未統治の人たち）の帰化する者をも統合して、全日本の国土とその住民を、差別なく明らかに統治するという意味を表すものとして理解できるであろう。私は皇位の「みしるし」としての「三種の神器」の意味を、以上のように解したいとおもう。そして、このように、三種の聖器をかぞえあげているのは、『古事記』にもっとも明瞭な形で伝承されているところをみると、やはりこれは、忌部《いんべ》氏《うじ》とか中臣《なかとみ》氏《うじ》の、祭祀に関係のある神祇官家などの氏族伝承ではなく、まさに天皇家の伝承で、皇位の表徴として、「三種の神器」をかぞえられていたことがわかる。そして、この思想の確立は、やはり『古事記』を伝承おさせになった天武天皇の時代とみるべきだと考えたい。

本書においておもに述べるのは勾玉であるから、さらに勾玉について、それが月神のシンボルであり、またもっぱら勾玉を製作したものが、出雲の忌部系玉作部の工人たちであったらしいので、その点についていっそうくわしく調べてみることにしよう。

勾玉が象徴するもの

勾玉は月神のシンボル

日食または月食時における、日神または月神の再現をねがう祭りで、鏡と和幣《にぎて》と勾玉を、榊に取りかけて立てたということは前にも述べた。鏡は日神の像そのものであり、和幣は神意をなだめ、招きよせるための祭具であるから、日・月両神の「荒ぶる心」を鎮める意味をもつ。それでは勾玉は何を意味するものであったのだろうか。鏡を日神とする以上、勾玉は月神の象徴ではなかったであろうか。

北畠親房が、「玉は月の精なり」と述べたのは、いかなる論拠にたったうえでの説なのかはっきりさせることはできないが、もし勾玉が月神の像を意味することを認めるならば、榊の上枝に懸けられた勾玉の意味は明確になる。

勾玉が月神の象徴であるとすれば、それは新月の像をまねたものであろう。月神の表現として、満月の形状をとらず、新月に求めたのは、日神を円形の白銅鏡《ますみかがみ》に形どったのに対し、わが原始暦において、朔を月の最初にもってくるのに一致するもので、新月を月のもっとも象徴的なものと考えたのであろう。勾玉の最古式が、逆「く」の字型の三日月型であることは、この考えを有力に支持してくれる。また勾玉が、青色を貴しとしてはじめから青い硬玉を主体としていることは、硬玉のもつあの玲瓏《れいろう》たる色沢に、月光を象徴させようとしたものであろうかとおもわれる。太陽の光を赫々《かくかく》たる赤色とみず、白銅鏡の反映光に等しいと感じた原日本人は、月の光をにぶい青色と感じたものであろう。

古代中国の五行思想

古代中国の五行思想においては、方位と色調の関係を、東方は青色、西方は白色とし、春を青陽、秋を白蔵という。このような考え方は、わが国でも、たとえば対馬《つしま》国の亀卜《きぼく》（亀甲によるうらない）の規準に応用されており、そこでも、春―東―青、秋―西―白と考えられている。この考え方が、中国の五行説の影響を受けていることをいちおう認めるとしても、方位・季節・色彩の観念などは、古今東西のあらゆる民族間に存在する共有思想でもあって、ただ各民族の生活環境の相異に応じて、若干の差が生まれるにすぎない。

春は季節のはじめであり、『魏略』に、「但計春耕秋収。為紀年」とあるように、立春正月の朔が年紀の始めであり、宣長のいう「天地おのずからの暦」は、西方に日が沈み、東に月の立ちいずるはじめを朔としたので、月の出る東方を月光の青色としたのである。

また、秋は収穫の季節であり、万物冬眠に入る前の一年の活動を終えるとき、それがちょうど日の西に沈みいくのに似ているので、秋を西方に比定し、それゆえ日光を白色で象徴したのである。白色を太陽、青色を太陰とすれば、あの榊の下枝に懸けられた和幣が、白色と青色とに織り分けられていたことも理解されよう。

麻でつくった和幣は淡青色をおびるために、これを青和幣と称し、青色の勾玉に象徴される月神の御霊を招き鎮めるためにそなえられ、穀《かじ》でつくった和幣は純白であるから白和幣と称し、白銅鏡に象徴される日神の御霊を招き鎮めるために、捧げられたものである。

このように解釈することによって、榊に懸けられた勾玉・白銅鏡・和幣の原義が、はじめてわかるのであり、たんに獣牙起源説などではとうてい理解しえない勾玉の「三種の神器」の一つとしての、あるいはまた祭器としての意義が明らかになるのである。

月神信仰の発生

勾玉は、考古学的にいっても、鏡よりはるかに古い歴史をもつ、日本民族の固有文化の一要素である。この点からしても、月神の信仰が日神の信仰に先行するものとして、矛盾はないと考える。月神信仰の発生は、古く石器時代中期にまでさかのぼり、太陽崇拝・日神信仰は、比較的新しい時代、すなわち水稲耕作文化の受容および白銅鏡の船載の年代とほぼひとしい時期にさかんに行われているので、縄紋文化末期から弥生文化のおこる段階において発生したと考えてよいであろう。

諾・冊の二貴子としての日・月両神の神格、いいかえると、顕《けん》・幽《ゆう》すべてを知る明徳《めいとく》を、歴代の天皇が皇孫として保有するシンボルとして、私は鏡と勾玉とがもっとも重要な神器であるべきだとおもう。

かの『日本書紀』の「景行紀」十二年の条に、神夏磯媛《かむかしひめ》が、天皇の軍使に帰服を申し出られたとき、磯津山《しつのやま》の賢木《さかき》をぬきとって、

上枝には八握剣を挂《とりか》け、中枝には八咫鏡を挂け、下枝には八尺瓊を挂け、また素幡《しらはた》を船舳に樹てて

云々

と、しずかに船を漕ぎ寄せて帰順したことや、「仲哀紀」八年の条に見るように、崗県主祖熊鰐《おかのあがたぬしのそわに》が、天皇を周芳国沙《すほうのくにさ》麼《は》之《の》浦《うら》にお迎えしたさい、

予め五百枝の賢木を抜きとり、九尋の船の舳に立て、上枝は白銅鏡を掛け、中枝には十握剣を掛け、下枝には八尺瓊を掛けて云々

とあるのや、または伊都県主祖五十《い》迹《と》手《て》が、

五百木の賢木をぬきとり、船の舳艫に立て、上枝には八尺瓊を掛け、中枝には白銅鏡を掛け、下枝は十握剣を掛けて

天皇を穴門の引島《ひけしま》に奉迎し、「八尺瓊の勾《まが》れるが如く、妙《たえ》曲に御宇《あめのしたしろしめせ》」と祝詞《のりと》を奏上したとあるのは、すべて神器のもつ神聖性を保有する天皇をお迎えするさいに、天皇の来臨すべき聖地と、そこへお迎えすることを希求する意志表示として行われたものだろう。

また、「勾玉の勾れる如く、妙曲に御世を統治し給え」という寿詞の意味も、勾玉が新月であってみれば、やがてそれは望月《もちづき》にと推移し、さらにそれが晦月となって消滅するが、それはそのまま消えてなくなるのではなく、やがてまた新しい新月となって姿を現すその霊妙さのように、天皇の親政がながく巧みにつづいていくことを勾玉にたくして、たたえたものであろう。

勾玉から化生した女神

また前に述べた私説のごとく、胸形の三女神が、月神の物実である八尺瓊勾玉から化生した女神であるとすると、青柳種麻呂の『防人日記』下巻に引く『西海道風土記』の逸文に、

西海道風土記に曰《いわ》く、宗像大神天より降りまして埼門《さきと》に居まし時、青蕤《に》玉を以って奥津宮の表に置き、八坂瓊の紫玉を以って中津宮の表に置き、八咫鏡を以って辺津宮の表に置き、この三表を以って神体の形と成す。

とあるのは、たいへん興味深いものである。月神の御子神たちが、勾玉をもって神体とされていること、そしてここでは剣が現れてこないことが大切である。

「青蕤玉《あおにのたま》」は、硬玉製か碧玉製か不明であるが、「蕤」は「瓊」と同義語であり、「アオニノタマ」と訓《よ》むので、ここでは青色の勾玉であることは間違いない。

また八尺瓊紫玉というのは、おそらく古墳時代前期からみられる、古代のガラス製勾玉であろうと推定されているが、それよりも古く、弥生時代にもガラス製勾玉がある。ガラス玉は一般に濃青色で、ちょっと見たところでは、それが黒色、あるいは紫色であるかのように見える。筑前国付近では、弥生文化期の優秀なガラス製勾玉が、筑紫郡春日村須玖《すぐ》岡本《おかもと》より出土している。

また後章の「子持勾玉」の項で詳述するであろう信州玉依姫《たまよりひめ》神社で行われる児玉石神事は、多くの玉を入れた箱を年に一度開き、中の玉の増減をかぞえて年占をする行事であるが、その玉は勾玉を主体としている。これは、私の考えるごとく勾玉に月の象徴としての意味があるとすれば、その所作は、「月読み」すなわち月の数を算定する占《うらない》法《ほう》となり、月を主体とする日本固有暦法期の呪教的占法の残存とみられるであろう。

このようなことから私は、勾玉を月神の象徴であるとみている。狩猟や漁撈・航海の民にあっては、月は生活を守る最高の神であったので、月に対する信仰はもっとも古く、ひじょうに強かったとおもわれる。

そしてその月をシンボルとするフェティシュとして、硬玉で半月を形どり、硬玉製大珠をうみだし、やがて新月の像をとって勾玉を製作するようになり、それが日本民族の一つの固有の習俗となったのである。だがやがて原料の不足をきたし、国産硬玉製勾玉の製作は不可能になったが、その時かつての大形の硬玉を分割して、小形の勾玉を製作してまでそれを保有しようとした。しかしそれも、中国との交易が行われるようになって、南方産の硬玉が楽浪・帯方二郡を通って輸入されるようになると、ふたたび長大な硬玉製勾玉がさかんにつくられるようになった。弥生文化時代から古墳文化時代の前期にかけては、こうした現象が認められるのである。

ところが、古墳文化中期以降は、南朝との国交がとだえ、硬玉は、ふたたび輸入されなくなった。そこで勾玉の製作には、もっぱら硬玉の代用品としての、国産の碧玉に依存するようになったのである。出雲の忌部の玉作部はちょうどこの時期に、碧玉の大産地、花仙山をひかえた出雲玉作に定住するようになり、世襲的に碧玉製勾玉の製作をはじめたのである。そしてこの出雲の勾玉は「御祈玉」として尊重され、貢納品として長く朝廷にも献上され、以後第六世紀間にわたって、この勾玉製作の玉作部は存続した。

七　践祚大嘗祭と出雲国造の神火相継式

皇位継承とシラス権

三種の神器の意義

代々の天皇は、前帝のあとを嗣いでただちに践祚されて皇位を継承され、新天皇として皇祖神天照大神と同床共殿、大嘗をきこし召すことにより同体となられ、真床覆衾《まとこおうふすま》に包まれて大八洲国をしろしめすシラス権を完全に御身に体し、いっさいの霊能を掌握されたことの証となる、神聖なる三種の神器（regalia）としての玉・鏡・剣を、天皇の皇位継承の象徴としてつねに身近に奉持されて、大八洲国に君臨されているのである。

神器としての玉は八坂瓊勾玉で、月神のシンボルであり、鏡は八咫鏡で日神のシンボル。そして剣は天叢雲剣、またの名が草薙剣で、これは神霊降臨の形をシンボルするものであり、この剣の逆立している形は、つねに神霊の来臨する場を示す神聖な禁忌の斎場であることを示す。

したがって、この剣が三種の神器に加わっていることの意義は、その剣に神霊が憑《よ》りつくことにある。いかなる神霊かというと、それはともに神器とされている勾玉と鏡に示される神霊、すなわち月神と日神とが降臨することを示唆している。

このことは、天皇には日・月両神の神霊がつねに依憑していることを端的にあらわしていて、天皇に大八洲国をシラス権能が賦与されていることを示しているのである。

月神信仰と勾玉　三種の神器のうちでは八尺瓊勾玉が最古の神宝であり、それを月神の象徴とみる思想は、すでに、縄紋時代の硬玉製の石器時代勾玉に存在するとおもわれる。

それは、獣牙起源説に説かれているような、獣類の歯牙の呪力を信仰する思想に発する、石器時代勾玉と俗称されている石製品とは区別されるべきもので、半月形の硬玉製大珠に系統づけられるものであり、月神を象徴するものとして、縄紋人の狩猟生活や漁撈生活を守る月神への信仰、あるいは航海民の航海の安全を守護する月神への信仰が、勾玉を神体として崇める思想を生み出したものだと考えるのである。とくに航海を守護する宗像三女神が勾玉で象徴されることから推して、航海漁撈民間での勾玉信仰が、きわめて古く広域に分布していたことを推測させる。

農耕と日神信仰　耨耕《どうこう》の段階から漸次農耕生産の生活へと推移する過程において、農耕生産の豊饒をもたらす太陽崇拝が強められて、そこに日神への信仰と崇拝が発生すると、昼の太陽・夜の太陰と、二つの神霊を崇敬する思考が形成されてきた。そして、その思想が水稲耕作の発展と結びついて、日神崇拝が月神崇拝を凌駕するにいたった弥生時代に、大陸から伝来した舶載鏡が日神の象徴として崇められ、ここに勾玉と鏡との二種の神宝が出現する。

それとともに、大陸から伝えられた舶載青銅器としての銅剣・銅矛《どうほこ》・銅戈《どうか》などの武器類は、その形がいずれも先が尖って、あたかも電光がきらめく形に似ているので、神霊が降臨するときの形象をそれに認め、輝く青銅の剣をもって神霊依憑のシンボルと観じたのである。

かくして三種の神器を具有される天皇は、皇祖神天照大神の霊能を一身に体し、日・月両神の神霊を享受され、顕・幽両界をシラス権能を掌握されていることを明示されていることになる。したがって、新天皇が皇位を継承されるとともに、三種の神器を授受されなければならないゆえんが存するのである。

大嘗と新嘗

大嘗・神嘗・新嘗・相嘗と称される四種の「嘗」といわれる祭りの本質は、いずれも「嘗」ということに主眼がおかれている祭りであった。では「嘗」とは何か。嘗。ショウ・ジョウとも訓まれるが、「味わって試す」、つまり、口で味わう——なめることが本来の意味である。

そこで、新穀をなめて神を祭るので神嘗（かんなめ）祭となり、その年の穀物の初穂で粥を炊いて捧げ、ともに嘗めて神を祭るのが新嘗（ニイナメまたはニイナヘ）の祭りである。そして、このことを一般庶民も行う新嘗と区別して、天皇が親祭する新嘗をとくに大嘗（オホナヘ）という。

この場合の「大」であるが、これは大小・多少の「オホ」ではなく、ちょうど大伴氏の大が、伴が多いから大というのではなく、天皇の親衛隊であるから「オホトモ」とよばれたように、「王の」とか「天皇」の意味であり、それゆえ「ニイナヘ」を、ことさらに「オホナヘ」と言いかえたのである。

そして、とくに大嘗を限定して「践祚大嘗祭」というのは、天皇が践祚されたときに同時に行われる大嘗祭だからである。

践祚大嘗祭

では、それまで一般庶民間にみられた新嘗の儀礼が、『神祇令』に「凡大嘗者。毎世一年国司行ㇾ事。以外毎ㇾ年所司行ㇾ事」とあるように、大嘗・新嘗の別がたてられ、天皇の即位と関連する場合をとくに「践祚大嘗祭」と称して区別し、これが天皇の親祭となったのは、何ゆえであろうか。これらの点について私は、その真義を明らかにするために、比較の対照として出雲国造家の神火相続の儀式をとりあげて説明するのが便宜であるとおもうのである。

出雲国造職の補任と祭祀権

出雲大社の祭祀を主宰してきた出雲国造家は、日本の氏族のなかでももっとも由緒の明らかな、天皇家に次ぐ古い伝統をもつ氏族であり、所伝によれば、氏祖天《あめ》穂日命《のほひのみこと》以来連綿とした男系継承に一貫してきた、出雲土着の大豪族である。

神火相続式

その伝統ある出雲国造職に補任されるまでには、きわめて厳粛な儀式を行なってはじめて公認されるのであるが、その補任式を出雲では神火相続《おひつぎ》式——火継式《ひつぎしき》と称してきた。

大国主命の祭祀は、天つ神の詔によって、「汝が祭祀を主らん者は天穂日命」と明確に規定されているのを守って、天穂日命が熊野大神櫛御気野命から授けられたと伝えられる火燧臼《ひうちうす》・火燧杵《ひうちきね》とによる、もっとも素朴な発火技術（最古式の揉錐《もみきり》発火法）で鑽《き》り出された聖火によって調理された斎食を、新国造が嘗めることによってはじめて国造となり、大国主命を奉祀する権能があたえられるのである。

そして国造はその在世中、終生この聖火で調理した食物を食べ、家族の者といえどもそれを口にしてはならないという厳重なタブーを課せられている。

この禁忌に守られて国造には、天穂日命の大国主命の神代以来といわれる永遠の祭祀権が代々継承され、第八十三代千家尊祀国造にいたる現在なお、その祭祀権は古来さながら現代にそのまま生きた姿で伝えられているといってよい。

祖霊の継承　こうした出雲国造の特殊な祭事については、第八十二代国造職に補任された前宮司千家尊統大人が、実際に神火相続式をみずから実践され、また、毎年古伝神嘗祭を実修されてこられた貴重な御体験を、その高著『出雲大社』（学生社刊）において詳さに記述されておられるので、それによって詳細を知られたい。

千家尊統大人の論述されているところの要点は、

> 出雲国造が行う一世一度の神火相続式は、出雲国造家の秘祭であり、火継の文字をあててはいるが、それはその秘儀の一つの中心をなす共食の儀において、聖火を鑽り出すのに用いられる火切臼・火切杵とにウエイトを置かれたための用字であって、その精神は祖霊を継承するという意義に存する。出雲大社におけるあらゆる祭儀も祈禱もすべてこの祖霊継承の精神に発するものであり、親祭としての独特の要素を加えているから皇室における天皇の秘祭・親祭としての天津日嗣式の践祚大嘗祭と全く同じであるというのではないが、その真義を如実に説明して余すところがないといってよいのである。祖神―代々の祖先―自己―子孫へと、同じ儀式を継承し無窮に伝え

ていくところに精神的支柱が存在するという点にその意義がある。というのである。

古伝新嘗祭

出雲大社においては、この神火相続式と似た儀式として、毎年十一月二十三日の夜に新嘗祭が行われるが、大社ではそれをとくに「古伝新嘗祭」とよんでいる。出雲大社ではこの古伝新嘗祭は、明治四年の神社改正以前は陰暦十一月中の卯の日に、出雲国造みずから大庭の神魂神社におもむいて、この祭典を執り行なっていた。

祭りそのものは、国造がその年の新穀を神前に供え、自分も食べて神恩を感謝し、あわせて国家の隆昌繁栄と五穀豊饒を祈願することにある。

新穀を国造が神々とともにいただく――神道の用語で相嘗《あいなめ》という――ということをとおして、国造が神の霊魂をその身につけることに宗教的な意味がもとめられるのだ、と私はおもっている。一年間をとおして活動した国造の霊威は、冬も近づき陽光も衰えてくるにつれて、その勢威も陽光のように減退する。そこで神との相嘗の祭りによって、新しく活発な生命力にみちた神の霊威を身に受け、こうして新しい年のはたらきが保障され、約束されるという、いわば出雲国造の霊威の復活のための祭りなのである。

出雲国造は前に述べたように、天穂日命の永生の姿なのではあるが、その永生ということはまたこの新嘗祭において、祭神大国主神の高くすぐれた霊威に接することによって、その内容をいよいよ豊かにし、実にするという考え方なのである。一般にいうところの毎年の新嘗祭と同一の儀式とみてよいものである。

ただ出雲大社において行われる新嘗祭は、出雲大社における祭祀を、どうすれば永遠無窮に伝えることができるか、それを実のあるものとするのにはどうすべきであるかという点について、それの一つの解答として示されたのがこの祭儀なのである。ゆえに出雲大社における古伝新嘗祭とはこういった意味で、国造のための祭りなのである。

そのほかにもう一つ、この古伝新嘗祭には別の大きな意味があるとおもわれる。それは大国主神は国譲りの後、天照大神から「汝は神事すなわち、幽事をつかさどれ」と、いわゆる顕・幽分任の神勅をうけて、杵築の大社に鎮まり、天穂日命から手厚い祭りをうけられるようになり、いわば「祭られる神」である。祭られる神であるために、『古事記』ではつねに「大国主神」と記され、「大国主命」と記されることはないが、祭られる神になる前は、大国主神自身がまたみずから神を祭っておられたにちがいないのである。あたかも祭られる神としての天照大神が、高天原で天つ神のために、忌服屋《いみはたや》で神の御衣を織られていたという伝承があるように、大神自身が「祭られる神」であるとともに、「祭る神」であったということと、この関係はひとしいのである。

そこで古伝新嘗祭には、出雲国造がこのとき大国主神に代わり大国主神となり、大国主神が祭っておられた神々の祭りを執り行う、というもう一つ別の大きな意味があるのである。

「火継ぎ」の本義

以上、出雲大社における神火相続式・古伝新嘗祭についてみてきたが、神火相続式の「ヒ」は、日本の古語では霊魂のことを「ヒ」といい、したがって「火継ぎ」は「霊継ぎ」というのが本来の義であって、皇室においても皇位継承を「天津日嗣《あまつひつぎ》」といわれるのはまったく同じことで、ともに太陽や神火を継承するというよりも、祖霊を継承するということが本義である。

また、古伝新嘗祭は、相嘗という、神との共食儀礼によって、大国主神に奉仕する国造の長寿を祈念するとともに、国造についた氏祖神の神霊の更新をはかる手段である。

これは、天皇における践祚大嘗祭において、天照大神の大八洲シラス権を掌握された天皇が、年間を通じて徐々にその霊能が減退されていくのを防ぐために、毎年新嘗祭を親祭されて、シラス権の更新をはかられるのと同様の意味をもち、したがって、この出雲国造家の「神火相続式」と「古伝新嘗祭」の本質とを理解することによって、天皇家における践祚大嘗祭と新嘗祭との真義を明確に把握することができるとおもう。

昭和天皇が、東京地方に低気圧が進行中とのニュースを御療養の最中に聴かれ、即座に皇居における陛下お手植えの新嘗の稲を案じられ、「新嘗の稲は大丈夫か」とのご下問があったということを拝聞したとき、これこそ日本国の天皇陛下として最後の時まで、践祚大嘗祭でいだかれた大八洲のシラス権の信念と、天皇としての使命感に徹しておられた真の天皇であられると、私は深い感銘を受けたことであった。

出雲国造の特殊性

聖水と神火の共食儀礼

出雲国造の神火相続式を基にして皇室の天津日嗣式としての践祚大嘗祭の本義を明らかにし、その儀礼の本質が始祖神の霊能を体得するための神人共食儀礼であったことを説明してきたが、その神人共食儀礼において、天皇家の場合は聖水にウエイトをおき、出雲国造の場合は神火にウエイトをおくという相違点があげられる。

践祚大嘗祭では、まず、中臣が寿詞を奏し、その中で、「クヒ」とよぶ聖水をもって調理された御膳《みけ》を朝夕新天皇が聞し召し、シラス権をつつがなく継承されるのであるが、その神人共食の神饌は、水の司である中臣が天上・地上の聖水を混じて炊いた粥（母乳）であり、それは聖なる生命力の源泉であると中臣寿詞は伝える。

出雲国造ではその聖なる粥を炊くさいに、聖水よりも炊く神火のほうを重視し、火燧臼と火燧杵とが主体をなしているのである。

このように聖水と神火の違いはあっても、神人共食の祭儀は同じである。ここで読者は天皇の大嘗祭においては、忌部が三種の神器（あるいは二種の神器）を捧献する儀式が重要であるのに、出雲国造の神火相続式ではそのことがないではないかと指摘されよう。たしかに出雲では三種の神器捧献に相当する儀礼はない。しかし、強いていえば、出雲には三種の神器とはいわないが、それに相応する三種の神宝というべきものがある。

出雲国造の三種の神宝

出雲国造が神火相続式を終えると、都に登って国造職補任式が行われる。

律令制下において、国造の補任は、一般に郡司の補任に準じて同じ手続きで行われるのであるが、出雲国造の場合には一般の郡司補任の場合とは格段の差があって、きわめて手厚く遇され、とくに神祇官において負幸物《おいさちのもの》を賜わることが特殊である。

この負幸物とは、朝廷が出雲の大神からの幸を得られることを期待して賜わる表《しるし》の物であるので、この例は出雲国造の場合にのみ見られる、朝廷の出雲国造に対する殊遇の事例である。国造は天皇に『出雲国造神賀詞《かんよごと》』を奏上し、そのさいにこの負幸物を賜った返礼として、出雲の神の名代として出雲の神宝を献上し、御世の安泰と聖寿の長久を祈念するのである。

その神賀詞の中に次の寿詞をみる。

> 汝天穂比命《いましあめのほひのみこと》波《は》。天皇命《すめらみこと》能《の》手長大御世《たながのおおみよ》乎《を》。堅石《かきわ》爾《に》常石《ときわ》爾《に》伊波比奉《いはひまつり》。伊賀志《いかし》乃《の》御世《みよ》爾《に》佐伎波閉《さきはへ》奉《まつれ》登《と》仰賜《おおせたまひ》志《し》次《つぎて》乃《の》隋《まにま》爾《に》。供斎《いわいごと》若後斎時者加後字。仕奉《つかえまつり》弖《て》。朝日《あさひ》能《の》豊栄登《とよさかのぼり》爾《に》。神《かみ》乃《の》禮白《いやじろ》・臣《おみ》能《の》禮白《いやじろ》登《と》。御禱《みほき》乃《の》神宝献《かむだからたてまつ》良久《らく》登《と》奏《もうす》。

また、その神宝に関して寿詞は、

> 白玉《しらたま》能《の》大御白髪坐《おおみしらかまし》、赤玉《あかたま》能《の》御阿加良毗坐《みあからびまし》。青玉《あおたま》能《の》水江玉《みづのえのたま》能《の》行相《ゆきあい》爾《に》。明御神《あきつみかみ》登《と》大八嶋國《おおやしまぐに》所レ知食《しろしめす》。天皇命《すめらみこと》能《の》手長大御世《たながのおおみよ》乎《を》。御横刀《みはかし》廣《ひろら》爾《に》誅堅《うちかた》米《め》。白御馬《しろみま》能《の》前足爪《まえあしのつめ》・後足爪《しりえあしのつめ》踏立事《ふみたつること》波《は》。大宮《おおみや》能《の》内外御門柱《うちとのみかどのはしら》乎《を》。上津石根《うはついわね》爾《に》踏堅《ふみかた》米《め》。下津石根《しもついわね》爾《に》踏凝《ふみこら》之《し》。振立《ふりたて》流《る》耳《みみ》能《の》彌高《いやたか》爾《に》。天下《あめのした》乎《を》所レ知食《しろしめ》左牟事志太米《さむことのしるしのため》。白鵠《しらみとり》能《の》生御調《いきみつき》能《の》玩物《もてあそびもの》登《と》。倭文《しづ》能《の》大御心《おおみこころ》毛《も》多親《たし》爾《に》。彼方《おち》能《の》古川岸《ふるかはぎし》。此方《こち》能《の》古川岸《ふるかはぎし》爾《に》。生立若水沼間《おいたつわかみぬま》能《の》。彌若叡《いやわかえ》爾《に》御若叡坐《みわかえまし》。須須伎振遠止美《すすぎふるおどみ》乃《の》水《みず》乃《の》。彌乎知《いやおち》爾《に》御袁知坐《みおちまし》。麻蘇比《まそひ》能《の》大御鏡《おおみかがみ》乃《の》面《おも》乎《お》。意志波留加志天《おしはるかして》見行事《みそなわすこと》能《の》己登久《ごとく》。明御神《あきつみかみ》能《の》。大八嶋國《おおやしまぐに》乎《を》。天地日月等共《あめつちひつきとともに》爾。安久平久《やすらけくたいらけく》知行《しろしめさむ》牟事能志太米止《ことのしるしのためと》。御禱神寶《みほぎのかむたから》乎《を》擎持《ささげもち》弖《て》。神禮白《かみのいやしろ》・臣禮白《おみのいやしろ》登《と》。恐彌《かしこみ》。恐彌毛《かしこみも》。天津次《あまつつぎて》能《の》神賀吉詞《かむほぎのよごと》。白賜《もうしたまわ》久《く》登《と》奏《もうす》。

と述べているので、出雲の三種の神宝とは、㈠玉、㈡白馬、㈢白鵠（白鳥）ということになろう。

献上する細かい品名は、寿詞のほかに、『延喜式』の「臨時祭式」を見ると、神宝御贄の献物として、

玉六十八枚。赤水精八枚。白水精十六枚。青石玉四十四枚。金銀装横刀一口。長二尺六寸五分。鏡一面。径七寸七分。倭文二端。長各一丈四尺。広二尺二寸。並置案。白眼鴾毛馬一匹。白鵠二翼。乗軒。御贄五十舁。舁別盛十籠。

という大量なものであった。この中で、白馬一匹・白鵠二翼というのは他の神宝とはまったく性質の異なるものであり、しかもこれらは剥製品ではなく生きたままの献上である。

これらの献納はすでに『続日本紀』の、聖武天皇の神亀三年（西暦七二六年）二月に白馬・白鵠が献上されたと記されていて、その起源はきわめて古いことを示しているし、のちの文献でも、仁明天皇の天長十年（西暦八三三年）四月に、『類聚国史』は白馬一疋・白鵠一翼を献じたと記している。

白馬は御年の神—穀物神に奉るものであるから、白馬の献上は、出雲の神が天皇の国の農作物の豊穣を祈念し、その実りを保証する大きな霊威をもつものを奉る意味をふくみ、また白鵠については、千家尊統大人が、大和国から見ると出雲国は西北の戌亥の方角にあたり、白鵠は神の祝福として大和を訪れるところの霊威を象徴するものではないかという考察をされている。

崇神天皇や垂仁天皇の時代の出雲と大和との統合の物語や、垂仁天皇の皇子誉津《ほむつ》別王《わけのみこ》が年長じても言語を発することができなかったのに、空飛ぶ鵠を見て初めてものを言われた。そこで鳥《と》取《とり》部連《べのむらじ》が鵠を追いかけて出雲の宇《う》夜江《やのえ》（島根県簸川郡宇屋谷の地）で捕らえて朝廷に献上したという物語が、神使いとしての霊鳥である鵠—白鳥を出雲から献上し朝廷を祝福する儀礼となったと

おもわれる。こう考えるならば、白馬・白鳥が国造から朝廷へ、出雲の神宝として差しあげられるゆえんは明白である。

それとともに、玉が出雲の神宝の第一のものとして掲げられていることは重要であり、六八枚の献上玉について、『延喜式』は玉の種別をして、㈠赤水精　㈡白水精　㈢青石玉の三種とする。赤水精というのはめのうのことであり、白水精というのは石英のことである。そして青石玉というのは、瑯玕とか翡翠の、いわゆる硬玉でもまた軟玉でもない碧玉のことであり、これらはいずれも出雲の花仙山産出の石の玉である。

『延喜式』よりも成立の古い『出雲国造神賀詞』では、いっそうその種別をくわしく記している。そこでも前述のごとく、白玉・赤玉・青玉の三種の玉があげられている。それらの各玉の霊能は、

白玉（石英の玉）　頭髪の白髪を象徴するので、天皇陛下の頭髪が真白い髪になられるまでましますようにと、天皇の長寿を祈念する霊能をもつ玉。

赤玉（めのうの玉）　赤玉のように御顔色がいつも若々しく赤らびて、御健康にましますようにとの祈念をする霊能をもつ玉。

青玉（碧玉の玉）　碧玉の玉の色調が川水（クイ）の聖水のごとく青く澄んでいて、生命の源泉となる霊力をもっていることを象徴する玉。

であり、これらの玉は、その第一等のものとして、まさしく出雲の花仙山の斎玉であったのである。

この三種の神宝に対して出雲には、それとはまた別な意味をもつ神宝が存在した。それを私は剣（鉾）と勾玉であるとする。次にはその点について述べよう。

八　矛の男神と勾玉の女神

出雲の考古学的発掘の進展

出雲独特の前方後方墳

出雲でも、地域開発路線にそって、考古学の広域調査が目覚ましい発展をみるにいたったのは、とくに昭和四十年代のことである。たとえば、本書の初版が出版された昭和四十三年の三月に、出雲玉作遺跡に明治以来最初の発掘の鍬が、大場磐雄博士・寺村光晴教授・地元の山本清教授とによって打ちこまれ、これを契機に全国各地の玉作遺跡の調査の気運が助成された。

その他の分野でも、出雲の考古学的発掘によって、従来の考古学上・古代史学上の通説を書きかえなければならないような発掘があいついだ。

その若干についてみると、古墳では、昭和二十二年に松江市西川津町の金ヶ崎一号墳を梅原末治博士と山本清教授が発掘され、これを前方後方墳として発表された。じつはこの名称は早くも大正十四年に野津左馬之助氏が、八束郡大庭村にある二子塚は出雲独特の墳形を示しているとされ、これを「前方後方墳」という新名称で『島根縣史』第四巻「古墳篇」に発表されている。

出雲人の移動

私は昭和四十二年に、この墳型は出雲人の移動にともなって出雲から東方の地に分布しているという見解を発表した。この考察は考古学の立場からなされたものではなく、主として古典にみる出雲の伝承によって得たものである。そして、出雲系国造と非出雲系国造の分布、さらには出雲系の神を祭神とすることの確実な延喜式内社の分布をもって補うと、おのずから出雲人の移動路線がより明確に想定されたのである。

それから二十有余年たった現在、前方後方墳は各地でかなり多数存在することが報告されるにいたり、確実なもの二二四基についてその分布を検討した結果、この墳型をとる人々が日本海ルートによって北陸に移動し、そこから山岳地帯に入り、信濃をへて東国に入るという私の環日本海文化圏論に発して推定される路線に合致することが判明し、出雲文化の東漸という私の考え方がいっそう補強されることになった。

前方後方墳分布表

府県名		昭和42年当時	現在
北九州	長崎	0	2
	福岡	0	4
日本海沿岸	島根	17	33
	鳥取	3	3
	福井	3	3
	石川	2	26
	富山	1	2
	新潟	0	1
	山形	0	1
瀬戸内沿岸	広島	2	2
	岡山	5	21
	兵庫	2	7
	大阪	1	7
	愛媛	0	1
	香川	0	1
	徳島	0	2
	和歌山	0	1
中央	奈良	4	11
	京都	3	8
	滋賀	0	1
	岐阜	1	1
東海地方	三重	3	4
	愛知	0	6
	静岡	1	4
	神奈川	0	5
東国	長野	0	5
	群馬	2	3
	栃木	6	15
	茨城	3	13
	埼玉	1	3
	千葉	2	14
東北	福島	1	6
	宮城	4	8
全国		67	224

前方後方墳の課題は、出雲にその基盤がすえられることがたしかである。また同じく方形墳に

属する問題として、出雲では四隅突出型方墳の発見も大きな課題となるし、また松江市大草の岡田山一号墳も前方後方墳であるが、この古墳から出土した鉄剣は、補修にさいしX線照射により銘文の存在が明らかにされた。

その銘文は、「各田ア臣（今）□□（素）（得）大利□」と判読されている（（　）内の判読は一致していない）。最初の四文字を「額田部臣」と訓む点はほぼ一致している。「各田ア臣」の、「各」は「額」の略字、「田」は下の線がはっきりしないが、「田」としてよく、「ア」は「部」の「阝」のみを示し、他を省略して彫したものであるから、「額田部臣」と訓めるので、額田部という部民とその管掌者としての臣姓豪族の存在が示唆されている、有力な資料と目される。

岡田山古墳の被葬者が額田部臣とすれば、額田部臣は、『出雲国風土記』によると、大原郡の少領の伊去美であるか、また彼の従兄弟であろうと推定される。彼の前に同じく大原郡少領をつとめた額田部押島は、大原郡内屋裏《やうら》郷に新造院を建立しているほどの豪族であった。そうするとその一族の有力者が、意宇郡の地にも居住していたとすれば、その一人が岡田山古墳に葬られていたとも考えられる。

荒神谷遺跡

荒神谷遺跡の銅剣

この鉄剣に賑わっているうちに、出雲ではまた新たな発見にわいた。それは昭和五十九年七月十二日に、島根県簸川郡簸川町神庭荒神谷で、工事中

荒神谷遺跡の銅剣（左），銅鐸・銅鉾の出土状況

銅剣

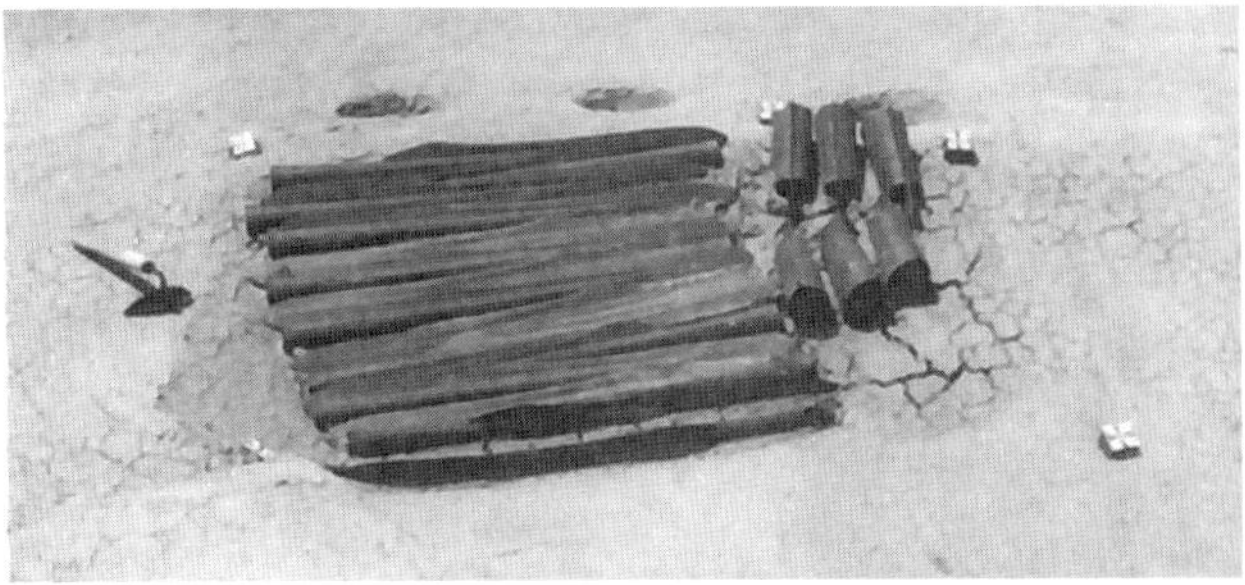

銅鉾と銅鐸

偶然に一群の銅剣が発見されたのである。

この遺跡は、宍道湖（古代の入海）の南岸に雁行状に走る湖南山脈の、西端の山地に入りこんだ一小渓、西谷の奥に位置し、銅剣は山の傾斜面にテラス状にならされた上・下二段の下段の部分、その地表下五、六〇センチの所から見出だされた。

それらは剣先を南北の方向に向け、四列にきちんと並べられており、東側から一列目は九三本、二列目は一二〇本、三列目は一一一本、四列目は三四本、計三五八本という大量の銅剣が一ヵ所から単独集中的に出土したのである。これらの剣は、銅剣の周囲から木炭層が検出されたことで、すべて木製の箱に入れて埋められていたことが判明した。なお、三・四列目は剣先を交互に並べてあった。

その銅剣の一本が示した寸法は、長さ五一センチ、茎部で一・五センチ、幅がもっとも広い中央部で六・三センチ、根元部で五・三センチであった。だいたいの推定では、弥生時代の中期から後期にかけての時期に鋳造されたもので、剣の形式はすべて中細形銅剣であった。

荒神谷遺跡で人々を驚かせたのは、まったく予想もされない人里離れた山林の中から、箱ごと地中に埋められたとしなければならない状態で見つかったこと、しかも大量にである。しかももっとも関心が集まったのは、それらの銅剣がみな中細形銅剣という一型式にかぎられていたことである。

銅剣一括埋納の意味

このことは、今までの日本列島で発掘されている銅剣・銅鉾・銅戈の分布のバランスを崩す。今まで全国でもっとも青銅器が集中して発見され

日本における銅剣・矛・戈分布表

府県	銅剣・矛・戈	銅剣	中細形
福岡	328	45	29
佐賀	53	29	16
長崎	132	19	7
熊本	20	2	2
大分	75	9	5
鹿児島	1	0	0
島根	10	10	9
鳥取	4	4	4
山口	9	6	5
広島	21	12	2
岡山	11	10	3
兵庫	27	18	7
大阪	4	1	0
和歌山	6	0	0
徳島	7	7	1
香川	54	51	7
愛媛	82	37	2
高知	52	8	6
長野	2	2	0
愛知	1	1	0
合計	899	271	105

ていた北九州の福岡県の出土の全数を、一遺跡出土数だけで、大きく上回ることになった。

銅剣は弥生時代の遺物として、細形・中細形・中広形・平形に大別されるが、細形銅剣は中国東北部の遼寧文化にみる琵琶形銅剣から変化したもので、その多くが日本では舶載品で、本来実用利器であったものが、仿製化とともに儀器化された。これらは北九州に集中し、福岡市板付田端では前期末の甕棺にともなわれて出土したが、一般的には北九州の中期後半の甕棺に多く副葬されている。

仿製銅剣などが出土するのは中期以降で、これらはもはや実用利器ではなく、儀器や祭器として土中に埋納されている。

中細形・中広形は中期以降に、北九州から山陰地方にかけて分布している。全体が扁平で、剣方は完全に消滅し、身部の両側に顕著な棘《とげ》状突起がみられる平形銅剣は、それに対して四国・中国地方の瀬戸内沿岸に分布し、対照的な分布圏がみられる。

一遺跡からの銅剣・銅鉾・銅戈の出土数の多い、従来から知られている遺跡をみると、

(1)　千歳町遺跡　春日市原町千歳

中広形銅戈四八本　茎鋒交互埋納

(2)　久杖大窪台遺跡　愛媛県東宇和郡宇和町
中広形・広形銅鉾三二本　一括埋納
(3)　紅葉ヶ丘遺跡　春日市小倉町
中広形銅戈二七本　一括埋納
(4)　野間遺跡　八女市吉田町野間
中広形・広形銅鉾一三本　一括埋納
(5)　古津路遺跡　兵庫県三原郡西淡町
中細形・中広形銅剣一三本　一括埋納
(6)　徳原遺跡　八女市吉田町野間
中広形・広形銅鉾一二本　一括埋納
(7)　一方市筋遺跡　松山市道後今市北
平形銅剣一〇本　一括埋納
(8)　紅葉ヶ丘遺跡西方土壙　春日市小倉町
中広形銅戈一〇本　一括埋納

などが知られているにすぎないので、これらの事例に徴しても、出雲の荒神谷の事例がきわめてユニークな遺跡として考えられなければならないことは明白であろう。

埋納本数のうえでとくに異例であるが、千歳町遺跡で四八本の銅戈を茎と鋒とを交互に並べて埋納した例や、徳原遺跡で一二本の広形銅鉾が一本ずつ交互に逆方向に並べて一括埋納されていた事例をみると、銅剣の類の埋納においては、その種別や形式に関係なく、共通した理念をもって一括埋納という慣習が認められる点に注目したい。

荒神谷遺跡と神門臣族

荒神谷の地は、『出雲国風土記』によると、出雲郡の最東部に位置する「健部《たけるべ》郷《のさと》」のうちである。健部郷は古くは「宇夜里《うやのさと》」とよばれていたが、景行天皇のときに健部を定められたので改名されたという。

この地域を占有していた在地の豪族は、天上より天降った女神を始祖とした。この始祖神はこの付近の山上に降臨したが、その峰は現在の宇屋谷（遺跡地の東側）の南方の大黒山（標高三一三メートル）とおもわれる。

宇夜都辨命《うやつべのみこと》を祭る社が、風土記の「神名帳」には「神代社《かみしろのやしろ》」（官社）とあり、延喜式内社としての神代神社で、宇屋谷にある社である。そこで、この神とその独立神を始祖とする宇屋氏がこの地に占居していたが、この氏は古くから神門《かんど》臣族に統合されていたらしい。

その時代は宇夜里が健部郷と改名されたころのことであり、景行天皇の倭建命伝説をもってその起源を説明しているが、健部郷の設置はそれとは直接関係はない。健部を管掌したのが神門臣《かんどのおみ》古禰《ふるね》であるというのが重要で、その後この地は神門臣古禰の子孫が占有して、奈良時代まで継続していた。

この神門臣は、『新撰姓氏録』には出雲臣族と同祖で、天穂日命《あめのほひのみこと》の十二世の孫、鵜濡渟命《うかつくぬのみこと》の後とある。そしてこの伝承では、神門を貢《たてまつ》ったので氏の名としたという。

「神門」は一般に、神領への入口の表示である鳥居のようにいわれているが、私は門ではなく場所をさす神門、すなわち神領そのものであり、神門は神の領地の義で、神門臣は神領を貢納したのであると考える。

つまり神門臣は、古くから西出雲の地、とくに斐伊川の河口の西岸の地を本貫とする豪族で、その一族は東方への進出をくわだて、斐伊川を渡ってその東側の地に侵入し、その地の豪族宇屋氏などを服属させて宇夜里を併合し、それを神門臣の健部として勢力下におさめていた。それが宇夜の地の健部の実態であったと解する。

八千矛神

八千矛神を祭る神門臣

神門臣は、元来祖神として八千矛（鉾）神を祭っていた。八千《やち》矛神《ほこのかみ》は大国主神の別称である。矛の神の祭祀に銅剣・銅鉾が用いられたとしても当然である。

この神門臣の西出雲の勢力は、弥生時代から古墳時代にかけて、しばしば東出雲の大庭を中心とする出雲臣族（のちの出雲国造家）の勢力と抗争をくり返した。この抗争については、『古事記』が景行朝の倭建命《やまとたけるのみこと》の出雲建《いずもたける》征伐として伝え、『日本書紀』は崇神朝六十年の出雲振根討伐の物語として伝えている。

この抗争にさいして、吉備の勢力や大和の勢力が干渉し介入したことも考えられるが、結果的には、意宇の勢力が大和の勢力と妥協して杵築の勢力を屈服させて、出雲は第五世紀には、出雲臣族（出雲国造家）の手で統合されたと考えられる。出雲国造家の系譜では、出雲振根と飯入根の関係は兄弟であり、一系の系譜にまとめられている。

振根は、前記のように神門臣の祖が古禰《ふるね》であって、これと同一人物であったとすると、西出雲の杵築の八千矛神を祭る豪族神門臣と、東出雲の意宇の大穴持神を祭る豪族出雲臣族とは元来血縁関係がなく、神門臣の振根が滅亡したときに、その同族は意宇に神領を貢って許され服従した。その時以後、両者の統合関係を血縁関係づけて、系譜的擬制によって両者の同族関係が成立し、八千矛神は大穴持神の別称として同一神視したのである。

それゆえ、西出雲は早くから八千矛神の銅剣・銅鉾の崇拝者の集団であり、その祖神の后神は宗像の三女神の一柱である多紀理毘売《たきりびめ》命であり、宗像と出雲杵築との深い関係が示唆されている。そういうところに杵築と筑紫宗像との関係、ならびに杵築の信仰が八千矛神であり、その象徴として神宝が銅剣・銅鉾であったことは、銅剣・銅鉾・銅戈の中心地である筑紫との交流から考えて当然のことであり、杵築の勢力圏であるこの銅剣遺跡が、神門臣の重要な健部郷の地に存在したことも当然である。

八千矛神の神宝矛

銅剣発見の日、ほうぼうから電話で、「驚いたでしょう」と感想・発言をもとめられた。私は驚くより、あるべき事実が偶然の機会に恵まれて出現したと感じ、想像していたことが証明されたと嬉しかった。それがその時の私の実感であった。

荒神谷遺跡における銅剣埋納という事実は、出雲大神の神宝としての鏡や剣は、人目につくような場所、人に触れられるような場所に並べておくものではない。秘蔵して神と司祭者以外の者が触れることと見ることすら禁忌されるのがふつうである。

したがって神宝を検校するということは、見たものにその霊能が移行し、支配権を喪失することを意味する。大和政権がしばしば物部十千根を派遣して、出雲大社の神宝を検校せしめたとあることは、杵築の神宝が隠匿されていて、容易にそれを開き見せなかったことをつたえるものである。

荒神谷の剣の埋納は、八千矛神の神宝であり、厳粛な祭祀の折に用いられる祭器であって、司祭者のみがそれを開き使用するものであったから、平素からこのような隔離された聖域に隠匿保管されていたのである。私は荒神谷はこの意味で、祭器・宝器である聖器を隠匿した遺跡であると考えるのである。

八千矛神の神領

ちなみに付記しておくと、『出雲国風土記』の「神門郡記」の「山岳記」の条をみると、神門郡内の山々の中の九山について記載してあるが、その中の田俣・長柄の二山を除く他の七山については、みな大穴持命、すなわち八千矛神に関連づけて書かれている。

吉栗山――大神の宮材を造る山（佐田村栗原西方の山）
宇比多伎山――大神の御屋（朝山神社の神体山）
稲積山――大神の稲積《みほと》（稲塚山）
陰山《かげやま》――大神の御陰（堂原山）
稲山――大神の御稲種《みいなだね》（船山）
桙山――大神の御桙（鞍掛山）

冠山——大神の御冠（鞍掛山の巨岩）

以上の七山は、みなその形がそれぞれのものに似ているからだと解説されるが、私は、それらの山が、八千矛神の神体山と目される朝山神社のある宇比多伎山を中心に分布する山々であり、八千矛神の祭祀にかかわる山々であって、おそらく神領とされていたものとおもう。山の形状から連想されたものではない。

吉栗山は祭祀などの用材に使われる木を伐る山であり、宇比多伎山は神体山であり聖域である。稲積山と稲山とは、祭祀用の穀類・稲を保管する場所であり、陰山は「カゲヤマ」と訓み、髪にまく葛《かづら》の髪飾に形が似た山だというが、私は「ホトヤマ」と訓み、祭祀用の鍛冶をする「タタラ」と関係の深い山だとする。桙山は、八千矛神の神宝である矛を隠匿しておく山で、冠山は同じく、冠を保管しておく山であると考える。

こうみてくると、荒神谷における剣の埋納も、神宝ないし祭器としての銅剣＝鉾を保管していたもので、埋納品が発掘された場所は、まさしく神宝隠匿址であると私は愚考しているのである。

出雲杵築大社の御神体論

大国主神すなわち八千矛の神とよばれる出雲の主神は、杵築《きつき》大社すなわち今日の出雲大社の御祭神であるが、その神の基本的な神格は海神であり、蛇龍神であり、かつ剣・矛の神であると私は考えるわけであるが、この神の御神体に関しては古来種々の説がある。古い説では、源経頼の『左経記』（長和五年〜長元九年）によると、長元四年（西暦一〇三一年）十月十七日の条に、杵築大社の社中に七宝《しっぽう》で作った宝殿があり、七宝の筥《はこ》が安置されてあって、その筥が御正体であると記している。これはでたらめであるが、『雲陽秘事記』には、松江城主松平直政が出雲大社に参拝したときに、大社の御神体を見るといって、国造が制止するのも聞かずに見たが、それは大きな九穴の鮑で、たちまち十尋の大蛇と化したので、直政は畏れ退出したという。大国主神が蛇体の神だという説になる。賀茂百樹は『神祇解答宝典』で、大社の御神体は鏡であると記す。これらはみな御神体を実見したものではない憶説である。

前宮司千家尊統大人は、次のように述べておられる。

御神体はだれでも拝することのできるものではない。ただ御遷宮の諸記録をみると、御神輿舁《かき》の人数がたびたび増加しているから、御神体に異動があったのではないかと疑ってもみているが、どうであろうか、よくはわからない。

大社の御神体には御衾《ふすま》をかけ申してあるというが、それは絹ではなく錦の類で、幅は尺余もあり長さも丈余に及ぶと聞いている。後に社殿の条で説くように、御本殿の小内殿の奥深く鎮座になっていて、容易にうかがえるところではないけれども、この御衾ということから思いうかべられるのは、天孫が高天原から降臨のとき真床覆衾《まとこおうふすま》に覆い包まれて地上に降られたということである。神霊の尊貴は、これを覆い外界と遮断するものがなければ、まこと畏れ多いとしたのが人々の古くからの考え方であった。前にも触れたように瓢箪はその中の空洞に神霊をやどす聖器であった。この場合の瓢箪はつまり、一つの真床覆衾であるわけである。

たとえばまた日向の国椎葉の盆棚行事を見ても、盆の十三日に盆棚をつくり、タカンポにニゴリ花を挿したもの一対をゴザの上において、手前には野菜の初なりや豆腐などをそなえ、灯明をつける。これで精霊様《しょうろさま》がこられるのであるが、このニゴリ花の枝の上に真新しいタオルをかけて、

「お精霊様の顔かくし」と土地の人はよんでいる。お精霊様は大層のはずかしがりやだから、こうして顔をかくしてあげるのだといっているが、この場合お精霊様のいわば神体である花の枝を包むタオルは、真床覆衾の現代版だ、といってよい。大社の御神体はまたこのようにして、千古の神秘を御衾が包んでいるのである。

御神体についての、この前宮司のご見解はまことに至当なご発言である。御神体を実見できないわれわれにはたんなる憶測にすぎないが、真床覆衾が千古の神秘を包んでいるとすれば、大国主神の別命八千矛神にちなんで、銅矛が御神体ではなかったろうかと私は推察する。

勾玉の女神

后神は勾玉の象徴

大国主神の嫡后は須世理比売命であるが、后神の一人である多紀理比売命（田心姫）は勾玉の象徴である。

『古事記』は、「大国主命が胸形（宗像）の奥津宮に坐す神、多紀理比賣命を娶り、生みませる御子神が、阿遅鉏高彦根神《あぢすきたかひこねのかみ》なり」とし、この后神は筑紫の宗像の三女神のなかの一柱で、素尊《すさのおのみこと》がもっていた十握剣を天照大神がうけて、誓盟《うけひ》して、三段に折り、天真名井の聖水にふりすすぎ嚙み、吹き出した気息が霧と化して、その中から化成した、田心姫（奥津宮）・湍津姫《たぎつひめ》（中津宮）・市杵嶋姫《いつきしまひめ》（辺津宮）の三柱の女神の一柱である。

この神について、『筑前国風土記逸文』の中の、宗像郡にかかわる『防人日記』所収の逸文をみ

ると、

西海道風土記曰。宗像大神。自レ天降居二埼門《さきと》山《やま》一之時。以二青蕤玉《あおにのたま》一。置二奥津宮之表《しるし》一。以二八尺蕤紫《やさかにのむらさき》玉《たま》一。置二中津宮之表一。以二八咫鏡一。置二邊津宮之表一。以二此三表一。成二神體《みみ》之形一。而納置《おさめおき》二三宮一。即隠《やがてかくり》之《ましき》。因曰二身形郡一。後人改曰二宗像一。其大海命《おおあまのみこと》子孫。今宗像朝臣等是也。云々。

とある。つまり、これら三神は天上より降下し、鐘の岬に立つ埼門山におられたときに、青色の玉を宗像郡の北西海上の沖の島に鎮座している奥津宮の表《しるし》として置き、また長い勾玉のガラス玉を宗像郡近海の海上にある大島に鎮座の中津宮の表として置き、八咫の鏡を宗像郡玄海町田島に鎮座の辺津宮の表に置いて、この三つの表をもって神の形代《かたしろ》とし、三つの宮に納めおかれたが、やがて神々が姿を隠された。よって身《み》の形《かた》の郡と名づけたのを、後の人が宗像とあらためた。そして、この宗像の三女神の弟と伝えられる大海命は、おそらくこの三女神の司祭者であろうが、この神の子孫が今の宗像朝臣らである。

この文章によって、大国主命の后神となった田心姫は青玉――碧玉岩製か硬玉製の勾玉を象徴としていたことが明瞭である。

また『釈日本紀』巻第七所引の逸文には、「先師説云。胸肩神体。為玉之由。見風土記。」と、宗像神の御神体が玉であることを明記する。

『日本書紀』の第二の一書は、素尊が昇天のさいに、羽《は》明玉《かるたま》神が瑞八坂瓊之曲玉を素尊に献じたので、それをもって昇天されて天照大神と誓盟されたときに、天照大神はその素尊所持の八坂瓊之曲玉で宗像の三女神を化生させたとして、ますます宗像三女神と勾玉との関係を明確にする伝承をとどめている。

西方からの来福

この宗像の勾玉の女神が出雲に迎えられて、八千矛の銅矛の神と結ばれている。出雲大社では、南面している御本殿の瑞垣内に東西に摂社が三社あり、御本殿の向かって右手には御向社《みむかいのやしろ》と天前社《あまさきのやしろ》とが鎮座し、向かって左手には筑紫社《つくしのやしろ》が鎮座している。御向社は嫡后スセリヒメの命、筑紫社は宗像の后神タゴリヒメ、天前社は、大国主命が八十神たちに危害を加えられたときに命を救った神祖カモスの命の御子神である、キサガイヒメの命とウムガイヒメの命を祭神とし、大国主命に関係の深い四女神を奉祀している。

この摂社の社格からいうと、祭神の地位から順位づければ、御向社―筑紫社―天前社の順とするのが至当である。けれども、大社の古記録によるとこの順列が異なっている。古いところでは、宝治二年（西暦一二四八年）造営のときの『筑紫大社御正殿日記目録』には、筑紫社―御向社―雨前社（今日の天前社）となっており、降って佐草自清の『自清公随筆』（元禄年間記）でも、筑紫社―御向社―天前社の順位が示されていて、いずれも嫡后を祭る御向社よりも、宗像の后神のほうを上位に据えていることは留意せねばなるまい。

この序列がけっして誤記ではないことは、別な事例によって立証できる。

第一に、筑紫社は御本殿の左側、すなわち西方に位置し、御本殿の内陣に鎮まります大国主命と相対する位置をしめていること。御向社と天前社は、大神の背後に立地している。

第二に、社殿の構築上においても、筑紫社が御向社・天前社よりも数段丁寧に造作されている。

第三に、出雲大社では、左右の位置の上下の関係はつねに左を上位としているので、神饌の順序も御本殿内では左を上位としている。すなわち御本殿の左に位置する筑紫社は、右に位置する御向社・天前社より上位にあって当然である。

第四に、出雲大社では注連《しめなわ》の掛け方も一般神社の注連の掛け方と反対に、社殿の左を上位として、注連の綯始《ないはじめ》は向かって左におかれている。これらの事例に徴しても、左に位置する筑紫社を上位とするのはけっして誤ってはいないことが明確である。

宗像神を后として迎えた出雲の大国主命は、その御本殿に鎮まりまして、つねに西に向かっておられる。西向きの位置は、宗像社のある九州の方角である。

出雲は、西からの霊威の来福を期待する。出雲の地へは、西方からつねに日本海を通して対馬暖流が流れてくる。その暖流にのって、西方の、また南方の異なった文化が伝来する。この海から憑りきたる霊威が出雲に発展をもたらす。大国主命と宗像の女神とが婚姻関係を結ばれたことは、けっしてたんなる神話の発想ではない。それは、歴史の事実のうえに立脚した、現実に即した伝承である。

環日本海文化は勾玉文化圏

私は早くから、シベリア—沿海州—朝鮮東岸—山陰—北陸—羽越を連ねた日本海沿岸地域を一括して一つの文化圏とみなし、それを「環日本海文化圏」とよび、環黄海文化圏・環東シナ海文化圏と並立させて、三つの文化圏を想定してきた。

出雲を中央において、その西方に位置する北九州、出雲から東へ向かう若狭・能登、そして越の国へ連なるこれら三者は、対馬暖流によって結びつけられる一つの文化圏と考えられる。

したがって、この文化圏は海を生活圏とする慣海漁撈民の文化圏ということもできる。この海域は宗像系漁撈民の生活空間であった。

宗像の女神が玉の女神とすれば、出雲と越はこれとともに、一つの碧玉・翡翠《ひすい》の文化圏として把握することができる。

出雲の玉の文化はじつに、北九州の宗像系の人々との接触によって、そこに独自の勾玉の文化が築かれたという考え方に導かれるのである。そして宗像から出雲へと移った玉の文化は、さらに対馬暖流にのって東に移り、高志《こし》国（越の国）――越前・越中・越後の三国を合わせた古代の日本海沿岸地域――に定着していく。そこはまた日本翡翠の産出地でもある。

『古事記』にみるように、この越の国の女神をも大国主命は妻求《つまま》ぎをしている。すなわち、高志国の沼河比売《ぬなかわひめ》である。

瓊の河の精なる女神

この沼河比売という女神は、越後国頸城郡沼川《ぬのかわ》郷があるので、この地名にちなんだ名であるとされるが、『日本書紀』の「神代紀」上の誓盟の段の第一の一書には、「天渟名井《あめのぬなゐ》」またの名は「去來之眞名井《いざのまなゐ》」とあり、高天原にある「天眞名井《あめのまなゐ》」のことであるが、この「マナヰ」という名は「マヌナヰ」の略で、Manunawi→Mannawi→Manawiと転じたものであり、「天眞渟名井《あめのまぬなゐ》」が本来の名である。

「ヌナヰ」は、「ヌ」が瓊で赤玉の義であり、「ナ」は助詞の「ノ」である。すなわち「玉の井」の義である。それはもっとも清浄な水をたたえる聖井を意味し、「マヌナヰ」はその底に玉を沈めた井という発想があり、水の聖なる力――生命力の源泉――タマをあたえるものという考え方である。その聖井から流れ出る川が沼名川であり、それは天上界の聖川とされる。したがって、越の国の沼河比売というのは、「瓊の河の精なる女神」の義で、地域名による命名ではない。

『万葉集』巻第十三の「雑歌」の部に入れられている三二四七番の歌をみると、

沼名河之《ぬなかわの》。底奈流玉《そこなるたま》。求而《もとめて》。得之玉可毛《えしたまかも》。拾而《ひろいて》。得之玉可毛《えしたまかも》。安多良思吉《あたらしき》。君之《きみが》。老落惜毛《おゆらくおしも》。

という一首があるが、この歌によると、「天上の空想上の川である、高天原の渟名井から流れ出るという玉の川——沼名河の底にあるすばらしい（あたらしき）立派な玉。それをやっと私が探し求めて手に入れた玉。やっとみつけて拾った玉。その玉に匹敵するすばらしいあなたが年をとっていかれるのはほんとうにおしいことだ」というのであって、あたかも新潟県の姫川の支流小滝川で、翡翠の原石をひろって玉にする姿をおもわせるような歌であるが、沼河比売の名はこうした玉の女神にちなんだ名であるとする。

そしてさらに『万葉集』は、この歌の前に次の二首の歌をのせている。三二四五番・三二四六番の歌である。

天橋文《あまはしも》。長雲鴨《ながくもがも》。高山文《たかやまも》。高雲鴨《たかくもがも》。月夜見乃《つくよみの》。持有越水《もてるおちみづ》。伊取来而《いとりきて》。公奉而《きみにまつりて》。越得之牟物《おちえしむもの》。

反歌

天有哉《あめなるや》。月日如《つきひのごとく》。吾思有《わがもへる》。公之日異《きみがひにけに》。老落惜文《おゆらくおしも》。

最初の歌は、「天に登る梯子も長くあってほしい。高い山はより高くあってほしい。月の神のもっている若返りの水（変若水）をとって来て、わが君に奉って若返らせるものを」という意味であり、次の反歌は、「天にある月日のように、私の想いこがれている君が、日増しに年老いていかれるのは惜しいことだ」というのである。

月が虧けては満ちる姿から、若返る霊力をもつ月神の象徴が勾玉であると発想し、その玉が底に沈んでいる聖泉や聖井、あるいは聖水の流れる河の水を求めて、その霊能によって長寿の活力を得ようという、これらの『万葉集』の歌によっても、勾玉そして水に宿る生命力の信仰が立証されよう。

そして沼河比売の玉の女神としての本義も、明確に推定できるのである。この沼河比売の伝承が分布している越の国の地域が、石器時代の硬玉製大珠——半月形の月神の象徴——の出土地であり、また日本翡翠の産出地をひかえた、勾玉の文化の一つの中心地帯と目することができるのは、うべなるかなとおもわれるのである。

そしてこの環日本海沿岸の三つの玉の文化圏が、大国主神によって婚姻関係をもって統合されているのは、きわめて興味深い真理をふくんだ伝承的事実とみなければならず、玉の文化の流れを如実に示すものといえよう。

九　勾玉の道

勾玉の変遷

勾玉と日本人

勾玉の歴史は長い。その長い歴史をとおして、勾玉自体もけっして同じ状態でつづいてきたのではなく、質の上で、また形状の上でいろいろ変化をみせながら、時にはそれが佩用され、あるいは使用される方法や目的の上でも、いろいろと異なった用いられ方があった。そこでそうした勾玉の歴史について、年代を追って、そのいろいろな形態をながめていくことにしよう。

こういう考え方をしていくと、おのずから勾玉の源流とか勾玉の原義などの問題の解決にも、大きな役割を演ずることになろう。勾玉はけっして、「三種の神器」の一つに加えられたときにはじめてつくりだされた玉ではないし、出雲国造が朝廷に献上する玉が「御祈玉」で、それが勾玉であったからということで、そういう時代にのみ製作されたものでもない。もっと一般的に、勾玉が多くの人々のあいだで、信仰の対象として、ある呪的霊力をもつものであることによって古くから使われていたのである。その起源がいつかということも、考古学上からその出土遺物について考えなければならない。いわゆる出雲の忌部の玉作部などの特殊職業部民が成立して、専門的に勾玉を製作しはじめるよりもずっと早くから、勾玉は存在していたのである。その始原時代の勾玉から考えなければならない。

わが国では、勾玉はすでに石器時代にもあったといわれている。「石器時代勾玉」・「貝塚勾玉」とよばれるのがそれである。それから弥生時代にも硬玉の勾玉が出土して、石器時代のそれとはまったく異なった形態を示している。古墳時代にも勾玉は継承されるが、弥生時代のように、硬玉のものが減少し、ついに碧玉製の勾玉が増加し、形状もやや変化してくる。

奈良時代にも、平安時代にも勾玉は見られる。そしてその質において、黄金製や銀製品のものも見られるようになる。中世になると、勾玉をはじめ玉のすべてが姿を消し、佩玉の風習はまったくすたれる。江戸時代になり、国学が起こって好古趣味がさかんになると、出土品としての勾玉が好事家の間に興味をよびおこすようになって復活する。

そして現在になると、アクセサリーとして、復古調にあわせて勾玉の形を愛好する人も増加し、勾玉を模造したアクセサリーも増加してきた。小説「たまゆら」がテレビで放送されると、全国的に勾玉への憧憬がまきおこり、アクセサリーとしての勾玉が大量に生産されだしたといわれる。

勾玉と日本人の生活、それにはどうやらなかなか断ちがたい因果があるようである。

勾玉の起源

日本考古学がいうところでは、わが国の勾玉は、エジプト出土の小型の同類の玉を除くと、朝鮮新羅の古墳、慶州やその付近の出土品のなかにみる以外にはほとんどどこにも存在しない。したがって、この勾玉はわが国特有の遺物であり、古墳・祭祀遺跡などの原史時代遺跡から、豊富にまた普遍的に出土している。また一般的にはその前身ともおもわれる遺物も、縄紋時代の貝塚から出土を見、考古学ではこれを「石器時代勾玉」とか、「貝塚勾玉」などと称している。

勾玉は、すでに述べたように、他の玉と比較して形状が特異であり、その材質も普通の石質・土質・骨角質のもののほかに、日本産あるいは遠く東南アジア（ミャンマー・中国雲南）産の硬玉質のものがふくまれている。しかも古墳時代中期以前においては、この硬玉質のもののほうがむしろ主体をなすかとおもわれるほど、大量の出土をみることから、わが古代文化史上に、きわめて重要な興味深い、多くの課題を投げかけているのである。

従来の考古学では、がいして勾玉を装身具の一種として理解してきた。わが古代においては、とくに佩玉文化が顕著であったから、装身具としての玉がひじょうに愛好され珍重されたとしても不思議はないが、とくに勾玉にあっては、類例の乏しい特異なその形状のために、たんなる装身具としてではなく、なんらかの特殊な、強力な呪力をもつものであろうと考えられてきたことも事実なのである。呪符《じゅふ》としての機能がいかなるものであったかは、じつに勾玉の示す特殊な形状が、何を表象しているかの解釈にかかっているのであるから、形状の解釈が勾玉の提供する課題の主題となり、いろいろな解釈がその点に集中して試みられたのも当然であったわけである。

石器時代勾玉

それではわが国最古の勾玉とよばれる石器時代勾玉が、ほんとうに後の古墳時代勾玉のような立派な勾玉の原形なのだろうか。

いわゆる子持勾玉のようなものをもってすれば、魚形起源説を有力とすることもできようし、また、古墳時代末期の発展した「コ」の字型の優品から受ける感じは格別である。しかしながら、このような発達した形態の勾玉を基にしてその原義を考定することは、大きな誤りをおかす危険性がある。

いま勾玉の歴史的変遷を大きくわけてみると、最古式すなわち石器時代のそれは、頭尾同大、半月形の曲線をなし、逆「く」の字型、時として「く」の字型を呈し、丁字頭のものが多く、硬玉製品が主である。弥生時代から古墳時代にかけては、頭太尾細の、巴《ともえ》形曲線をもつ「ノ」の字型、時として逆「ノ」の字型を呈するものに変化し、硬玉質のものが減少して、碧玉岩質やめのう質のものを主とするようになる。そして古墳時代以後は、しだいに形式化されて、勾《まが》ることのみが強調され、ほとんどが直線的屈曲を示し、「コ」の字型となってくるとともに、子持勾玉や三輪玉のような変形が生じてくるのである。

子持勾玉と三輪玉

多様な形態　「子持勾玉」はまた「子持曲玉」とも書かれ、江戸時代から知られていて、「石剣《せっけん》頭《とう》」とよばれたりしている。「児玉石」というのは、一般的な勾玉よりも大型の勾玉形をした玉を母体として、その腹部・背部および胴部（側面）とに、数個の小型の勾玉形を剞《くり》だして、付着した形につくられた異形の勾玉のことである。これはまた「魚形勾玉」とよばれたことがあった。周囲に付着している小勾玉の子の数は一定していない。小さな子の勾玉も、勾玉と同じ位置に孔があけられ、その形態も多様である。全体の形にも変化が多く、一定していない。子の孔のあけられている一端に動物の頭を表現したものや、表面に線刻の簡単な文様をつけたもの、あるいは頭の端を嘴形に彫刻をして、孔を眼にみたてて鳥頭になぞらえたもの、腹側に丁字形をつけて頭尾を連ねたもの、二個の子持勾玉を重ねあわせた形につくられたものなど、変化に富んでいる。もっとも簡単なものは腹のみに子がつけられていて、「櫛形勾玉」といわれるものに類似したものもある。

これらの子持勾玉はほとんどが滑石または蠟石でつくられ、まれには蛇紋岩や流紋岩製のものもあり、また碧玉製のものもある。

形態上からの分類や、編年は明らかにされていないが、その起源は弥生時代にあるともいわれる。しかし、石製模造品と同時期に使用されていることや、古墳からの出土例が多いこと、とくに相対年代がほぼ推定できる大阪府堺市百舌鳥《もず》赤畑町のカトンボ山古墳(御陵墓参考地の御廟山古墳=前方後円墳=の陪塚)から四例の子持勾玉が、勾玉や臼玉などの多数の遺物とともに出土していて、この古墳が第五世紀中葉の中期古墳であり、この出土例をみると、子持勾玉の形式が、複合形のもの、動物象徴形のもの、子が全周した形式のもの、子が胴にない簡略なものなどまちまちで、統一的でなかったことからみると、古墳時代の中期の初めころから末期にかけて各形式がでそろったものと考えられる。

このように古墳出土例のほかに祭祀遺跡からも出土するが、その多くは単独出土であるので、その用途については明確に決定しかねるが、祭祀用品説や呪物説などがとなえられてきた。祭祀用あるいは信仰上の遺物であることは疑いがない。

そのことを証するものとして、前に少し述べた長野県松代町鎮座の玉依比売命神社の、児玉石神事が重要な例としてあげられる。

児玉石神事

ここでくわしく述べるならば、故大場磐雄博士によれば、児玉石は江戸時代よりも古くから伝えられていて、本社の神宝として伝来されるものである。

神社では毎年正月七日に、「玉改めの神事」を行うのであるが、それがいわゆる児玉石神事のことである。

神官が覆面して、神宝である児玉石を一個ずつ積みあげていき、氏子惣代がその数をあらためるので、その数が増していればその年は吉年とされる。

増加したとき、その増えた石は、「生れ石」といわれる。たとえば昭和十七年の正月の神事では、前年の石数より一顆増えていて、前年七六八顆だったものが七六九顆になっていたという。

この七六九顆の児玉石は、桐の外箱のなかに、黒塗の内箱に納められており、外箱の蓋の表には、「池田宮（本社は江戸時代には池田宮とよばれ、また磯並三社とよばれていた）御神宝　児玉石」と記され、蓋裏には、「奉寄進児玉石外匣　寛政六年甲寅夏六年池田昌美　敬白」と記されている。

内箱は方形の黒塗箱で、そのなかに錦製の敷巾二枚があり、そのうちの一枚には、裏に「奉納御児玉石敷巾　文政二丁亥年正月七種日　願主松代西木町　坂井屋嘉助」と記されており、他の一枚には、「奉納　児玉石　享和四年甲子正月吉日池田昌美」と記されている。
そのうちに児玉石を入れた袋二枚があり、一つは紫縮緬で、他の一つは古布袋である。紫布に包まれているのは、俗に「三つ石」とよばれるもので、それぞれ特殊な名をつけられている、滑石製の子持勾玉である。

一ッ　天下泰平石　長サ三寸一分
二ッ　宝祚延長石　長サ二寸八分（腹と背に突起）
三ッ　氏子繁昌石　長サ二寸八分

この三石は、とくに児玉石神事のさい、謹重に扱う神宝とされている。
他の袋の中には、従前計算されていた児玉石の類別数が、次のとおり記録されている。

一　滑石製子持勾玉六顆
二　硬玉製勾玉一〇一顆（一顆大形丁字頭石器時代のものもあり）
三　碧玉製勾玉一〇顆
四　瑪瑙製勾玉一二六顆
五　水晶製勾玉四顆
六　玻璃製勾玉二顆
七　練物製勾玉六顆
八　滑石製勾玉一七一顆（内六四顆大形・中形。一〇七顆小形）
九　雑石製勾玉四一顆（大小混在）

一〇　水晶製切子玉四顆
一一　管玉三五顆（一顆未製・擦切痕あり。ガラス製一顆あり）
一二　玻璃製小玉三顆
一三　滑石製丸玉五顆
一四　琥珀製算盤玉一顆
一五　滑石製平玉一顆（破片・有孔円板）
一六　有孔玉器三顆（二顆は堅魚節形〔大小〕で横に孔。一顆長方形縦孔）
一七　石器時代玉類一六顆
一八　唐製石鏃一個
一九　自然石・ガラス塊片八〇顆（有孔自然石多し）

以上の合計六〇六顆の玉が収納されていたのである。昭和十七年のときの合計数は年々増加していて、七六九顆のうち六二九顆は玉類で、一四〇顆が自然石であった。

もっとも自然石といっても、それは生石であるといわれ、生石でなければ神は嘉納されないと信じられている。生石という現象はきわめて神秘的に信じられているのである。

児玉石というのは、この神宝とされる玉は勾玉が多いが、とくにその核心となっているのが三顆の子持勾玉であり、それにまつわる「生れ石」の観念をもって考えるならば、児玉石とはそもそもが子持勾玉のことであり、それは勾玉の本体からみずから化成して、子供の勾玉が生じて、生石の現象が起こることの象徴であると考えてよい。

そしてまた、ここで勾玉をかぞえる所作が神事の核心をなしているのは、勾玉が月神の象徴であるとすれば、それは「月読み」の行為である。月の数を算定する呪法―占法となって、かつての月を主体とした始原暦法期の慣習の残存をおもわせるものがある。月は朔・望・晦と形を変えながら、暗黒から光明の世界へ、光明の世界からまた暗黒の世界へと移っていくが、それは月の死ではなく、やがて月は新しい生命をもって生まれてくるのであり、月には死がない。

月の再生、それが朔であり、その朔の月の形が勾玉で象徴されているのであるならば、晦から朔への暗黒の時期は、子持勾玉の象徴しているように、勾玉の本体から新しい子供の勾玉が化生してくる。すなわち本体の勾玉から完全に分離して、一個の勾玉となって姿をあらわすのが朔であった。私は子持勾玉の原義がここに存すると考えるのである。

子持勾玉の起源

子持勾玉の始原を弥生時代の前期にまでさかのぼらせようという説は、佐賀県唐津市宇木《うき》汲田《くんでん》遺跡において、昭和三年に耕地整理のさい、甕棺の中から細形銅剣・銅矛と硬玉勾玉二顆・碧玉管玉若干が発見されたのがはじめで、昭和三十二年に東亜考古学会の調査によって、弥生式前期から中期にわたる包含層があり、その包含層に掘りこんで甕棺埋葬の密集地帯があって、五三個の甕棺が発掘され、中期甕棺から多鈕細文鏡と細形銅剣（第十二号甕棺）や、細形銅剣と硬玉勾玉（第十一号甕棺）が出土して有名になった。

また異形の硬玉勾玉が五顆出土し、これが子持勾玉の祖形とみられるわけであるが、この異形勾玉は石器時代の硬玉勾玉の伝統を示すものもある、とも説かれている。さらに昭和四十年・昭和四十一年と都合三度の調査で、ほぼ遺跡の全貌が明らかになり、甕棺も一二九個が発見されている。

この遺跡出土の勾玉は、縄紋時代の勾玉の系統をひくものとして、獣形勾玉すなわち櫛形勾玉といわれるものや、緒締《おじめ》形勾玉といわれるもの、それに不定形のものに大別されるが、それらの石材は硬玉が多いが、なかには長崎ヒスイと称される、硬玉に似ている白い細粒子を多量に含有する蛇紋岩系の石材も、縄紋後期以後のものに出土例がある。

櫛形勾玉は、全形は扁平で背部は半月形をし、弦にあたる部分——腹部に二つ以上の切りこみと、その間に一つ以上の突起を刳りだしているので、それを頭部と双脚とみると獣形勾玉となり、その突起を櫛歯とみれば櫛形勾玉となる。頭部かそれに近い部分に紐通しのための孔をあけているのは勾玉と同じで、その孔は両面穿孔法によっている。同じ系統に属するものが縄紋後期の遺跡から出土する。

緒締形勾玉というのは、形は不定形であるが、紐で緊縛するための溝のような痕跡を残して、その部分がくびれた幾条かを認めるもので、凹凸をもつ塊状を呈している。全体としてはやはり頭部・胴部・尾部にあたる隆起があり、頭部近くに孔をもつので、異形勾玉とよばれるものである。この形態のものは縄紋中期にみられ、後期から末期におよんでいるので、石器時代の勾玉で縄紋系勾玉といわれる。そして櫛形勾玉や緒締形勾玉に子持勾玉の始原形を求めようとすれば、子持勾玉の起源はかなり古くまでさかのぼることになろう。

石器時代の勾玉にその起源を求めるとしても、呪的意味を強くもった石器時代の勾玉は、獣形勾玉＝櫛形勾玉も緒締形勾玉も、縄紋末期から弥生時代の前期にかけて一時その姿を消すのであ

子持勾玉（大阪府カトンボ山古墳出土）

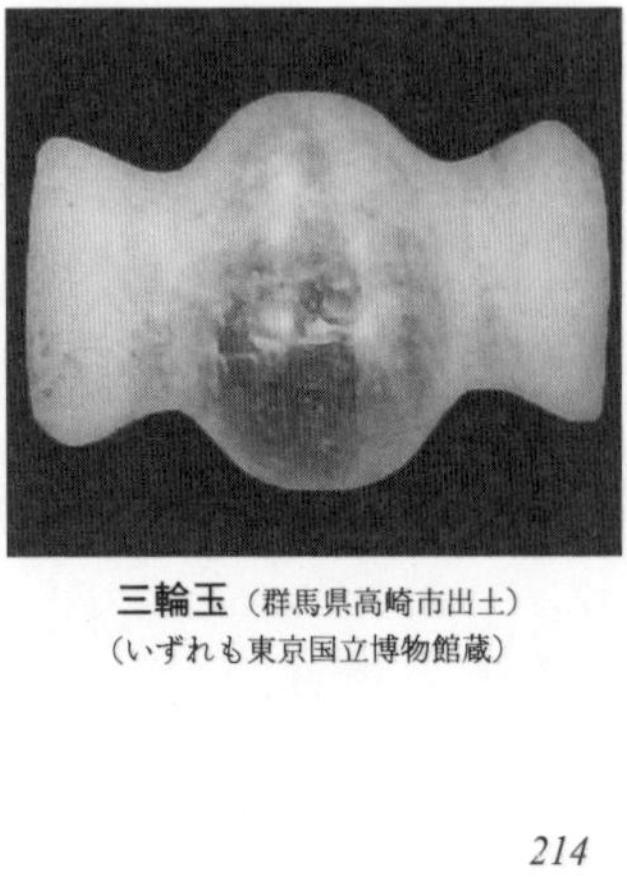

三輪玉（群馬県高崎市出土）
（いずれも東京国立博物館蔵）

り、弥生中期の前半頃になると、ふたたび縄紋系勾玉——子持勾玉の始原形といわれる緒締形勾玉が、弥生系の勾玉と並存して出土する。

弥生系勾玉は、ガラス製勾玉とともに、硬玉製丁字頭形の大きな勾玉が出るのが弥生中期の中頃であり、弥生中期から後期にかけて、弥生勾玉の特色とみられる丁字頭勾玉——定形式勾玉の基本形態が成立する。それと同時に、緒締形勾玉か櫛形勾玉と関連づけられる弥生系の勾玉の例としては、宇木汲田十五号甕棺出土の勾玉があげられる。これは腹部に子供一個を刳出したもっとも簡単な子持勾玉であるが、長さ四・二センチで、黒味を帯びた深緑色の硬玉製品で、よく磨かれ、頭端部と前肢端の平面部に三条の平行線が沈彫されていて、全体として丸味があり、孔は両面穿孔であけられている。

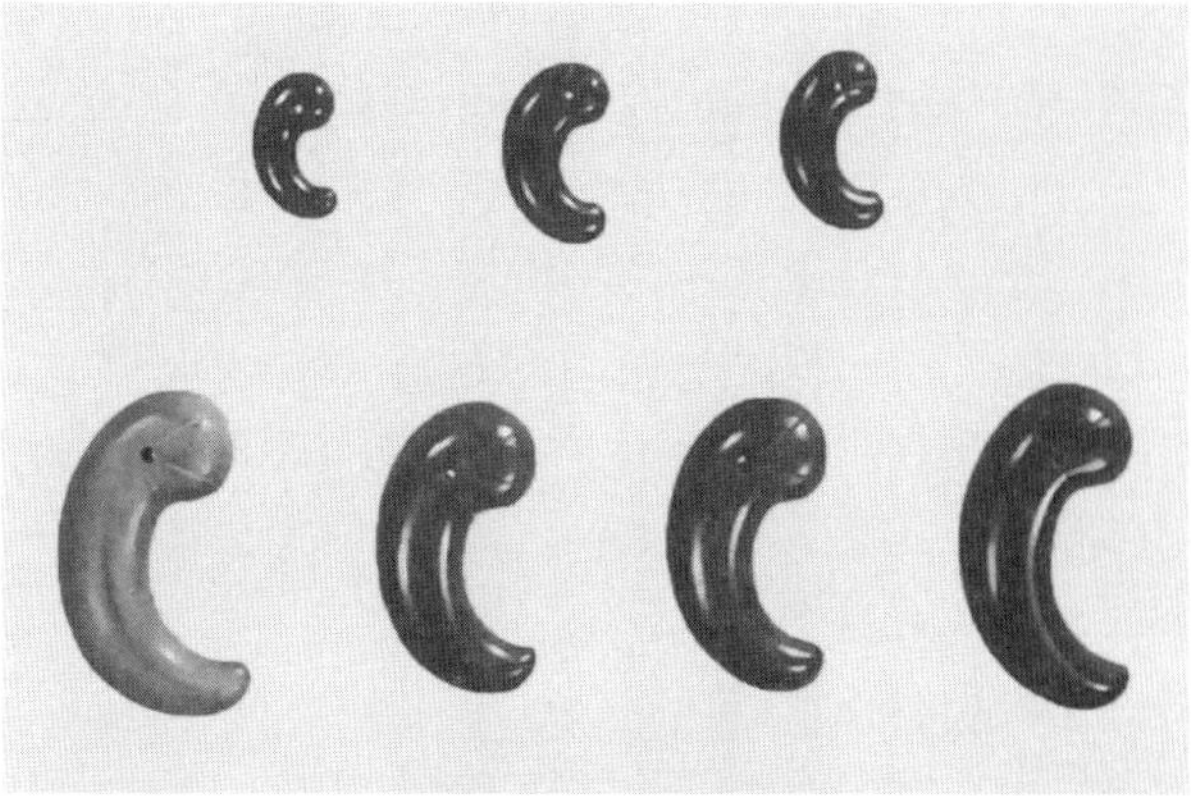

（京都府八幡大芝出土）

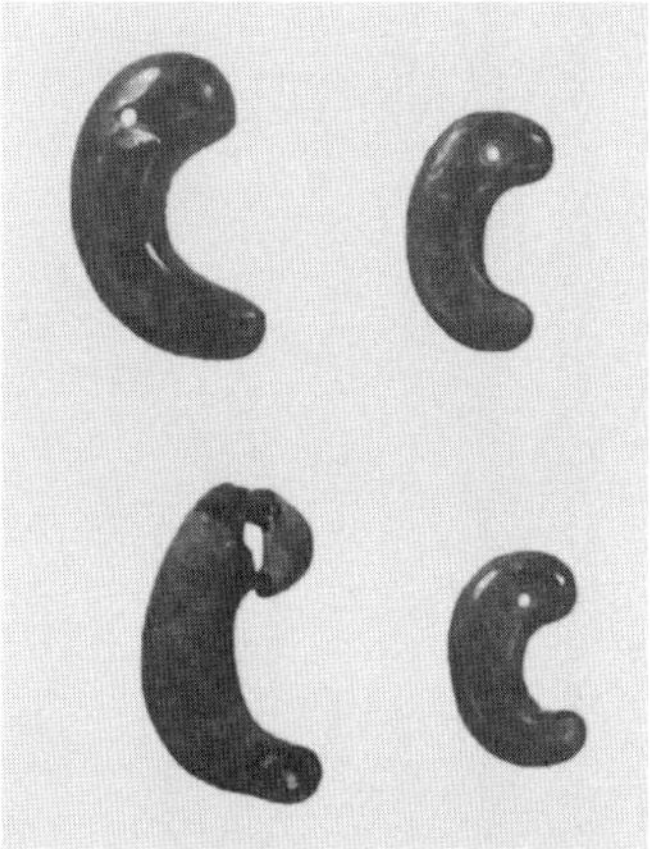

（宮城県丸森町出土）

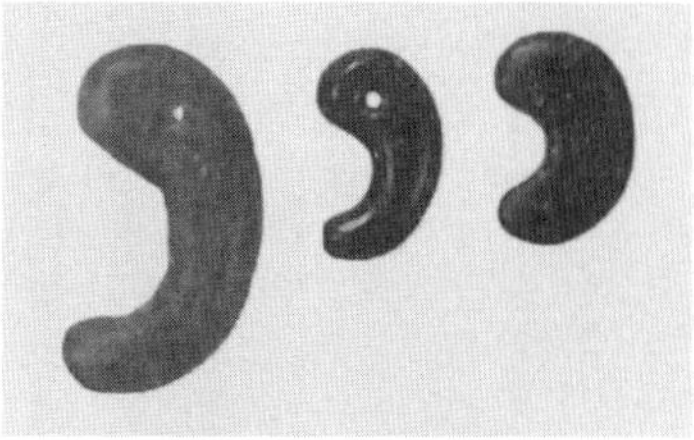

（島根県造山古墳出土）

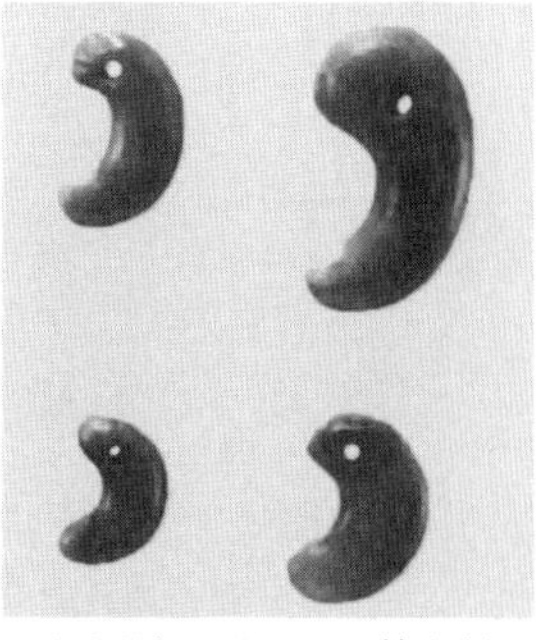

（奈良県新沢千塚126号墳出土）

各地の勾玉
（いずれも東京国立博物館蔵）

子持勾玉に関連するものとして、いま一つ三輪玉《みわだま》がよくあげられる。これは上面に大小三個のふくらみがあり、下面が平たくなっている装飾品である。中央に丸玉をおき、その左右に半截にした玉を加えた形とみられる。

三輪玉

古くは古墳から出土したこの遺物をもって枕形遺物・枕石などといわれたこともあるが、多くは水晶製で長さ二～四センチ、幅一～二センチで、凹みに糸をからげてとじつけたものであろうと考えられた。

これが三輪玉とよばれたのは、奈良県桜井市三輪町馬場山ノ神にある三輪山を対象とした、第五、六世紀を中心とした、古代祭祀遺跡としての「三輪山ノ神」祭祀遺跡から発見されたものが注目されて、この名称になった。

三輪遺跡は、三輪山の斑糲岩《はんれいがん》（深成岩の一種で、灰緑または黒色で、gabbroとよぶ）の巨石を組みあわせ、その周囲に礫石を敷きつめたもので、この巨石を中心とした五個の石組みと、河原石を敷石とした遺構から多量の滑石製や土製の模造品が出土した。

滑石製品には、臼玉・有孔円板・管玉・勾玉、子持勾玉があり、土製品には、臼杵・案・高坏・坩・皿・匙・杓子・円板があった。そのほか、めのう製・水晶製の勾玉・鉄片が出土し、径三センチほどの銅鏡が数面出土している。

三輪玉でも金銅製品は中空で上面のみをつくり、碧玉および水晶製品は孔をあけない。五～七個を一組とし、古墳時代中期の終わりから後期前半ごろにかけて発見される。

明治十七年に『日本石器時代圖譜』を著した神田孝平氏は、枕石または三輪玉というとして、これを馬具の一つとみる説を述べている。また浜田耕作博士は装身具であるとし、後藤守一氏は消火器形埴輪にこの三輪玉の着装を示すものがあるのに着目して、大刀の柄につけた勾金《まがりがね》の装飾品であるとされた。

消火器形埴輪とは器財埴輪の一種で、その形が特異であり、その形の連想から、消火器の形に似ているので命名されたものである。後藤守一氏はそれを大刀を象どったものであるとし、細い円筒形の上部に大刀の把の形を作り、中央部を鞘にあてて考え、下部を台としたのである。

把頭と鐔との間に、弓なりに曲がった勾金が把にそってわたしてあり、その外面に三個の三輪玉を着装しているものが多いので、三輪玉を勾金の装飾品とするのである。

三輪玉が大刀とともに発見される場合に、勾金にあたる遺物がないので、古墳時代には金属ではなく、革のような材料でつくられていたために遺存しないで、三輪玉だけが遺存するのであろうと説明されている。このように考えるならば、三輪玉は子持勾玉とは関係がなく、それとはまったく別なものとして製作されたものとしてよいであろう。形態のうえからいっても、子持勾玉とみるには無理があるとおもわれる。

子持勾玉の分布

子持勾玉は今日まで、古墳出土品・祭祀遺跡出土品のほかに、単独出土をした子持勾玉の数が二百顆を上回る数におよんでいる。

いま参考までにその分布の概要を表記しておこう。なおこの表において子持勾玉の形式を分類表記したが、それは椙山林継氏の提案による分類にしたがって、Ⅰ式よりⅧ式までの一三の形式に分けて表記した。

Ⅰ式　頭尾截断形で、形はC字形。断面は円・もしくは円に近似した形を示し、背・胴・腹部の子が整っている形式

Ⅱ式　頭尾部丸形で、断面が楕円形を呈す

Ⅲ式　厚味があり、子が形式的になるか、突起状を呈するものがみられる

Ⅳ式　扁平な形を呈するもの

Ⅴ式　勾玉のいずれかの部分に突起のある形式

Ⅵ式　形態が特異なもの（島根金崎例など）

Ⅶ式　其他の異形な子持勾玉に加えられる形を示すもの

Ⅷ式　土製品の子持勾玉

Ⅸ式　二個連接形のもの

Ⅹ式　子持勾玉に文様を彫刻したもの

Ⅺ式　子持勾玉に文様で、とくに目と口とを付したもの

Ⅻ式　円圏文をつけたもの

XIII式　Ⅰ・Ⅱ・Ⅲ・Ⅳ式のなかの特異な形式を示すもの

子持勾玉出土遺跡・形式・個数分布表

県名	遺跡数	子持勾玉形式	個数
秋田	1	Ⅱ式	1
山形	4	Ⅱ式・Ⅲ式	4
福島	7	Ⅱ式・Ⅸ式・Ⅻ式	7

茨城	25	Ⅰ式・Ⅱ式・Ⅲ式・Ⅶ式	26
栃木	4	Ⅰ式・Ⅷ式	4
群馬	18	Ⅱ式・Ⅲ式・Ⅹ式・Ⅻ式	25
埼玉	1		1
千葉	9	Ⅰ式・Ⅱ式・Ⅲ式・Ⅶ式	8
東京	1	Ⅰ式・Ⅻ式	4
神奈川	3	Ⅰ式・Ⅱ式	3
新潟	8	Ⅲ式	15
富山	2	Ⅻ式	2
石川	4	Ⅱ式・Ⅻ式	3
福井	1	Ⅰ式	1
山梨	1		
長野	15	Ⅰ式・Ⅱ式・Ⅲ式・Ⅴ式・Ⅻ式	25
岐阜	4	Ⅺ式	2
静岡	13	Ⅰ式・Ⅱ式・Ⅳ式・Ⅹ式	9
愛知	4	Ⅰ式・Ⅲ式・Ⅻ式	4
三重	10	Ⅱ式・Ⅲ式	11

滋賀	8	XII式	3
京都	1		
大阪	12	I式・II式・III式・IX式・X式	13
兵庫	4	II式	1
奈良	14	II式・III式	14
和歌山	2	III式	1
鳥取	14	I式・II式・III式・IV式・V式・VI式・X式・XII式・XIII式	11
島根	2	VI式	2
広島	7	II式・IV式	2
山口	5		4
徳島	3		1
愛媛	3	II式	3
高知	1		
福岡	21	II式・III式・IV式	16
佐賀	3	I式・II式	1
長崎	1		1
熊本	4	II式	

宮崎	6	I式・II式・III式	3
鹿児島	1	II式	1
韓国	3	II式	4

最古式の勾玉

まず勾玉の原義を形状から明らかにするために、最古式の勾玉にもとづいて考察を加えよう。以下にもっとも決定的とおもわれる勾玉の獣牙起源説に対する批判を試みながら、私説を展開させていこうとおもう。この説は、古くは坪井正五郎博士以来、もっとも有力な説として、考古学者たちの支持を受けてきた。

勾玉の獣牙起源説

獣類の歯牙の威力を恐怖し、それを自身の身体につけることによって、それのもつ呪力が、おのずから着用者の護身の符となるという呪的信仰の結果、はじめは実物に穿孔して佩用し、のちにその形状を模して、護符と装身とを兼ねたものが勾玉である。

とするのがこの説の要点であるが、なるほど石器時代の遺物中には、猪・鹿・野犬などの門歯・犬歯に孔をあけ、まれには鱶《ふか》の歯に穿孔したものまであるから、歯牙を護符あるいは装身具として用いたことは事実であろう。そしてさらに魚類・鳥類・哺乳動物などの小形の骨を歯牙状に加工し、それに孔をあけたものがあることは、歯牙をそうした目的において佩用しようとした意思の強烈に働いていたことを示すかのようにおもわれる。

祖形の違い

しかし、勾玉として認められる玉類と、歯牙およびその模造品との関係を比較してみると、樋口清之氏の『垂玉考』によれば、石器時代勾玉（原始勾玉）とよばれるもののなかにも、楕円形や曲線的三角形の扁平《へんぺい》なもので、古墳時代勾玉に類する精巧な硬玉製品の一群と、L字状の扁平なもの、櫛《くし》状を呈するもの、および歯牙状の頭部にいろいろな彫刻があるものをふくむ獣骨や角牙をもって製作された一群とがあり、前者はこれをいわゆる勾玉の祖形としてもさしつかえないが、後者は勾玉に類するものというより、むしろ歯牙およびそれの骨製の模造品に酷似するものといったほうが真実に近かろう。

すなわち、原始勾玉といわれるものも、かならずしも単一のモチーフから発生したとは解しがたく、前者は後代につらなる勾玉として、後者は歯牙をモチーフとして、その前代の呪符に通じるものであり、おのおの別個に発生したものとみてさしつかえないことを、遺物のうえから論証しておられるのである。私はこの説に賛意を表したい。

日本の新石器時代は、狩猟・漁撈・耨耕《どうこう》の時代であった。だからもし歯牙を護符とするならば、実物を獲得するのに充分可能な状況にあったわけである。わざわざ珍貴なそして細工の面倒《めんどう》な硬玉を使用してまで、歯牙の模造品を製作し、佩用するにはおよばないであろう。呪力が佩用の主目的である以上、実物にしくものはないはずである。

かの「生命賦与者」(life-giver) としての子《こ》安貝《やすがい》を護符とする場合、実物の子安貝の分布区域が限定され、遠隔の地では容易に手に入れがたいときは、なるべく強力な呪力を発揮してくれるようにとの祈念をこめて、黄金のような貴重な物質で模造品を製作するということもありえた。獣牙を護符とすることが、ほとんどどの民族にも認められる共通の呪術であるとするならば、子安貝の場合のように、代用品とされる勾玉もまた同じ形の模造品として各地から発見されてもよいはずである。それなのに勾玉は、日本特有の遺物といわれているのである。

歯・牙・骨・爪等に穿孔した遺物は、すでに石器時代前期から認められるけれども、その質・量ともに、中期ないし後期のそれに比較すれば問題にならないほどわずかであった。しかし後期になると、硬玉質の勾玉が発生するにおよんで、その出土量も急激に増加しているのである。このような状況は、勾玉発生時代において、獣牙の量が減少して得がたくなったため、模造品がつくられるようになったとすることの論拠をくつがえすとともに、勾玉が護符または装身具として佩用されるにつれて、逆に獣牙を装身具として佩用する風を起こさせたという考え方が是認されるのである。

またさらに極言するならば、勾玉が発生した頃に、硬玉を得ることがむずかしいので、歯牙の形状が勾玉に似ているところから、勾玉に並行して、それの代用として歯牙および骨製勾玉が盛行するようになったのであると、逆説することもゆるされはしないだろうか。

以上のような理由により、私は勾玉の獣牙模倣起源説を、かならずしも妥当な見解とすることはできない。

石器時代勾玉——とくにそのL字型の垂玉の一群は、明らかに獣牙や歯爪を模して製作したものであり、それが後の弥生時代から古墳時代にわたってのいわゆる勾玉とは、その形態がまったく異なるので、同一系統のもの、いいかえればすべての石器時代勾玉が一線進化して、古墳時代の勾玉に発達したものであるとは認められない。考古学上いわれる石器時代勾玉は、獣牙や歯爪に孔をあけて垂げたものを、石製品として模倣したもので、弥生時代以後の硬玉製勾玉とはぜんぜん別系統のものとみるのが私見である。

硬玉の勾玉

祖形の材質

勾玉の起源は、古くは石器時代の縄紋文化中期以降のいわゆる石器時代勾玉とよばれる垂玉の一部のものに、その祖形とおもわれるものがあることは前節で述べた。そしてそれらの系統のものは、もっぱら硬玉質のものが多いことを注意しておいた。さらにわが国独特の勾玉として注目されているものの定形とみられるものは、やはり弥生時代の硬玉をもって、その顕現の時期としなければならないことも述べておいた。

そこで勾玉はその材質において、基本的なものとしては硬玉質のものであることを指摘してさしつかえないとおもう。石器時代の硬玉製垂玉としては、長楕円形のいわゆる半月形大珠とよばれるものと、原始勾玉・丸玉との三種に分けられる。これらの硬玉はあまり良質ではなく、自然の漂石に孔をあけた不定形のものが多いことを特色とする。長楕円形の硬玉には、中央部に横にみごとな穿孔をした半円形の形の良いものと、鰹節形の不規則な形をしたものがあるが、これは縄紋文化末期のみにみられ、以降には消滅している。

とくに日本中部以北の、縄紋文化中期・後期・末期の遺跡から発見される硬玉製勾玉は、比較的小形のものがふつうで、半円形を定形として、腰部または頭部がくびれて曲がっているか、頭部に隆節をつけて瘤節状を呈し、古墳時代勾玉の丁字頭の原形とみられるものがある。一センチ前後の小形勾玉にはきわめて曲線美のすぐれた美しい優品があって、後の勾玉の基本形とみてもよいものがある。だから縄紋時代の硬玉の勾玉はどうみても獣牙や歯爪の形からきたものではなく、それとはぜんぜん別な形態によって形成されたものであろうと考えざるをえない。その正しい基本形はたしかに半月形であり、その両端が丸味をおびていることを特色とするといえる。

穿孔の謎

これらの縄紋時代の硬玉製小形勾玉は、ことごとく細い管錐状の回転キリを打ちこんで孔をあけている。直径二～五ミリの細い孔を、五～一〇ミリほどまっすぐに一面から穿孔し、反対面から軽く敲《たた》いて貫通させている。これは一面から孔をあける場合、最後まで穿孔させるとかならず砕けて折れてしまうので、今日でもやはり貫通する一歩手前でとどめ、反対面から軽く敲いて貫通させるというから、こうした経験をすでに石器時代人も認識していたのである。もちろん両面からの穿孔もみられ、途中で貫孔させているが、途中でのくい違いや、「く」の字型穿孔になった例もみられる。その穿孔法が古墳時代の硬玉勾玉のそれよりもすぐれていることは、金属器の使用なしで、硬度六・五～七度の硬玉に、いかなる材質でつくった管錐を使用してこのように巧妙に穿孔できたものか、まさに神技であり、これらの点は今日から想像することもできない謎である。

また大塊の硬玉の原石（漂石）は、利用されるにさいし、縄紋中期に多い蛇紋岩その他の石で石斧をつくるのと同様の技術、すなわち「擦り切り法」で割られたものであろう。「擦り切り法」に用いた器具は、硬砂岩か玉髄片などの石片を利用したらしい。もちろん、硬玉・アルビタイト・蛇紋岩などの細粒や砕粉を研磨材に使用したであろうが、このひじょうに硬い硬玉の美麗な鮮緑部の美しさを磨きだすことは容易な技術ではなかったであろう。

勾玉ははじめから、このようにことさら細工に困難な硬玉でつくることになっていたとすると、それはなぜだろうか。しかも硬玉はその産出地がかぎられているので、ここにも一つの重要な問題がかくされていた。すなわち、日本の石器時代中期からの硬玉は、いったいどうして石器時代人の手に入ったものであろうかという問題である。

中国のヒスイ

硬玉（翡翠《ひすい》）は地球上で発見されることのきわめてまれな鉱石である。そのために硬玉が飾玉として愛好されている東アジアでは、その原石がどこから、どのようなルートで加工地に運ばれたかは、歴史学上の重要な問題になるのである。

東アジアの硬玉製の飾玉は、日本や南朝鮮の勾玉をはじめとして、おびただしい遺物の発見があり、朝鮮でも硬玉製品は第四世紀から第七世紀頃までの古墳出土品にかぎって見られるが、その分布範囲は旧百済・新羅・任那の南鮮三国の地域に限られていて、楽浪など中国植民地の設置されていた北朝鮮の地域には、その出土例は一例もないといわれている。そしてまた中国東北部、沿海州にも硬玉の出土例は知られていない。

中国は古来「翡翠」製品で世界的に知られている。その量において、また質においても、日本の硬玉製勾玉などよりはるかに有名であるが、これらがいわゆる硬玉（硬度六・五〜七）であるのか、外観や色の似ている軟玉（硬度六〜六・五）であるのか、判断の困難なものもある。現在市販のものの大半は硬玉である。古来それらはけっして当地中国産のものはなく、北ミャンマー（ビルマ）産のものであることが明らかにされている。

中国人の愛好するいわゆる「玉《ぎょく》」には、硬玉と軟玉とがふくまれているが、古代中国の「玉」の製品中には硬玉はなく、そのすべてが軟玉である。そして漢・六朝から唐宋にいたるまでの「玉」といわれている製品もすべて軟玉といって誤りのないくらいである。したがって、漢代およびそれ以前の文献にいう「翡翠」・「瑯玕」が本当の硬玉ではないことは事実であって、この点わが国の石器時代以降の硬玉＝翡翠文化が、中国の文化とまったく関係のないことだけは、はっきりとしているのである。

中国でいう「玉」（jade）は、深緑か鮮緑色の透明ないし半透明の硬玉（jadeite）だけではなく、乳白色か、淡緑色の透明度のにぶい軟玉（nephrite）とをあわせていうのである。硬玉はアルカリ輝石の一種であって、軟玉は角閃石属であるから、鉱物学上は明確に区別されている。

原石輸入ルートの謎

わが国ではそれに対して軟玉が少なく、当初から硬玉が出て、しかも弥生時代に入るときわめて良質の大形の硬玉製勾玉が出現する。硬玉の主産地は東南アジアで、北ミャンマー・雲南・チベットなどがあげられるが、中国ではあまり使用されない硬玉が、かえって日本で盛行したということについては、いちおうの説明を必要とするであろう。そこで早くから、日本の硬玉についいは、東シナ海沿岸を北上し、山東半島の沿岸から黄海を南下し、南朝鮮沿岸をへて、南朝鮮の南端の倭国の橋頭堡であった狗邪韓国に渡来し、それから九州へ輸入され、その原石が日本の各地に交易・伝播し、調製されたものと解されてきたのは当然であろう。

弥生時代に盛行する大形硬玉勾玉の原石が、ミャンマーの硬玉であるとすると、その原石はやはり北ミャンマーのチンドウィン河上流、ウーユー川流域や、トーモウ付近の著名な硬玉鉱脈に富んだ産地から運ばれてきたものというべきであろう。ミャンマーは中国四川省の奥地に接し、古い時代の中国雲南・貴州の一部に加えられていた土地であり、元時代には中国とインドとの交通路にあたっていたから、この時代からぽつぽつとミャンマーの硬玉が中国に入ってきたのではないかと考えられている。

そうした状況を考慮に入れると、中国に入らなかった北ミャンマーの硬玉が、なぜ南朝鮮や日本にのみきわめて古くから多量に輸入されていたのかは、やはり一つの歴史上の謎である。

この謎を解明するものとして大きな意義をもち、脚光を浴びたのが、硬玉が日本で産出するという新事実の発見であった。それは昭和十四年に、東北大学理学部の河野義礼氏によって、新潟県糸魚川《いといがわ》市長者ケ原南方丘陵上の遺跡から硬玉の原石の発見が報告されて、日本でもヒスイが産出されることがはじめて証明されたのであった。このことは当の地質学・鉱物学界よりも、むしろ考古学界を驚かせたのであった。ミャンマーから原石を輸入しなくても、日本で硬玉が産出すれば、日本に硬玉文化が独自に発生し、発展しうると考えることができ、いままでの硬玉ルートに対する疑問が一掃されることになるからであった。そして戦後昭和二十八年になって、この姫川渓谷の日本翡翠文化の調査が行われるにいたったのであった。

たしかに日本で硬玉は産出した。しかし今日までのところ、日本産の硬玉と北ミャンマーの硬玉とを比較してみると、日本産の硬玉は、どうしても北ミャンマーの硬玉よりも質が落ちる。石器時代の硬玉はたしかにその分布からみても日本産の硬玉を利用しているが、弥生時代や古墳時代の勾玉の硬玉は、私にはどうも日本産の硬玉とはおもえず、これらはやはり日本産の硬玉ではなく、北ミャンマー産の硬玉ではないかと考えたいのである。そして、原石の質の上から、石器時代の硬玉製勾玉が、弥生時代をへて、古墳時代勾玉の硬玉製品へと一線的発展をしたとは考えにくい。日本新石器時代の硬玉製大珠は国産の硬玉であるが、弥生時代以後、古墳時代にみられる硬玉製勾玉は、日本産の硬玉によるものではなく、その原石を遠く海外に求めて、交易品として舶載輸入した原石を材料として、加工調製したものであろう。わが国の硬玉の攻玉技術は、石器時代硬玉製大珠、あるいは石器時代勾玉の製作技術の伝統をひくものであったろうが、とにかく弥生文化時代以後の硬玉製勾玉は、舶載原石によるものであったとおもわれる。

日本産の硬玉

弥生時代というと、すでに漢の植民地としての楽浪郡が存在し、日本人はすでに楽浪郡と通商し、中国・朝鮮との間に文化交流がみられた時期であるが、先に述べたように漢代の楽浪郡には硬玉文化はみられない。それなのに、その時代に南方のミャンマー産硬玉が日本に輸入されたとすると、それは楽浪郡との通商を経ずに、別なルートで入ってきたものとしなければならない。この点について、かつて藤田亮策博士は、

中国を経由せずして、ビルマかセレベスの硬玉が日本に達しうる途は海路より外にない。西暦紀

元頃に、日本と南朝鮮とに稲米耕作が伝えられ、日本には弥生文化と共に水田耕作が北九州から南に東にと伝播された。この稲米は半島を経由して中国本土からきたとするには幾多の困難がある。すると南支那またはもっと南方から、船により伝えられたと考えるよりほかにない。もしこの仮説が正しければ、貿易風による南方との交通を、もっと身近かに考えてみることもできるのではあるまいか。硬玉が南方からきたとすることは空想に近いかもしれないが、将来研究の手がかりの一手段として述べておく。

と、その論文「硬玉の勾玉」で論述されている。

私は南方より直接海路伝来したのではなく、やはり前に述べたような、中国南部沿岸を北上し、山東半島から黄海に出て、南朝鮮西海岸をコースティングして日本の北九州に渡来する海路を通って、楽浪郡とは別な航海ルートによって、わが古代航海民《エイシエントマリナーズ》の手で運びこまれたものだと考えるのである。この航海ルートは、苗族や、わが「倭の水人」の古代航海者たちの南北通商の唯一のルートであったと私は考えている。そしてこれは農耕文化のルートでもあり、また硬玉文化のルートでもあった。揚子江以南の文化が南朝鮮や北九州に比較的早くから伝わっていたのは、楽浪郡を通しての対漢官許貿易のルートとはまた別な、この中国南部ルートによったためだとおもう。この硬玉ルートは、後漢代より三国時代をへて、南朝の宋との通交が行われた第五世紀までつづいたが、第六世紀に入って南朝との通交が断絶した頃から硬玉製勾玉は姿を消し、硬玉の代用品として、国産の碧玉製勾玉の製作が圧倒的に盛行するのである。そしてちょうどこの時期が、碧玉の産地出雲の花仙山の玉造に、出雲忌部の玉作部が定住し、攻玉を開始した時期であったことを注目しなければなるまい。

日本産硬玉と石器時代勾玉

従来、長い間わが国では硬玉は産出しないから、日本出土の硬玉勾玉などは、石器時代のものもすべてをふくめて、もっぱら雲南・ミャンマーの硬玉が、いかなる経路を通ってか、わが国にもたらされたものと信じられていた。ところが、昭和十四年に河野義礼氏が「本邦に於ける翡翠の新産出及びその化学的性質」と題する論文を発表され、これによって新潟県糸魚川市長者ケ原小滝の、小滝川上流明星山下の硬玉産出地が考古学者の注目にのぼり、日本産硬玉の問題が新たに提起され、一時に従来の硬玉ミャンマー産輸入説をくつがえす結果になったのである。

現在、日本における硬玉（ひすい）の原石の採取地としては、新潟県糸魚川市の小滝川上流、および同じく新潟県西頸城郡青海町青海川上流の二地点が知られている。そして、これらの硬玉の採取地付近からは、硬玉製の勾玉や、長さ一〇センチもある大きな鰹節形大珠と称される遺物が、数多く発見されている。このような硬玉製品は、だいたい縄紋中期の勝坂式土器文化圏において、勝坂式土器と伴出しているが、縄紋後期初頭の堀之内式土器をともなう遺跡において出土をみるものもある。新潟県小滝川の下流、日本海に注ぐ川口近くに位置する糸魚川市一ノ宮長者ケ原遺跡は、今日知られている特殊な硬玉製品製作場の遺跡と目されているが、小滝川上流に産出する硬玉転礫を採取してきて、ここで加工し、各地に供給したものであろうとおもわれる。

硬玉製の遺物は、中部地方を中心として、関東地方・東北地方、さらに北海道にかけて分布しているが、その中で、硬玉製鰹節形大珠は、今日かなりの数が知られているけれども、それはだいたい前記の新潟県の原産地を中心として、しだいに同心円状に分布状態が稀薄《きはく》化し、かつ遺物も中心を離れるにつれて短小化する傾向がある。これは少ない硬玉の需要に応じるため、中心から遠ざかるにつれ、大珠を分割して供給していった結果ではなかろうかと考えられる。

とにかく、硬玉製大珠の分布圏をみると、新潟・富山・長野・静岡・群馬・栃木・武蔵（埼玉・東京）に濃密に分布しているが、長野県北佐久郡から群馬県碓氷峠をへて、北甘楽郡へぬける山道は、北陸と信州と坂東とをむすぶ交通路線で、勝坂式文化はこの路線に沿って分布しており、硬玉文化の分布路線とも一致している。勝坂式文化にともなう硬玉製大珠の分布は、硬玉およびその穿孔・截断などの攻玉技術が、勾玉製作やその技術に先行して存在したことを実証するものであって、これはきわめて重要な点である。

すなわち、硬玉製大珠が勾玉に先行して存在したことは、勾玉がその発生期において、多くの細工しやすい物質のなかからその原材を選ぶのでなく、もっとも細工のしにくい硬玉をとくに選んでいるということが理論的に決定され、さらにそれが硬玉のもつ色調・光沢に特殊な関係をもつものであることを推測するために、十分な根拠をあたえてくれるであろう。くわえて石器時代後期においては、中期にみられるような硬玉製大珠の出土がほとんどなく、硬玉の量がいちじるしく減少してきたことをおもわせるのに反して、勾玉のみに硬玉製のものがみられ、それが弥生時代にひきつがれていくが、古墳時代に入ると硬玉質のものはみられなくなり、碧玉製の勾玉がそれらの代用品となって現れてくるのである。

このような現象にもとづいて、石器時代後期以降に、硬玉の産出、あるいは原石の採取搬出がなんらかの理由によって中断したため、それまでに得た原石である硬玉製大珠を分割し、小形勾玉に改造したとは考えられないであろうか。このように解するならば、なおさら勾玉と硬玉との関係は密接不可分であり、硬玉が勾玉に先行したことの証左ともなるのである。しかし、これ以上の推測を、物質文化の研究を主目標とする考古学の領域においてのみ要求することは不可能であろう。

石器時代勾玉が、その原形である半月形の硬玉製大珠を分割してつくられた三日月形の玉であるとすれば、前に述べた私の、勾玉が月神のシンボルであり、月光を憧憬すればそれは青色を尊重することになり、硬玉の色調がそれに合致するとみなされ、月神の像を硬玉製勾玉に求めたことはあながち無理ではないことが承認されよう。とくに勾玉の原形である硬玉製大珠が半月形であることも、この考えを肯定するようである。

驚異の金冠塚

日本独自の勾玉

このように勾玉の起源は、すでに日本の新石器時代文化としての、縄紋文化中期にあることはだれも疑わないとおもわれる。ただこの勾玉が縄紋文化人の独想的な発明によるものとする見解に対しては、いささか異論を唱える向きもあろうかとおもわれる。

その一つは、勾玉がそのはじめから硬玉という特殊な宝石を主材料としてつくられたもので、なぜこの硬い、攻玉に困難な宝石を使ったのか、そしてまたこの硬玉が、長者ケ原などにおける日本での産出が報告されるまでは、外国より輸入された原石を加工したものであるから、原産地には勾玉に類似した玉があるのではないかとおもわれることであろう。

その二は、勾玉が常識的に獣牙にその形態的起源を求める説が、なお有力に支持者を得ていることである。

勾玉が縄紋文化人の発想による日本独特の垂玉であることは、その類例が外国においてきわめて少ないことによってほぼ間違いないと私は考える。エジプトの小形勾玉の事例を除くと、日本以外で勾玉と同形の垂玉が出土しているのは、南朝鮮だけである。そこで朝鮮の勾玉について一言しよう。

金冠塚の発掘

序文に述べたようにそれは昭和十四年八月のことであった。私は父にともなわれて、大陸に渡る機会に恵まれた。朝鮮から満州をへて、遼東半島などの古代遺跡を一カ月にわたって巡訪することができた。その時まず、新羅の古都慶州を訪れた。慶州邑に着いて、町の南西にある鳳凰台・西鳳凰台・金冠塚・瑞鳳塚・金鈴塚・飾履塚などの古墳群を一巡して、さらに南に向かい、皇南里の雙墓・剣塚などの大きな皇南里《こうなんり》古墳群を見てまわった。翌日は当時の朝鮮総督府博物館慶州分室を訪れ、それら古墳群出土遺物の実際を二日がかりでくわしく見学した。このこじんまりとした博物館で、一きわ目立って私の眼をみひらかせ驚嘆させたものは、金冠塚出土の黄金の宝冠であった。

大正十年九月二十四日、慶州邑の南西、侍天堂の東に半壊の墳丘が二、三残っていたが、飯食店の朴氏の裏庭の墳丘を家屋建築のために掘ったところ、金銅製の器物とガラス玉が出てきた。これがこの驚天動地の大発見の端緒であったのだ。この古墳の発掘品中もっとも顕著な遺物としての黄金の宝冠によって、この古墳は以後「金冠塚」と名づけられるようになったのである。この塚は新羅の古い墳墓の形式である積石塚で、中核の石塊を積んだ上に約七〇センチないし一メートルの厚さの粘土を積み、その外側をさらに三メートルほどの厚さの砂土で円形におおっている。

この積石層の基底面に木槨《もっかく》があり、槨の平面は長方形で長さ五メートル、幅一メートルあり、この槨の西半部に長さ二メートル半、幅一メートルの全体に黒漆を塗った木棺が、一端を槨の西壁に接するようにして、ほぼ中央に置かれていたという。この木棺をあけると、内部には東端に近く、かの黄金の宝冠があり、ほぼ中央にこれも黄金製の銙帯《かたい》（帯の金具）が南北につらなり、その西側に各種の腰佩十数条が並べてあった。また帯の両端近くに釧《くしろ》や指輪があったし、棺の西側にも釧と耳飾があった。金銅製の飾履もその辺にあったといわれ、銙帯と冠の間には、一個の硬玉製大勾玉を中心に、各種の玉をもって連ねた頸飾が、その面影をとどめていたという。

棺外の槨の東半部は副葬品をおさめたところであったらしく、最初に遺物が発見された場所であった。四個の大鉄釜、青銅の四耳壺、高坏、金銅の錐斗、鐶頭《かんとう》太刀、金銅・金・銀の容器、漆器、玻璃《はり》（水晶）器、多数の勾玉・小玉、金銅の冠、銙帯などの装身具が残っており、さらに馬鞍、杏葉《ぎょうよう》、雲珠などの馬具類が出土した。

このようなおびただしい、しかも優品ぞろいの出土遺物が、せまい博物館の慶州分室いっぱいにところせましと陳列され、内容の充実した展示でおもわずうならせられた。「海のかなたにある、美女《おとめ》のまよひきのごと、まなこのかがやく、金銀彩色さわなる、栲衾新羅《たくぶすましらぎ》の国」は、まさしくいまや文字の上でのあやではなく、珍宝にみちた現実の黄金の国として私の眼の前に展開したのであった。

他の遺物の一つ一つについて、今はくわしくここに述べる余裕がないので、黄金の宝冠についてのみ述べていこう。それは勾玉と深い関係があるからだ。

黄金の宝冠

この黄金の宝冠は、帯状の薄い黄金板を切って作られたもので、台輪の上に五本の立華状の装飾板がついている。前面に三本、背面に二本対状につけられている。前面のは対生状の小枝をだし、背面のは波状に屈曲して、小枝が互生状にでているが、これらの小枝の先端はみな宝珠状になっている。そして立華と台輪の全体に、丸い小瓔珞《しょうようらく》片と硬玉製小勾玉が金の針金でつり下げられているのは、まことに驚異であった。瓔珞片は全部で一三〇個、翡翠の勾玉が五七個。台輪の縁辺には錐頭をもって波状紋を刻み、立華の周縁にも点線を配して装飾としている。

以上は黄金の宝冠の外冠で、さらに冠の中央には鳥の翼の飾りをつけた内冠があり、その鳥翼飾の基底は鱗《うろこ》状の打ち出しと、二種の格子状透彫りをもつ黄金薄板七枚をおりたたんで、三角形の幘《さく》ともよばれる部分をつくり、その頂上から先に伸びた長い鳥翼状の飾りが、後方に高くそびえ立っている。これは三片の透彫りの黄金の薄い板を釘で結合したもので、六朝様式の唐草の透彫りで、全面にわたって二〇〇ほどの円形小瓔珞をつけている。この内冠と外冠とを同時につけることによって、渾然《こんぜん》とした一箇の宝冠は完璧をなすのである。

またこの宝冠の台輪の左右両側から、葉片を並べた傘飾のある長い兵庫鎖の末端に、金をかぶせた頭をもつ硬玉の勾玉一個をつけた垂下飾が各一連垂れていたのである。

　この黄金の宝冠は、まさに金冠塚の遺宝中の至宝であって、この宝冠を眺めたとき、だれしもがその巧緻なる製作、その壮麗なる意匠にまず眼をうばわれ、心をうばわれ、驚嘆せずにはおかないであろう。現に私もそうであった。しかしよく観察すると、この宝冠を作製した手工業的技術は、きわめて単純素朴なものであることがわかり、かえって不思議を感ずるほどである。外冠はただ薄い黄金製の板金を鋏《はさみ》と錐《きり》とで細工し、それを針金で結びつける程度の技術で、短日時で仕上げることができるものである。

　このような単純な技法で、しかも最高の美的効果を発揮していることはまことに驚異である。それは全体の意匠がきわめて簡素であること、黄金を使用していること、そしてその黄金の配色に翡翠の勾玉の深緑色を使用した配色の妙によるものであろう。

　まさしくこの黄金の宝冠に最大の美的効果を賦与したものは、全面にとりつけられた一三〇個の小さな瓔珞片と、その冠上の金色と心憎いまでにマッチしたコントラストをあたえる翡翠の勾玉とである。小さな黄金の瓔珞片は、静止して動かない金冠にただ一つ、微妙なる動揺にも敏感に左右にひらひらゆらぎ出して、停止することを知らずに動的な美をあたえる生命の源泉となっている。ひらひらとゆらぐ小瓔珞は、あるいは閃き、あるいは曇り、その黄金の光は、妙なる幻覚の世界にひきずりこむであろう。そしてやわらかな勾玉の深緑の光沢は、黄金の金属性光輝とコントラストしつつ、底知れない沈静と変化とをあたえる。かすかにふるえる小瓔珞の妙なる金属性の音響と、それと合奏するようなたまゆらの妙音が、どこからとなくひびいてくるような幻想をよびおこさせずにはおかないのである。

この黄金の宝冠を頭にいただき、莫大な黄金の装身具を身につけて慶州の月城の王座にたった、栲衾《たくぶすま》新羅国の国王《こにきし》の得意満面の姿を、この博物館の陳列棚の前にたたずんで、ふと想像してみたことであった。

ひろがる勾玉の分布圏

以前日本固有のものと考えられていた勾玉は、こうして新羅慶州から多量に発見されたことによって、その分布圏は南鮮にまで拡大されてきた。金冠塚では、一つの古墳から硬玉の勾玉が一〇〇顆近くも出土し、しかも大形の勾玉が多かったことはただならぬことであった。

黄金の宝冠につけられた五七顆の硬玉製小勾玉はその着装・用途が明らかであるが、そのほかの玉類については着装・用途がはっきりとしていない。いま宝冠着装の硬玉製勾玉五七顆以外の、宝冠近くで発見された玉類出土数をみると、

管玉（瑪瑙等）	八顆	丸玉（金銅・玻璃等）	約一二〇〇〇顆
切子玉（瑪瑙）	五顆	小玉（玻璃）	約一八〇〇〇顆
棗玉（琥珀）	二顆	真珠玉	四五〇顆
臼玉（瑪瑙）	二顆	玻璃小勾玉（玻璃）	七五顆

である。

またその他に、銙帯の中央近くで発見された大形勾玉は、それを中心において、切子玉六顆、管玉六顆、丸玉九顆、臼玉二顆、煉玉五顆などが、両側の耳飾の下方に連なる状態で出土したの

で、大勾玉を中心に、各種の色調の異なった玉を連ねて一連の美しい「ミスマルノタマ」をなし、胸飾（ペクトラル）として着装していたものであろうとおもわれる。

また黄金の宝冠と耳飾の下辺から発見された玻璃玉は総数五五顆あり、これは一連の瑠璃色の玻璃玉製頸飾（ネックレス）として使用されていたものであろう。

棺の西側の人体の下肢付近からは、銀釧と接して、金をかぶせた小勾玉一顆と、玻璃玉の連鎖したものがでたが、これは脚飾りである。

勾玉以外の石製玉類がその数においてあまり多くの出土をみないのが、新羅古墳出土の玉類の一つの特徴である。すなわち、めのう製管玉四顆、碧玉製管玉一顆、めのう製切子玉六顆、めのう製丸玉九顆、めのう製臼玉二顆、琥珀製棗玉二顆と計二四顆をかぞえるにすぎない。ところが、玻璃玉になると金冠塚だけでも一万八千顆もの数をなしているのは注目すべき点である。このような点で、新羅の古墳と、碧玉製管玉の出土が多い日本の古墳とを比較すると、玉の出土の点においてその本質的な性格の違いをみることができるのである。

黄金の宝冠につけられている硬玉製勾玉五七顆は、その質からいうと、「翡翠の皮」といわれる部分、つまり風化した白色、あるいは褐色を帯びた部分でつくられた小形のものであることが特徴である。その大小は不同で、長大なものは三・五センチないし二・五センチ、小さいものは一センチ程度のものである。またその形状も、わが国の石器時代勾玉のように歪形のものもあるかとおもうと、若干の丁字頭のものもあって、古拙《こせつ》なものから優美なものまでいろいろである。宝冠と関係なく別々に出土した勾玉はだいたい大形で、その数も六九顆をかぞえている。そのうち、あかめのう・碧玉・水晶・玻璃各一顆のほかはすべて硬玉である。

そしてこの硬玉もまた深緑色滴るような半透明の優品は少なく、大部分が白色味の多い石に青色斑のあるもので、これが新羅勾玉の材質の特徴とみられる。丁字頭の勾玉は総数の半数に達するが、いったいに肥《ふと》い胴体をなしているものが多く、素頭の勾玉よりも優美な形をととのえたものも少なくない。胸飾りの中心をなす勾玉は、長さ七センチにおよぶ新羅慶州勾玉のうち最大のものであるが、石質もすぐれ、色調もよく、脚部は直角的にまがり、特色的である。また新羅勾玉で、紺青色や瑠璃色の玻璃小勾玉が七五顆(内、四〇顆完形品)あるが、これらは、黄金の宝冠とは別に存在した金銅製の立華形冠の飾装につけられたものかとおもわれる。

新羅以外の南朝鮮の地域でも勾玉が多く発見されることが、その後の調査で明らかにされてきた。加羅や百済の古墳から多量に硬玉製勾玉が出土している。梁山夫婦塚(慶尚南道梁山)で発見されたネックレスには、銀の鎖と銀線とで丸玉を連ね、その末端に紅めのうの美しい勾玉がつけられて、原形のままで頸飾着装方法を確実に示し、また「ミスマルノタマ」における勾玉の使用法を明示している。このように、南朝鮮でも頸飾の末端に一顆の勾玉を垂らして装飾することが実証されたのである。

南朝鮮では勾玉が広範囲にわたって分布しているが、北朝鮮ではどうであろうか。高句麗の古墳からはまだ一例も勾玉が出土していないので、高句麗には勾玉が入っていなかったとおもわれる。しかし北朝鮮では、東海岸の北東端である雄基貝塚(咸鏡北道雄基松坪洞)において、石器時代の仰臥伸展葬屍体の胸部に典型的な勾玉がおかれていた例が二例あった。伴出の丸玉とともに青緑色の天河石（月長石）であり、硬玉ではなかったが、石器時代のネックレスに勾玉が使用されていたことを証明するものである。この勾玉が目下のところ朝鮮最古の、最北の出土例であろう。このわずかな例をのぞけば、北朝鮮の地域では勾玉は出土していない。

朝鮮の勾玉　百済・加羅・新羅の南朝鮮三国の地域から出土する多量の硬玉製勾玉について、日本固有の垂玉としての勾玉という観念から、それをどう解釈すればよいか。これら朝鮮勾玉は、これをはたして日本から輸出したものと解すべきか、それとも朝鮮から日本へ輸入したものとすべきか。あるいはまた勾玉の共同の故郷から朝鮮と日本とへ伝来したものなのか。そのいずれと解したらよいのかがまず問題になろう。

かつて浜田耕作博士は、この朝鮮勾玉について、

朝鮮勾玉と日本内地のそれとの間にまったく相違点のないものもあるが、一種朝鮮勾玉通有の性質なるものもその間に認められることは注意すべきことである。そして日本の勾玉においては、ごく古拙の形式から、完美純正の形式を経て、堕落の形式にいたるやや長い歴史があとづけられ、その末期は奈良朝頃までくだるのであるが、朝鮮のものは主として完美時代のものにかぎられているようにおもわれる（ただし黄金宝冠付飾のものには古拙の形式のものもある）。その上朝鮮での発見例は（雄基例を除外視すれば）南鮮にかぎられて、京畿道以北からは絶えて出土したことを聞かない。それで今日においては、朝鮮から日本へきたとすることはむずかしく、日本から朝鮮へいって、そこで特殊の発達をとげたと解する方がより合理的である。

しかし硬玉は日鮮両地に産出されないで（著者註。当時なお姫川流域の硬玉は発見されていな

かった)、南支那あるいは東南アジアだけに産出する石とすれば、あるいは製品としてある未知の土地から両国へ輸入されたと考えられないこともない。またこの際、琉球に朝鮮的な古勾玉の存在することも考えに入れなくてはならない。いずれにせよ、これらの問題は今ただちに解決することの困難な問題であると云うほかはなく、ただ勾玉を愛用した新羅人が、日本古代の文化と同性質のものをもち、よく似た感情をこの玉にたいしてもっていたらしいということだけはいえるであろう。ただしその間にあっても、管玉のすくないという事実などは、玉の使用上における両者のいちじるしい相違である。

と論断されている。

また南朝鮮の玻璃玉について、浜田博士は、

金属精錬の術が新羅で行なわれていたとすれば、その自然の結果として、かかる有色玻璃の産出は容易であり、かならずしもこれをもって外国品とする必要はない。この場合同じ玻璃で作った勾玉のあることがそれとおもいあわされることを指摘しておこう。

と付言されている。

朝鮮半島には硬玉・軟玉ともに産地はない。そこで朝鮮の硬玉製勾玉の原石がどこから伝来したものかの問題は、日本の場合とともに重要であり、またその解決は日本の硬玉問題を解くかぎにもなろう。南朝鮮においても硬玉は勾玉以外に使用されていないから、日本の硬玉製勾玉と不可離の関係において考えなければならない。

日本の硬玉製勾玉の穿孔術は、前にも述べたように、両面穿孔法で中間で貫通させる方法のほ

かに、大部分のものが、管錐状のもので片面より廻転させながら穿孔したものであるが、この方法は、朝鮮や中国東北部の碧玉製管玉の穿孔法と一致している。そして南朝鮮の硬玉製勾玉の穿孔法も、両面穿孔法によるものもあるが、片面穿孔で丸井戸状にみごとに孔をあけたものが多いので、技術的には、わが国の勾玉と朝鮮勾玉とは同じ系統のものとみてよいとおもう。そして南朝鮮ではまだ攻玉址が発見されず、わが国のように各地に玉作遺跡は発見されていないので、いちおうこれらのいちじるしい佩玉文化は、わが国のそれが南朝鮮に伝播したものとみるべきであろうとおもわれる。

それは勾玉の着装についても、いわゆる「ヤサカニノマガタマ」を、「ミスマルノタマ」として着装して用いる方式がやや異なり、南朝鮮のそれは、すでに呪教的意義を脱して、アクセサリーとしての装飾的効果をねらったものとみることができるので、私は南朝鮮の勾玉は、日本から輸出されたものであろうとおもう。この想像をある程度まで証拠づけてくれるものは、「魏志倭人伝」の記載である。そしてそれと関連して日本の弥生時代の硬玉製勾玉の問題を明らかにすることから、南朝鮮の独特の硬玉製勾玉についての解釈ができるとおもう。

交易と勾玉

弥生時代の勾玉と交易品

日本の硬玉製垂玉は、すでに縄紋時代中期から出現し、半月形の「大珠」として、長楕円形のものの中央部に横孔をあけた「鰹節型」と、縦に孔をあけた「緒締《おじめ》型」とに分けられていて、岐阜・富山県以北、北海道におよぶ北日本の地域に主として分布し、越中氷見の長さ一五・八センチのものを最大とし、小さいものでも四・〇センチはある。この縄紋時代中期に突然おこる硬玉の垂玉、あるいはその穿孔法の優秀性が、前期文化の漸進的発展を考える説を拒否し、異質文化の伝播とする考えを起こさせている。とくにこの定形化した半月形大珠は、前期には勾玉とともに日本周辺では類似品が出土していない。そしてこの硬玉製大珠は、中期・後期・末期としだいにその数を増加し盛行する。

その縄紋文化を受けついだ弥生時代になると、硬玉製勾玉は出土するが、形が小形のもののみとなり、その数も減少するとみられていたけれど、しだいに発見例も増加してきて、岐阜県以西、北九州まで硬玉製勾玉の分布が確認されるようになった。

縄紋時代の硬玉製大珠や硬玉製勾玉の分布が、硬玉産地である姫川流域を中心として、北日本・日本海沿岸地域に分布圏を展開させていたのは当然のことである。ところが弥生時代になると、縄紋時代には硬玉製大珠や勾玉の分布圏外におかれていた西日本にも分布圏が拡大され、北九州では早くから遠賀《おんが》川《がわ》流域の川床遺跡や高三潴《たかみずま》遺跡で、形の美しい大形土製勾玉を出土していて、弥生時代に勾玉が北九州にも入っていたことを示している。そしてしだいに北九州の弥生遺跡から形の整正された勾玉が出土し、硬玉製勾玉がこの地域でもさかんになったことが想像されるようになってきた。そしてとくに佐賀県唐津市柏崎遺跡出土の硬玉製勾玉は、きわめて良質の硬玉で整正された形の優品であった。

このように、北九州で硬玉製勾玉がさかんであったことが明らかになり、また日本海沿岸地域を通して、北九州に姫川あたりの日本産翡翠の原石が移入されたとしてもおかしくはないが、また日本産ではなく、雲南・ミャンマーなど外国産の硬玉が輸入され、北九州あたりで加工されたとも考えられる。そうした新しい翡翠の輸入は、やはり古代航海者の通商によってもたらされたものであり、それらの交易については、文献学上ある程度まで証拠立てることができるのである。

弥生文化の発達にともなって、金属器文化―鉄器と青銅器―や、水稲耕作の技術が伝播したことは、大陸の新しい文化・技術の受容によるものであるというのが学界の常識である。そうした文化受容の一つとして、陽子江以南の硬玉が輸入されたと考えてもよいであろう。

「魏志倭人伝」の勾玉

いま「魏志倭人伝」を読んでみると、北九州の倭人と帯方郡との間では正式の交渉がもたれ、両者の間に公の交易が行われたことがわかる。このような関係は、すでに早く前漢代から開始されていたので、考古学的にいえば弥生時代にあたるが、北九州の倭人の古代航海者が、楽浪郡や帯方郡と通交をつづけていたことが明らかである。そのような交渉の記録のなかで、第三世紀中葉、すなわち弥生時代後期のことであるが、倭の女王が中国へ、硬玉の勾玉を朝貢品の中に加えて献上したとおもわれる記述がみられるのである。それは、かの女王卑弥呼の宗女壹與《いよ》が女王の位をついだときの、最初の朝貢について記した文中に書かれている。邪馬壹国の女王壹與が魏へ朝貢したのは正始九年（西暦二四八年）、弥生文化後期の中ごろのことである。「魏志倭人伝」には、

倭国の女王壹與、大夫《たいふ》率善《そつぜん》中郎将、掖邪狗等二十人を遣わして、政等の還るを送らしめた。よって臺に至り、男女の生口三十人を献上し、白珠《はくじゅ》五千孔と、青大勾珠《せいだいのくじゅ》二枚、異文雑錦二十四を貢す。

とあり、白珠（真珠）と青大勾珠（硬玉製勾玉）とを朝貢品として献上したことがわかるが、後者の「青大勾珠」、すなわち「青色の大珠のまがれる玉」という表現は、「八尺瓊勾玉」と完全に一致するのである。橋本増吉博士が、かつてこれを出雲石製勾玉であろうと推定されたのは、まことに一理あるところであったが、第三世紀当時はまだ長大な碧玉製の勾玉は現れていず、硬玉製品が圧倒的であったし、前記慶州等の南朝鮮古墳出土の勾玉をみても、時代的にはくだるが、碧玉製はほとんどなく、硬玉質のものが大部分であるので、海外へ貢納品として持っていったものは、やはり硬玉質の勾玉ではなかったであろうか。とすれば、「魏志倭人伝」の記事にみえる「青大勾珠」が、その数もわずか二顆であることも考えれば、硬玉質の勾玉であったとすべきであろう。

もしこれが、橋本博士のいわれるように、国産の碧玉製勾玉であったならば、わずか二顆の貢納にとどまらず、数十顆を贈与しえたであろう。しかるにこの勾玉は、とくに「青大勾珠」とあり、その数わずか二顆を大切に使者にもたせ、はるばる魏へ貢納させたところに、硬玉の原石を中国南部方面から山東半島をへて、帯方郡を介して、あるいは直接に輸入し、それをわが国で勾玉に加工して製作した、特殊な貴重な製品であったことに思いいたるのである。

そしてまた、この硬玉が国産の硬玉でなかったことは、女王国の女王壹與が、北九州の国家連合体の支配者であったこと。その北九州までは、交易伝播経路としては考えられるが、わが国産原石の硬玉文化圏には入っていなかったこと。しかも国産硬玉は、縄紋中期にさかんに硬玉製大珠として使用されたものの、後期にはその原石の採取がいちじるしく減少し、大珠を分割して保有したにすぎなかったという説もあり、またその頃の硬玉は国産のそれと質が異なり、おそらく第三世紀頃の西日本の硬玉は国産品ではなかったとおもわれること。それにわが国産硬玉は、原石を採掘して得たものではなく、もっぱら川原で拾集した漂石を主として加工したものであるから、その供給にはおのずと限度があり、永続きしなかったとおもわれること。

以上のような理由によって、そう考えられる。

私は、ここで壹與の「青大勾珠」二顆を、碧玉ではなく硬玉であると断定したが、それはいささか武断にすぎるかもしれない。というのは、女王国は主として魏と通交をしていたのであるが、中国では明朝以降にならないと硬玉を使用した形跡が認められず、それ以前には、もっぱら軟玉を愛好していたようである。にもかかわらず魏では使用していなかった硬玉が、帯方郡を通じて交易品として、どうしてわが国にもたらされたのか、その点が疑問だという説もある。今日、わが国で発見される弥生時代の勾玉が、古墳時代のそれと区別しがたいほどのすぐれた硬玉製品であるということから、壹與の勾玉も硬玉であろうというだけの推測にすぎないのである。

もしかすると、当時わが国にもたらされた原石は、あるいは硬玉ばかりでなく、軟玉もふくまれていたかもしれない。なぜなら、硬玉といい軟玉といっても、これらはまったくの異質の種類であるが、外観・光沢・色調などから区別することはむずかしく、比重および硬度等を化学的に測定してはじめて識別できるというほど、見分けることがむずかしいからである。

古代の玉類にしても、肉眼での識別はほとんど困難なので、硬玉と軟玉とをあわせて、たんに玉《ぎょく》(jade)といっており、この場合も硬玉といわずに、ただ碧玉岩製の勾玉でないことを強調し、「玉」とのみいったほうがより妥当であるかもしれない。しかし南朝鮮の勾玉例などをみて、やはり軟玉より硬玉であるということからすれば、魏へ貢納品としておくられた「青大勾珠」は硬玉製勾玉であったといってもさしつかえないであろう。また軟玉を使用していた中国の魏に対する朝貢品であるから、かえって硬玉を珍品として貢納したとも考えられる。

勾玉の歴史的変遷

弥生時代の勾玉は硬玉であったが、翡翠原産地の姫川渓谷を中心とする、北陸・信州を包含する翡翠文化圏から西日本に向かって、日本海を北九州にいたる硬玉ルートが通じ、その線にそって硬玉製勾玉が製作されたとおもわれる。またいっぽう北九州では、日本産翡翠のほかに、ミャンマー・雲南産の翡翠が、中国南部から東シナ海を北上して、山東半島から黄海に出て朝鮮西岸に達し、わが国の北九州辺の、いわゆる「倭の水人」とよばれる古代航海者によって北九州にもたらされ、そこで加工されたこともあり、そうした優品が外国への朝貢の場合に見返り物資として、これまたやはり、わが国の特産である真珠の玉とともにおくられたことがあったことを想像したのである。

このような弥生時代の硬玉製勾玉は、次の古墳時代——第四世紀から第六世紀にいたる間にも受けつがれている。日本および南朝鮮では、第五、六世紀を中心とする古墳から、硬玉製勾玉がおびただしく発見され、頸飾・胸飾・宝冠・耳飾・手玉・脚玉・腰飾にまで勾玉が佩用されていたことがわかり、もはや古墳時代になると、勾玉はたんに呪教的な意義において、祭祀用・儀礼用として用いられたばかりでなく、服飾のアクセサリーとして佩用されていたとも考えられるほどに、普遍的に使用されている。

古墳時代の勾玉は、わが国では硬玉のほかに、碧玉・水晶・めのう・硝子・滑石・蛇紋岩・金銀製のものが多いことを特色とするが、依然として硬玉製勾玉が、その色調と、冷たい硬さと、光沢とによって、勾玉中の勾玉たる地位を失わない。

これら古墳時代の硬玉製勾玉は、半球状のものを内側より丸く刳《く》り欠《か》いて、頭尾を丸くした形が、標準型の勾玉となっている。普通に頭が尾より大きく、頭の中央に一個の紐孔をあけ、紐で連ねるようにし、まれに縦と横との両孔をもつものがある。頭部に三条ないし五条の条溝をつけた、いわゆる丁字頭のものもあって、石器時代勾玉に似たものもある。粗製の古墳時代勾玉には石器時代勾玉に類似したものが多く、「コ」の字型のものも多い。このことは、古墳時代の勾玉も石器時代勾玉から系統をひくもので、勾玉の歴史がきわめて古いものであることを示している。古墳副葬品としての石製模造品のなかには、扁平で「コ」の字型をした滑石製勾玉がきわめて多数出土している。

石器時代硬玉製勾玉が、日本海沿岸地域から東日本に分布し、姫川や青海川などの日本産硬玉を原石として使用したことは明らかで、弥生時代になると、硬玉製勾玉はその数が減り、長楕円玉は姿を消してしまう。このようにしだいに硬玉製勾玉が少なくなる傾向は否定できないが、逆に硬玉の原石の産地を知られていない北九州には、かえってこの時代になって立派な硬玉製勾玉が出土し、その硬玉は石器時代硬玉の交易による原石を加工したものとは考えにくい。この様相は古墳時代にも継承されて、しだいにその数が減り、碧玉製勾玉に変わっていく。

そして古墳出土の硬玉製勾玉は、日向・肥後から、北は陸前・羽後におよび、ほぼ全国的に出土がみられるが、畿内と山陽に量的に多く出土している。石器時代の硬玉製勾玉と、古墳時代の硬玉製勾玉とを比較していえることは、前者は東日本に分布するが後者は全国的であること、前者は良質の玉材のものが少ないのに対し、後者は良質の半透明の、鮮緑または碧緑色のあざやかな半透光の美しいものが多いことで、弥生時代以後の硬玉製勾玉を、どうしても姫川や青海川の硬玉塊または漂石を原材としたものとおもえない点である。

勾玉製作址

既述のように、古墳時代までそうとう数の硬玉製勾玉がつくられ、また南朝鮮の古墳にみられるような多数の硬玉製勾玉がわが国から輸出されているが、それらの原石は、もちろん日本産の翡翠もあったが、なかにはミャンマー方面よりの輸入品の原石によるものもあった。そして以前にはこれらの硬玉製勾玉がどこでつくられたのか、その製作址がはっきりとしていなかった。

ところが昭和四十二年に、大場磐雄博士を団長として寺村光晴教授らによって発掘調査された、富山県下新川郡朝日町宮崎にある浜山玉作遺跡の調査によって、ここが古墳時代の勾玉製作址であることが推定されるにいたった。そしてそこでは姫川・青海川の翡翠を原石として加工していたことが明らかにされている。

佐渡の新穂村・真野町の弥生時代の玉作遺跡では、姫川流域の硬玉を原石として勾玉を製造したあとがみられたが、大量生産した証左は得られなかった。このように北陸地方にはながく硬玉製勾玉の製作地がひきつづいて存在していたことがわかるが、おそらくこのような地域で、日本海を通して西日本との交易が行われ、硬玉製勾玉の加工や、ミャンマー産などの外国産の硬玉原石の交易も行われていたのではなかったかとおもわれる。日本産の翡翠の産地近くの硬玉製勾玉の玉作遺跡で、その伝統的な技術をもって外国産の良質の硬玉を加工し、製品をまた北九州方面に移出したことは十分に考えられる。同じ硬玉ルートでありながら、加賀の片山津遺跡や出雲の玉作遺跡では、碧玉やめのうの攻玉は行ったが、硬玉の攻玉はいっさい行った形跡がないのは、やはりそこに技術の秘伝といったような関係もあって、原石の産地とその付近の玉作部の攻玉技術とは、原石の種類によって支配される関係があったものらしい。

わが翡翠工芸は、やはり日本翡翠の原産地付近にその製作址が集中し、それらの工房で伝統的な攻玉技術によって製作されていたらしい。

碧玉製勾玉の登場

そのような古墳時代の硬玉製勾玉も、後期以降になると急激にその量が減ってくる。それに比例してめのうや碧玉製勾玉が激増してくるが、とりわけ碧玉製勾玉が最高の出土量を示している。それは、碧玉の色調が硬玉の色調の代用に役立つからであろう。このことは、勾玉が元来硬玉で、その色調は鮮緑または深緑色であることを条件としていたので、弥生時代後期から古墳時代に入る頃（古墳時代前期）までの間にしだいに硬玉の産出が減少し、あるいは輸入翡翠がとだえたために、古墳時代に入るまでに硬玉製勾玉が減少した。そこで新たに碧玉で勾玉を製作し、それに代用させようとしたらしい。

ゆえに碧玉の産地である出雲の花仙山山麓に、既述のように碧玉製勾玉を製作する特殊職業部としての、出雲の忌部の玉作部が成立したわけである。

輸入硬玉は、弥生時代前期や中期には認められるが、弥生時代後期から古墳時代前期には減少する。この現象は、弥生時代には北九州の女王国や、南九州の狗奴国等三十国が魏に朝貢していたので、この時代には中国南部方面から古代航海者によって硬玉が舶載されていた。しかしこの魏との交易も、西暦二六六年以後はとだえてしまい、西暦五一三年倭王讃が晋に朝貢するまでの一四七年間はまったく中国との公的交易が行われなかった。そこでこの間には硬玉の舶載も中絶してしまった。これが硬玉製勾玉が減少してきた一つの理由であるとおもう。

古墳時代中期はふたたび中国南朝との交易がつづいた時期であるから、中国南部から硬玉の原石が舶載されたとも考えられる。けれども、前代より硬玉製勾玉が増加したとしても、それはまた古墳時代後期——第六世紀後半から第七世紀になると、日本も南朝鮮も硬玉製玉類の使用はとだえてしまう。これはやはり、第五世紀末でわが国と南朝との交通がまた中断してしまうことに関係がありそうにおもえる。そうすれば古墳時代中期にふたたび硬玉製勾玉が復活するのは、このような渉外事情とも関係があり、そうした舶載硬玉の不足を国産の翡翠でおぎない、もっぱら北陸地方の硬玉製勾玉製作工人たちによって製造されていたもので、それが新羅など南朝鮮諸国に輸出されていたのであろうとおもう。

いっぽう国内では、硬玉製勾玉の減少によって、国内の需要にはもっぱら長大な碧玉製勾玉を使用するようになり、とくに碧石製勾玉を専業とした出雲の玉作部は、その製作と供給とに専従していたのである。

第七世紀以降になると一般垂玉としての勾玉の使用は急激に減り、硬玉とその運命をともにするが、勾玉は奈良時代に入ってまったく姿を消してしまうわけではない。しかし、東大寺の法華堂の本尊仏の宝冠の飾玉や、正倉院御物中の金銅幡の飾玉には、古墳時代の勾玉が転用されているものが多いといわれ、かならずしも奈良時代に製作された勾玉とはかぎらないようである。

一般的な飾玉としての勾玉はしだいに姿を消すが、わが国では永い間、神社などで祭器・呪具として尊重され、需用があったようである。勾玉は、このような宗教的な器物としての生命をもって長い期間にわたり伝承され、また硬玉ではなく、碧玉を利用して玉作部の製作がつづけられていたのである。またわが国と関係が深い琉球でも、巫《みこ》の持物として勾玉が尊重され、大型の碧玉製勾玉が、おそらく出雲玉作部の製作品を移入して、「のろ」の勾玉として伝世使用されていたものであろう。

以上のように、まことに勾玉の歴史的変遷はそうとうに永く、またその起源もきわめて古い、わが民族固有の文化遺産なのである。

おわりに、祭器として、後世までその存在の伝統をつないできた勾玉が、遺物として、考古学的に発見される事例のなかで、とくに日本全土にみられる祭祀関係遺跡から、祭器としての玉類がどのように多くの遺跡から発見されているのかを表記して、勾玉が最後まで祭祀の用具として尊重されていた実態を示しておこう。

祭祀遺跡は全国で三一八遺跡がかぞえられるが、そのうち、七割四分におよぶ二三五遺跡から出土遺物として玉類が発掘されている。またその玉類を出土した遺跡のなかで勾玉を出した遺跡数は、その六割四分弱をしめる一五〇遺跡から出土をみているのである。

祭祀遺跡の分布と玉類出土表

（注 地名の上の●印は勾玉出土遺跡を示す）

県名	数	遺跡所在地名	出土玉類
青森	1	●上北郡野辺地町有戸（ひばり牧場）	勾玉1
岩手	1	九戸郡種市町八木ソデ山	
宮城	14	伊具郡丸森町小斎前並	
		●伊具郡丸森町小斎根切	
		伊具郡丸森町小斎矢野目および北矢野目	勾玉3 臼玉1
		角田市大坊	勾玉状品（土製）2
		角田市田町裏	小玉
		●角田市枝野今泉	勾玉
		白石市北無双作	
		刈田郡蔵王町円田塩沢北	臼玉
		名取市増田十三塚	
		仙台市芦ノ口	
		●仙台市南小泉	勾玉 臼玉 丸玉（土製） 勾玉（土製）
		玉造郡岩出山町神道塚原	
		古川市留沼	
		栗原郡高清水町大寺	
山形	3	山形市富町字島	
		尾花沢市上柳渡戸八幡山	
		最上郡真室川町釜淵	
		●いわき市勿来町後田 磐城農業高校校庭	勾玉1 臼玉1
		●いわき市中塩一水口	勾玉3 臼玉1

福島	24	●いわき市平下山口無地小内	臼玉3　勾玉
		いわき市四倉町表玉山	
		双葉郡双葉町郡山	
		双葉郡浪江町高瀬堀の内（東）	
		双葉郡浪江町大平山	
		双葉郡浪江町高塚	
		双葉郡浪江町藤橋	
		双葉郡浪江町幾世橋百間沢	臼玉50　棗玉　玉類
		相馬市柏崎町	
		●相馬郡小高町塚原	扁平勾玉1
		●西白河郡表郷村三森	勾玉5　臼玉約4500　ガラス小玉2
		●西白河郡表郷村高木	勾玉24　臼玉278
		●西白河郡表郷村金山梁森	勾玉1　臼玉2
		●西白河郡東村下野出島横山	子持勾玉1
		西白河郡泉崎村原山	
		●石川郡玉川村中	勾玉1　臼玉　平玉（土製）
		●郡山市守山正直	勾玉7　臼玉140　管玉1
		●郡山市金畑	丸玉6　勾玉2　管玉2（以上土製）
		岩瀬郡長沼町桙衝亀居山	
		安達郡大玉村玉井江田	
		●伊達郡保原町上保原高子岩谷	丸玉　勾玉（土製）
		伊達郡国見町徳江反畑	
茨城	38	●日立市久慈町字曲松	勾玉　臼玉
		●土浦市烏山字北平	勾玉　管玉
		石岡市餓鬼塚	臼玉
		石岡市大字染谷字高峯	丸玉

石岡市大字染谷字笛代	
●石岡市大字染谷字岩倉	勾玉
石岡市大字染谷字宮平	臼玉
●竜ヶ崎市奈戸岡	勾玉　臼玉
●那珂湊市字八幡上	勾玉1
北茨城郡大津町立野	
●稲敷郡桜川村浮島和田	勾玉7
●稲敷郡桜川村浮島前浦	勾玉（模造品約50）
●稲敷郡桜川村浮島屋島　屋島神社境内	勾玉　丸玉（土製）　勾玉（土製）　管玉（土製）
稲敷郡桜川村四個所作	平玉
稲敷郡阿見町竹来見目	臼玉
●稲敷郡江戸崎町椎塚裏向	勾玉
稲敷郡江戸崎町桑山	管玉1　勾玉3　臼玉8
●鹿島郡大洋村梶山	勾玉2
●鹿島郡鹿島町木滝台	勾玉6　丸玉41
鹿島郡鹿島町宮中二六〇三	
鹿島郡鹿島町須賀沼尾鏡ヶ池	
鹿島郡鹿島町　鹿島神社境内	
久慈郡金砂郷村玉造	
●筑波郡谷田部町布袋	勾玉　臼玉
●筑波郡筑波町洞下	勾玉　管玉
筑波郡筑波町中菅間	
那珂郡那珂町額田森戸	臼玉
新治郡八郷町柿岡字中道	
新治郡千代田村大字飯塚字高天原	小玉
●新治郡千代田村大井戸字滝口	勾玉

		新治郡玉里村大井戸	
		西茨城郡岩瀬町岩瀬字北着	
		●西茨城郡岩間町上郷郷中	勾玉1　臼玉1
		西茨城郡岩瀬町大岡	
		西茨城郡岩瀬町池亀	
		●猿島郡岩井町弓田　香取神社付近	勾玉　臼玉
		●猿島郡猿島町内野山塚越	勾玉
		●猿島郡岩井町弓田猪子	勾玉（土製）　棗玉（土製）
栃木	6	●宇都宮市雀宮中原	勾玉　臼玉
		●宇都宮市塙田町臼ヶ峰	臼玉　めのう製勾玉
		●栃木市白山台	勾玉6　臼玉1207
		下都賀郡壬生町生田富士前	臼玉10
		●那須郡小川町三輪字後城	勾玉　平玉　臼玉
		那須郡小川町三輪字要害六	臼玉　丸玉　平玉
群馬	23	●前橋市上細井町南田ノ口	勾玉　臼玉
		前橋市鳥取町北口	臼玉
		●高崎市倉賀野町下町大応寺	勾玉
		高崎市剣崎町長瀞	管玉
		高崎市八幡町大島原	臼玉
		伊勢崎市八寸字城山	臼玉
		太田市東今泉字道東	臼玉
		太田市矢田堀字小丸山	臼玉
		●太田市東長岡	勾玉　丸玉2　管玉
		●藤岡市温井	勾玉　管玉　臼玉　管玉（碧玉）
		藤岡市西平井　県営圃場整備竹沼地区	臼玉132　切子玉1　土玉1

		●邑楽郡千代田村篠塚字八寸	勾玉　臼玉
		甘楽郡甘楽町小川笹	
		北群馬郡子持村中郷字館野	臼玉
		佐波郡境町米岡字南郷（本郷）	臼玉
		●勢多郡宮城村三夜沢櫃石	勾玉　管玉　臼玉
		勢多郡城博村二ノ宮八王子	臼玉
		●勢多郡新里村野字十二社	勾玉　臼玉
		勢多郡赤城村勝保沢字寺内	臼玉37
		勢多郡粕川村中字中村	小玉12
		勢多郡粕川村室沢字元三夜沢	臼玉
		勢多郡粕川村室沢字湯ノ口	臼玉　管玉
		●新田郡境町米岡本郷姥石	勾玉　臼玉
埼玉	14	●川越市吉田小堤	小勾玉
		●熊谷市西別府西方	勾玉
		行田市樋上字武良内	
		●行田市下忍字高畑	勾玉
		加須市水深二四〇六	丸玉（土製）
		●本庄市栗崎東谷	勾玉1
		東松山市古凍番清水	臼玉
		東松山市田木字舞台	臼玉3
		上尾市藤波毘沙門	土製丸玉1
		●入間郡鶴ヶ島村富士塚	勾玉　臼玉
		●秩父郡皆野町新井字大背戸	勾玉　臼玉
		児玉郡神川村新里字中道	臼玉1
		児玉郡美里村猪俣こぶヶ谷戸野中	
		大里郡岡部村今泉洛山	玉（土製）

千葉	46	市川市須和二丁目～真間五丁目	臼玉4　管玉2　土製管玉1
		東葛飾郡沼南町鷲野谷広田原	臼玉
		松戸市大谷口小金	臼玉1
		●船橋市小室町白井先	臼玉　勾玉　土玉
		●船橋市田喜野井町外原	勾玉　臼玉　ガラス小玉
		船橋市夏見町二丁目	臼玉　管玉　土玉
		●千葉市幕張町上ノ台	勾玉　臼玉　管玉
		●千葉市大森町二二二	勾玉　臼玉　管玉　棗玉　土玉
		千葉市大森町七七六―一	土玉1
		●千葉市星久喜町二七一―一	勾玉8
		●千葉市貝塚町一五二一―一	小玉1　勾玉　管玉
		●千葉市佐草部町根崎天覧台	臼玉　勾玉
		印旛郡白井村古名内中西山	臼玉　土玉
		成田市八代字花内	管玉
		成田市大竹字仲池台	管玉76（碧玉質　滑石質）
		成田市公津台方	丸玉（土製）
		成田市水掛	丸玉（土製）
		佐原市　香取神宮境内	
		●佐原市丁字山（旧大倉山）	小玉　勾玉　臼玉
		佐原市津宮	臼玉
		●香取郡下総町大和田治部台	勾玉18＋12　臼玉263　管玉178　土玉
		●香取郡下総町大和田字台畑九一	管玉6　勾玉1　臼玉3
		●香取郡下総町大和田大日台	勾玉5　臼玉48　土玉5
		香取郡下総町小野　八幡神社付近	管玉2　臼玉23　土玉3
		●香取郡下総町小野小山台	管玉1　臼玉7　勾玉7　土玉5
		●香取郡下総町西大須賀　八幡神社付近	勾玉　臼玉4　土玉　棗玉1

		●香取郡下総町西大須賀二六二一	勾玉8　臼玉12　土玉4
		香取郡下総町高岡	臼玉3
		香取郡東庄町窪野谷前山七〇九—三	
		銚子市三崎町	
		市原市山木若宮	
		●市原市神崎祭野	勾玉2
		市原市武士	
		君津郡袖ヶ浦町岩井宮ノ台	臼玉
		君津郡袖ヶ浦野田	管玉1　臼玉
		君津郡袖ヶ浦町滝之口向台	臼玉3
		●木更津市請西字大山台	勾玉　管玉　臼玉
		木更津市菅生	
		●君津市戸崎　富崎神社裏	勾玉　臼玉
		●君津市新御堂荘台	臼玉　勾玉
		東金市道庭　県立農業大学用地	
		●館山市東長田谷七三九	勾玉
		●館山市大戸館の前	勾玉
		●館山立沼つとるば	臼玉　勾玉　平玉　丸玉（土製）
		●館山市洲宮魚尾山	勾玉　丸玉（土製）
		●安房郡丸山町宮下東畑	棗玉　勾玉（土製）
東京都	4	●足立区伊興町	勾玉73　管玉41　臼玉　ガラス玉　水晶玉 丸玉　管玉（土製）
		●八王子市中野町中田	臼玉　勾玉　丸玉　管玉（土製）
		●八王子市長房町字船田向	臼玉　勾玉
		●町田市三輪町下三輪	勾玉

神奈川	16	●横浜市緑区荏田町矢崎	勾玉　管玉　臼玉
		横浜市鶴見区上末吉町梶山	
		●横浜市戸塚区本郷　本郷小学校校庭	勾玉1　臼玉1
		●川崎市中原区井田伊勢台	勾玉
		●横須賀市浦郷町五丁目	勾玉4　臼玉1
		●横須賀市夏島町小字なたぎり	臼玉6　勾玉　管玉　丸玉（土製）
		平塚市南原二丁目一二二ノ四	臼玉
		鎌倉市山崎五六九	臼玉38
		小田原市永塚　下曽我精神病院内	臼玉
		逗子市桜山五丁目持田	
		●相模原市勝坂	管玉1　勾玉6　臼玉57
		●秦野市鶴巻根丸島	勾玉　管玉　臼玉　棗玉　勾玉（土製）　丸玉（土製）
		三浦市三崎町向ヶ崎町小字宮川	
		●三浦市初声町三戸	勾玉2　管玉1
		海老名市本郷	
		足柄下郡湯河原町吉浜竹の花	臼玉9
新潟	6	糸魚川市蓮台寺林道三ツ又	臼玉3
		糸魚川市大町清崎	臼玉10
		●糸魚川市寺町姫御前	勾玉1
		●糸魚川市田伏　奴奈川神社境内	管玉　勾玉
		●糸魚川市一ノ宮　天津神社境内	勾玉　臼玉
		●西頸城郡青海町寺町オガクチ	勾玉　臼玉18
富山	1	●下新川郡朝日町宮崎字浜山	臼玉　管玉　勾玉
石川	2	鹿島郡鹿西町字小竹	

		鹿島郡鹿西町金丸宮地	
福井	2	坂井郡三国町安島雄島	
		●大飯郡大飯町浜弥	勾玉4 臼玉3 管玉
山梨	1	●甲府市伊勢町	勾玉
長野	18	●長野市駒沢新町	勾玉 丸玉 臼玉 管玉 ガラス小玉
		長野市新井大ロフ	臼玉
		●更埴市屋代町城の内	勾玉2（土製）
		北佐久郡望月町牧布施字宮久保	臼玉70
		●北佐久郡軽井沢町潜岩一入山峠	臼玉319 勾玉5 管玉22 ガラス小玉2 棗玉1
		●北佐久郡立科町雨境峠勾玉原	勾玉 管玉
		北佐久郡立科町芦田両境峠鳴石	臼玉
		茅野市北山本道三四一八—一御座岩	臼玉
		●下伊那郡阿智村神坂峠	勾玉53 管玉39 棗玉2 臼玉1319 ガラス玉37
		下伊那郡阿智村園原小字杉ノ木平	
		●下伊那郡阿智村小野川網掛峠	勾玉5 管玉2 臼玉
		●下伊那郡阿智村小野川大垣外	勾玉2 管玉18 臼玉11
		下伊那郡阿智村小野川　大平神社付近	
		●下伊那郡阿智村小野川川端	勾玉1 臼玉11
		下伊那郡阿智村小野川赤坂	
		●下伊那郡阿智村春日中原	勾玉 臼玉
		●下伊那郡喬木村伊久間堀垣外	勾玉 臼玉
		●飯田市山本地区箱川梅ヶ洞	勾玉
岐阜	1	中津川市大字立石字山畑	臼玉
		熱海市多賀宮脇　多賀神社境内	

静岡	17	伊東市宇佐美区	臼玉3
		●伊東市岡区内野町竹ノ台	勾玉4　臼玉4　管玉1
		賀茂郡河津町笹原	
		●賀茂郡下田町三穂ヵ崎	勾玉　丸玉　臼玉　平玉
		賀茂郡下田町須崎夷子島	臼玉
		●賀茂郡下田町吉佐美洗田	勾玉　臼玉　勾玉　丸玉　管玉　臼玉(以上土製)
		賀茂郡南伊豆町湊下条	土製丸玉
		●田方郡韮山町奈古屋宮ヶ崎	勾玉
		●沼津市内浦町長浜　白鬚神社裏	勾玉9　臼玉434　平玉3　管玉　丸玉　小玉 管玉　丸玉(以上土製)
		●沼津市丸子町　丸子神社境内	勾玉
		沼津市沢田	
		●焼津市焼津宮ノ腰	勾玉2
		浜松市東伊場二丁目	臼玉2
		浜松市都田町中津坂上	
		袋井市見取幕ヶ谷	
		浜松市曳馬阿弥陀	
愛知	3	宝飯郡一宮村大木	
		渥美郡渥美町伊川津青山	丸玉(土製)
		●一宮市馬見塚字又木六二六三	勾玉　臼玉　管玉
三重	6	阿山郡阿山町一ノ宮大岩	臼玉
		●伊勢市　大神宮別宮荒祭宮北方	臼玉　勾玉
		鈴鹿市稲生町　伊奈富神社裏山	臼玉10
		鳥羽市　八代神社付近	
		●熊野市有馬北村地	勾玉
		●熊野市有馬向井律之森	勾玉

京都府	1	●中郡大宮町周枳　大宮売神社境内	勾玉14　管玉5　臼玉7　平玉2
大阪府	2	●東大阪市六万寺町下六万寺 八尾市大竹字タマイ	勾玉11　管玉2　小玉2 臼玉
兵庫	1	●津名郡一宮町多賀	勾玉　管玉　切子玉
奈良	6	●天理市豊田 ●天理市布留　石上神宮禁足地 ●天理市布留　おやさとやかた敷地内 ●桜井市金屋薬師堂 ●桜井市三輪町馬場山ノ神 ●桜井市三輪　大神神社禁足地内	平玉　勾玉 勾玉　管玉　棗玉 臼玉3502　勾玉228　管玉70　ガラス小玉13 臼玉　勾玉 勾玉　臼玉　管玉　平玉 勾玉　臼玉　管玉
和歌山	11	●和歌山市井辺 和歌山市加太町大字友ヶ島・一谷色・沖ノ島 ●有田郡広川町鷹島 日高郡川辺町小熊法徳寺 那賀郡貴志川町岸宮 ●西牟婁郡串本町大字矢ノ熊 田辺市大字目良小字古目良 ●西牟婁郡白浜町字坂田三ノ七〇二 ●西牟婁郡串本町大字向屋敷 西牟婁郡串本町大字大水崎 新宮市熊野地　阿須賀神社境内	勾玉3　臼玉2 勾玉　管玉 臼玉2 勾玉 勾玉1　臼玉2000　管玉1 臼玉420　勾玉7　管玉5　ガラス小玉2 臼玉15 管玉　臼玉
鳥取	2	米子市福市（吉塚区） 鳥取市青島	 小玉1

島根	4	松江市佐草　出雲八重垣神社鏡池 ●松山市東忌部町中島 ●八東郡玉湯町玉造 飯石郡三刀屋町飯石迫　飯石神社境内	臼玉　勾玉 勾玉　管玉
岡山	3	●岡山市宮浦高島広島 ●岡山市宮浦高島　岩盤山山頂 笠岡市大飛島　飛島中学校校庭	勾玉　臼玉 勾玉　臼玉
広島	1	世羅郡世羅町大字寺町宇山	
山口	5	●吉敷郡秋穂二島町見能ヶ浜 防府市　玉祖神社境内 ●宇部市東岐波雁ヶ浜 宇部市厚南区　東須恵遺跡 山口市　神田遺跡	臼玉　勾玉 勾玉
徳島	1	鳴門市瀬戸町大字日出	
香川	1	●香川郡直島町荒神島	勾玉　臼玉
高知	3	●中村市具同ボケ 中村市具同石丸 ●中村市佐岡	勾玉　臼玉　勾玉　丸玉（土製） 臼玉 勾玉
福岡	19	遠賀郡芦屋町夏井ヶ浜 ●宗像郡玄海町　浜宮遺跡 宗像郡玄海町　田嶋上殿下高宮 宗像郡玄海町　田嶋第三宮跡	臼玉　丸玉（土製） 勾玉 臼玉　丸玉

		宗像郡大島村大島　中津宮境内および付近	臼玉
		●宗像郡大島村沖ノ島	臼玉　勾玉
		●粕屋郡志免町日守　王子八幡神社	勾玉　臼玉
		福岡市西区下山門	
		●福岡市糟屋町古大門池	勾玉　臼玉
		朝倉郡夜須町松延池畔	丸玉　臼玉（土製）
		筑紫郡太宰府町水城	
		筑紫郡太宰府町高雄・吉ヶ浦・森林都市	臼玉
		筑紫郡那珂川町片縄・井河　福岡女子商校内	臼玉　丸玉
		●筑紫野市針摺　野黒坂遺跡	臼玉　平玉　管玉　勾玉
		筑紫野市針摺　大曲遺跡	
		●筑紫野市長道	勾玉3　丸玉3
		●筑紫野市二日市紫	勾玉
		●京都郡勝山町	勾玉　丸玉（土製）
		京都郡　犀川小学校	
佐賀	4	三養基郡基山町小倉七一五他	臼玉2000　丸玉（土製）　ガラス玉1
		神埼郡千代田町紫尾橋下流域	
		●小城郡小城町久蘇	勾玉3　丸玉3　臼形2（土製）
		●多久市東多久町納所・天山開拓	勾玉5　丸玉10（土製）
熊本	6	●鹿本郡鹿本町津袋	勾玉（土製）
		熊本市池上・綿打	
		熊本市島崎町石神原	
		●熊本市神水町画津湖	勾玉　丸玉　管玉　臼形（土製）
		●宇土市境目町西原	勾玉　管玉2　臼玉2　切子玉1
		球磨郡錦町一武・トビラ山	

エピローグ——謎の勾玉

すでに引用したが、『古語拾遺』の忌部氏の伝承の中に「櫛明玉命《くしあかるだまのみこと》の孫は、御祈玉を造れり。美保岐玉と言うは祈禱なり。其裔今出雲国に至り年毎に調物と其玉を貢進す」と伝えられているように、古代出雲の玉作部の人々は、「忌部の玉作」とよばれた。これが特殊な「攻玉」という手工業を職業とする、職業部の一つであったことは明らかである。

出雲の忌部の玉作部

とくにこの玉作部は、祭祀を司る忌部の玉作といわれるように、一般の装身具としての飾玉をつくる攻玉者の部ではなく、祭祀に関係のある聖器としての勾玉を主としてつくる、代々世襲の特殊職業部であった。したがって、ここの玉作部は、たんに攻玉ということでまとめられる職業部ではなく、本質的には忌部氏の祭祀的職能に従属する特殊職業部であり、飾玉としての丸玉をつくり臼玉をつくる、あるいは玻璃玉をつくる一般の玉作部とは異なっていたわけである。

故井上光貞博士は、そのすぐれた論文「部民史論」において、品部《しなべ》としての玉作部のような職業部は、地方に土着し、村落を形成しながら自営生活をしていた農民であって、そのそれぞれの

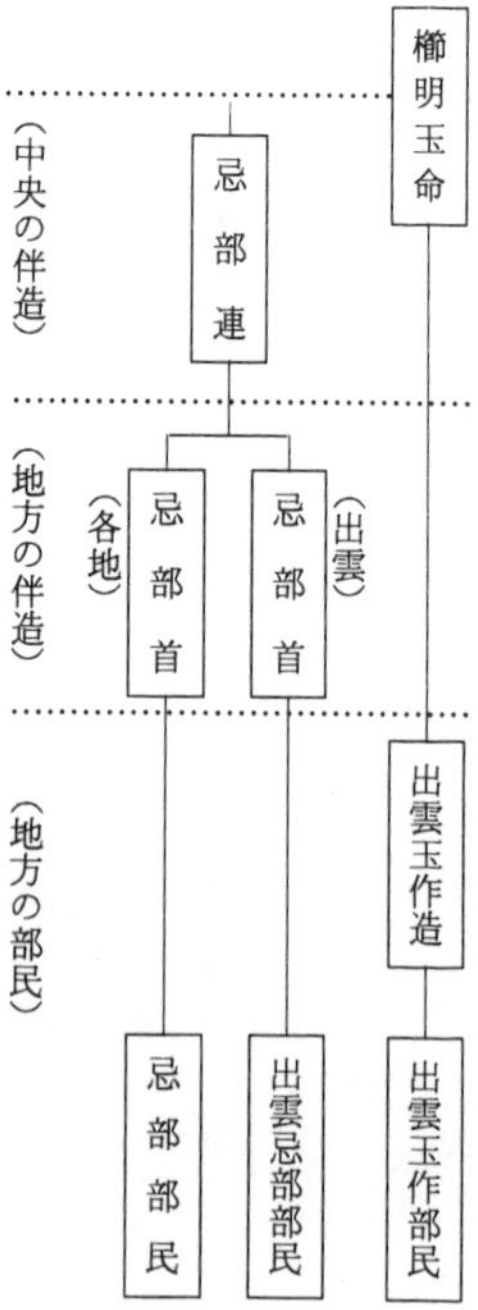

集団の長が統制支配していた。そしてそれは中央の貴族に隷属しており、その貴族は広義の伴造《とものみやつこ》として大和朝廷の命ずる任務を分掌しており、品部としての各職業部は、みずからの所属する伴造の分掌する職能に応じた特殊技能をもって、各自の生産物を貢納するシステムであった。だから品部は、事実上伴造の氏の私民と区別しがたい存在であったとされたのであるが、ここの出雲の玉作部は、もとより朝廷直属の品部ではなく、大和朝廷との直接の関係・交渉のない、出雲の忌部氏に所属する私民であったであろう。出雲の忌部氏は、もちろん出雲国造家の祭祀を分掌していた祭祀家であって、その儀式に必要な「御祈玉」を、配下の玉作部民に調製させていたのである。そしてその地方的伴造としての忌部氏の族長は、中央の斎（忌）部氏と主従関係をもち、その氏に隷従していたのである。すなわち出雲忌部の玉作部の構成は、櫛明玉命を氏祖神として斎きながら、図のような構造をとって、この地に世襲的な攻玉生活を営んでいたとおもわれる。

私はかつて自著『出雲国風土記論攷』において、「天の下造らしし大神」大穴《おおな》持《もち》命が出雲国内を統一した後に外征を行い、北陸地方に進軍して越国《こし》を統合する。越国にはヌナカワヒメがおり、この姫が大穴持命と婚姻関係で結合されている。これは出雲政権が越政権を統合した史実を物語

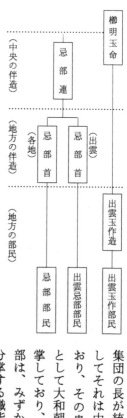

るものである。古代出雲国家の最初の建設者は海人部族であったから、日本海を往還して征服することは容易なわざであった。またかの有名な八束水臣津野命の国引神話でも、「高志の都々の三埼の方を、国の余ありやと見れば、国の余あり」と詔《みことの》り、「国来《くにこ》国来《くにこ》」とひきよせて縫い合わせたのが三穂の埼であるという話がみえ、越の玄関能登半島と美保関港のある三穂埼とが、古代航海者によって古くから結ばれていたことが明らかにされているから、越国が早くから出雲政権に統合されていたことは疑いない事実であろうと説いておいた。

この私見をうけて寺村光晴教授は、その著『翡翠』において、次のように述べておられる。

ヒスイの女王国

縄文文化中期に北陸の一角姫川流域にヒスイが出現し、能登半島の基部にあたる石川県から富山県、新潟県南西部、長野県北部にわたる地域に、雄大な隆線文土器をもつ独特な長者ケ原文化が生まれ、最盛期文化を現出した。その文化圏にヒスイが最初のうぶ声をあげた。長者ケ原文化圏は硬玉大珠の盛行と、ヒスイの全国的な流行をうながした。ところが後期初頭にこの文化が廃滅して、長者ケ原ヒスイも運命をともにしたようである。そしてそのあとをうけて青海川の左岸、新潟県西頸城郡青海町寺地遺蹟を中心とした地域に独自のヒスイ文化が開花する。ところでこの寺地ヒスイ文化も弥生時代になると衰滅してしまう。弥生時代のヒスイ文化遺蹟は明瞭でないが、ヒスイ勾玉の未成品を出土した新潟県新井市上ノ平矢代山遺蹟が知られている程度である。そのほかでは佐渡の若宮遺蹟とか、京都府久美浜町函石浜遺蹟でヒスイの勾玉が出土したことを知るのみである。最近有名になった兵庫県尼ケ崎市田能遺蹟出土のヒスイは、姫川産のヒスイであることがあきらかにされた。おそらくこのヒスイ文化圏の製品は、北九州まで日本海を通して移出されていた。こうした北陸のヒスイ文化圏を伝説史的に見ると、ヌナカワヒメを中心に劇的なシーンをのこしている越文化圏である。ヌナカワヒメはまさにヒスイを支配していた越国の「ヒスイの女王」であった。そしてこの「ヒスイの女王国」を、出雲政権は三世紀末から四世紀のはじめ頃に服属させることに成功した。そしてヌナカワ政権が出雲政権の中でその命脈を保っていた。こうした政治的支配関係は、ヒスイ文化の伝播にも大きな影響があったであろう。出雲大社の摂社命主《いのちぬし》神社の背後から出土した長さ三・四センチの硬玉製勾玉は、銅戈《どうか》とともに出土している。この北九州と越との両文化圏をつなぐ役割を演じていた中間の出雲の大社に、両文化圏を代表する二つの遺物が一緒に出たことは、歴史学的意義からみてもきわめて興味深いことである。

寺村教授のこのような考説はきわめて歴史学的に重要な見解であり、また私はその見解の本筋を全面的に支持したいとおもっている。

古墳時代の硬玉製勾玉は、ヌナカワ政権が出雲政権に服属したことで、おそらく出雲政権の手をへて全国に分布したものであろう。古墳時代中期に一時的に多量な出土をみるヒスイの勾玉も、しだいにその量が減り、出雲の碧玉製勾玉に移行するが、それはやはりヌナカワ政権下の硬玉製勾玉の製作技術をもった玉作部が硬玉の産出にたよれなくなったので出雲の碧玉産地としての花仙山山麓に移動し、碧玉を代用品としてさかんに製作したのである。先に私は、古墳時代の硬玉製勾玉の増減について、それが国内産硬玉の減少と海外交易の盛衰の影響によることを指摘したが、寺村教授はその点について、次のような見解を述べられた。

四世紀中ごろになると、畿内には鉄製品の激増の萌芽がみられ、五世紀中ころまでにかけて大量の鉄を獲得し、武器や工具に加工された。それは四〜五世紀の南朝鮮への進出が前提となる。ところが南鮮経営に衰退の兆があらわれだす五世紀末から六〜七世紀は、鉄が激減してくる。南朝鮮に発見されるヒスイ勾玉の時期はこのころであり、ヒスイ勾玉の出土状況が、日本における鉄の状況によく似ており、反対に増減しているのである。これは鉄に対するみかえりとしてのヒスイの輸出としか考えられない。しかしヒスイと鉄は必ずしもいまの交易品のような意味で交換されたものではない。南鮮のヒスイは、当時朝鮮半島に進出していた大和政権（筆者のいう倭政権——五世紀の仁徳王朝のこと）から帰属のしるしとして与えられたもの、また複雑な半島の政治的形勢から、慰撫のために与えられた可能性もある。なぜヒスイが使われたかといえば、邪馬台国の女王壱与《いよ》が魏に献上した青大勾珠のように、日本のもっとも特色のある品物であり、日本以外には産出しない玉であったからである。大和政権が交替しても、たとえば碧玉製石製品が滑石をつかう石製模造品に変っていっても、半島に対する大和政権の態度の変らないかぎり、ヒスイはつかわれた。そして半島経営が衰退するころになると、ヒスイはしだいにその役目を終えつつあった。それはとりもなおさずわが国ヒスイの衰退である。五六二年、半島にあった任那が滅亡し、大和朝廷の勢力が後退すると、ヒスイは完全にその務めを終えたようである。ヒスイは七世紀以後は歴史上からその姿を没してしまうのである。

以上、長い引用によって説明した寺村教授の見解はきわめて興味深く、また有意義であるとおもう。

私は南朝鮮へ輸出した硬玉製勾玉のすべてが、日本産翡翠とはおもわない。その大部分は日本産の姫川ヒスイであったであろうが、なかにはミャンマー産硬玉の原石が舶載され、それを加工して再輸出したものもあったと考えている。また南朝鮮に輸出された勾玉は、服属のしるしとか、慰撫の目的で賜与されたものもあったであろうが、それも全部ではなく、ほかの多くは交易品として輸出したものであろうとおもう。

かの金冠塚の宝冠につけられた硬玉製小勾玉がだいたい形が一致しているのは、同時に同目的のためにいっきょに製作されたものであることを示し、けっしてそれまでに保存されていたものをよせあつめて着装したものではないから、やはりその時々の需要に応じて交易品として輸出されたものであると考えている。

これらの点については前記寺村教授の説と多少異なる見解を示すことになるが、日本では碧玉製勾玉がさかんに硬玉の代用品として使用され、出雲の忌部の玉作部が専門的にその製作にあたっていたとき、いっぽうでは国外向けの交易品として原石の少なくなった硬玉製品が、浜山遺跡などにみられる古墳時代硬玉製勾玉製作の、専門的な職業部としての玉作部によって製作されていたことが想像できることは、まことに有意義な立論であると賛意をあらわすわけである。

ただ出雲の玉造における玉作部が、きわめて長期にわたり継続して勾玉製作をつづけていたことが明らかであるのに、ほかの玉作部は比較的その存続期間が短かく、廃滅してしまっていて、今日では容易に往時の全貌を明らかにしにくいような状態である場合が多い。それはなぜかというと、やはり出雲の玉作部は、勾玉・管玉の製作を専業としており、かつその勾玉は忌部に所属している玉作の製作する「御祈玉」としての勾玉で、一般用のアクセサリーとしての勾玉でなかったことによるためだと判断されるのである。宗教的な意義をもつ、祭祀用勾玉の製作を主とする玉作部であったればこそ、その生命が永く保たれていたのである。

勾玉の源流

以上、章を分かち節をおって、私は勾玉についての私見を述べてきた。私は今もなおこよなく勾玉をめでている。その勾玉の魅力につかれて、とうとうこの一冊の書物を書いてしまったのである。ああでもない、こうでもないとおもい、考えたあげく、ここまで書きあげてきて、ふりかえって読みなおしてみると、まだまだわからないことだらけで、疑問は疑問をよんで果てることを知らない。最後の断案を下せる日はいつのことになるか、いっこうに見当がつかない。けれどもその日がくるまで、いたずらに手をこまねいて待っているわけにもいかない。

勾玉がたんなる婦人の装身用のアクセサリーならそれでよいが、勾玉は一種の宗教的な祭器であり、さらにそれは皇位のみしるしである「三種の神器」の一つに加えられているものであるから、とうぜんその意義が問われなければならない、歴史学上のきわめて重大な研究課題なのである。それゆえ私は、私の日本古代史の研究上、まずこのもっとも魅力ある勾玉の研究をまとめようとおもいたったのである。

古代日本においては、まず月の信仰が生じ、月神信仰が日神信仰に先行して存在していたことが推測される。農耕社会において、太陽崇拝と白銅鏡信仰が結合したように、漁撈航海の生活を営んでいた太陰崇拝の民の間では、月神の象徴として、その始めは半月、後には新月の像をかたどった勾玉を生み出し、とくに太陰の光明を青色と信じ、硬玉製の勾玉を神聖視していた。

勾玉の起源は、石器時代中期というきわめて古い時代にさかのぼり、それはたんなる装身具として発生したものではなく、呪的護符的意義をもって身につけられていたものだとおもわれる。やがてその信仰や習俗は広く一般にひろまり、弥生時代を通じて古墳時代にいたるまで、とくに一部の海の生活に関連する人々の間で継承されていた。航海の神を信仰し、漁業の生活を営み、航海通商にたずさわっていた、いわゆる広義での古代航海者・海人部族の間には、勾玉の信仰が存在した。そしてそれは航海や潮の干満に関係の深い月神の象徴として、月の像をかたどった呪的護符として貴ばれたものであり、ここに勾玉の原義があると私は考える。

だが弥生時代に入って農耕文化が発達し、日神崇拝が月神崇拝を圧倒するようになると、太陽神の像《かたち》としての白銅鏡や、あるいは神々の降臨をシンボルする尖光形の象徴としての剣が、新羅系帰化人部族によってもたらされた信仰により、神聖な憑代と考えられるようになり、神器としての位置は、勾玉から鏡・剣に移行した。こうして古墳時代以降になると、勾玉は一般的には装身具として珍重され、佩用されるにいたった。この頃の勾玉は、伝統的色調と光沢とを失わずに、硬玉をもって製作されている。

ところが第五世紀の末期になると、硬玉の舶載がとだえたため、急に碧玉をもって代用とし、その伝統的な色調を保とうとしたのである。佩玉文化は、古墳文化の終焉とともにすたれるが、勾玉だけはその後も永く製作されていて、正倉院の御物のなかにも勾玉がのこされている。このように勾玉が永く後世にまで遺存したのは、玉類のなかでも古くから呪的意義をもって神聖視されてきた玉であり、一般の装身具としての玉、すなわち管玉や棗玉や丸玉などの玉類とは、帰を一にするものではなかったという伝統にもとづくものであろう。

そうしてそれがさらに「御祈玉」として、神器あるいは祭器として伝統的な役目をはたしてきたことが、とくに勾玉だけを後世にまで永く存続させたことの最大の理由である。

「御祈玉」が出雲においてのみつくられ、それゆえに出雲の玉作部だけが史上にただ一つ永くその形態をとどめ、史上にのこってきたことは、ただ花仙山の碧玉産地をひかえていたという理由だけでなく、日本神話において勾玉と出雲とが、月神信仰を媒介として強固に結合されたということにもよる。すなわち素尊《すさのをのみこと》が、元来勾玉のシンボルであった月神である月読命と混同されるような位置をあたえられ、出雲と勾玉との結合に一役をかっているのである。

「三種の神器」の概念は、三貴子分治神話を明確に伝えている『古事記』にもっとも明瞭に伝えられ、『日本書紀』ではむしろ莫然としている。すなわち書紀では、大和朝廷が、鏡と剣との二種を、皇位を象徴する神器として尊重し、皇位の象徴としていたことを示唆している。ところが『古事記』は、それに勾玉を加えて「三種の神器」観を確立させている。

それはおそらく、諸般の儀式・典礼が一定の形態をもって定められたのが、壬申の乱の勝利をへて皇親政治の確立を実現した天武天皇の時代であるから、「三種の神器」も天武朝に、天武天皇の意図をもって、鏡と剣の二種の神器の上に、さらに出雲の統合という神話の構造に則して、出雲の国造が「御祈玉」を朝廷に貢納する儀式により、この玉を加えて「三種の神器」という新しい概念をはじめてつくり出したものであろう。この神器としての勾玉の加入には、忌部氏の勢力が背景に強く作用していたとおもう。

それは、藤原貴族を一掃し、神祇官における中臣氏、すなわち藤原貴族の勢力を一掃しようとした天武天皇の皇親政治から推して、出雲の忌部の玉作部を掌握していた中央の同じ神祇官家としての忌部氏を並び用いることによって、中臣氏の独裁を押えようとしたことの表れであると考える。

そこで、天武朝にこうした儀礼的規定が確定されたのであると私は結論する。これを証明するのは、天武天皇の意図を体して編纂されている『古事記』の伝承が、月神信仰を日神信仰と並立させた三貴子分治神話と、それにもとづく「三種の神器」の神話をもっとも明確に伝えていることによって証拠づけられるし、またこのことは、忌部氏の氏文である『古語拾遺』に、一番くわしい出雲の忌部の玉作部と勾玉製作の関係の記録がとどめられているゆえんでもあるとおもう。

こうして勾玉が「三種の神器」の一つに加えられたことは、勾玉の源流がきわめて古く、かつわが民族間に一つの固有信仰として根ざしていた、月神信仰によって支えられてきた呪的・宗教的な意義をもつ聖器であったこと、これらの理由によるものだとおもう。

謎の勾玉

勾玉が月をシンボルする像をあらわし、月を読みとることが生活のもっとも必要な条件であった古代航海者の間に広まった信仰であったとすれば、勾玉がわが国ではだいたいにおいて、古代航海者たちの生活圏であった出雲や越などの、日本海沿岸地域に起源をもち、日本海沿岸に沿ってその主要な製作址が分布していることとも一致する。それはただ偶然に、姫川流域に日本ヒスイの産地があり、花仙山にその代用品としての碧玉岩の産地があったからという条件で、そこに勾玉の製作が起こったという理由だけでは、どうしても説明ができかねることとである。

古代航海者―月の信仰―日本海沿岸の生活圏―蒼海原の色と青い月の色―鮮緑・深緑の色調のヒスイ・碧玉―半月形の硬玉大珠―新月形の硬玉勾玉―北陸・山陰の勾玉工房の分布……

こうした系列の上に、私は勾玉の謎を解明する鍵がかくされていると信じて、この一巻の書物を書いてみたのである。

私の短い生涯を通じて、魅了せずにはおかないであろうこの勾玉に対して、私の愛好の情の限りをつくしてここまで筆を運んできたものの、それでもなおこれでよいと自分自身確信のもてる正確な結論はだせないでいるというのが実状である。

まだまだ私自身にも、勾玉については解明しきれない点が多々のこされている。勾玉のなかにひめられている謎は際限《さいげん》なく、無限である。その本体はなかなかにつかめない神秘のベールにおおいかくされている。あたかも硬玉製勾玉のもつ、かの深緑の奥深い、あるいはどんよりとした無限の神秘なおもむきをただよわせている、あの心にくい色調のように。

参考文献

勾玉に関する著作・論文はひじょうに多い。本書の性質上、私が記述をするのにさいしてそれら多くの文献を参照したことはいうまでもないが、それを逐一明記することができかったので、私が参考にしたそれらの文献の主要なものだけを、年代順に列挙して、各著者に敬意をはらうとともに、その学恩を謝しておきたい。また一般読者諸氏に対しては、本書によって勾玉についての興味をよびおこされて、自身でもいっそう深く研究をしてみたいとおもわれた方々が、この文献目録を利用して、必要な論著をひもとかれることにより、さらに問題を掘り下げて、御自身の研究を深めていただけたならば著者の望外の幸である。どうかそういうように、この参考文献を活用していただきたい。

一 単行本の部

1 谷川士清『勾玉考』
2 木内石亭『曲玉問答』
3 木原楯臣『曲玉考』
4 橘　春暉『北窓瑣談』文政十二年
5 高橋健自『鏡と剣と玉』富山房　明治四十四年
6 野津左馬之助『島根県史』（第三巻）島根県庁　大正十二年
7 浜田耕作・梅原末治『慶州金冠塚と其の遺宝』（朝鮮総督府古蹟特別報告第三冊上冊本文）大正十二年
8 浜田耕作『出雲上代玉作遺物の研究』（京都帝国大学文学部考古学研究室報告第一〇冊）昭和二年
9 後藤守一『上古の工芸』（考古学講座）雄山閣　昭和五年
10 浜田青陵『慶州の金冠塚』慶州古蹟保存会　昭和七

年
11 八幡一郎『先史時代の交易』（人類学先史学講座）雄山閣　昭和十三年
12 考古学会『鏡剣及玉の研究』吉川弘文館　昭和十五年
13 樋口清之『日本古代産業史』四海書房　昭和十八年
14 大場磐雄『神道考古学論攷』葦芽書房　昭和十八年
15 後藤守一『日本古代史の考古学的検討』山岡書店　昭和二十二年
16 八幡一郎『日本の石器』彰考書院　昭和二十三年
17 八幡一郎『日本史の黎明』有斐閣　昭和二十八年
18 栃尾市教育委員会『栃倉』吉川弘文館　昭和三十六年
19 原田淑人『東亜古文化論考』吉川弘文館　昭和三十七年
20 藤田亮策『朝鮮学論考』藤田先生記念事業会　昭和三十八年
21 大場磐雄『加賀片山津玉造遺蹟の研究』加賀市教育委員会　昭和三十八年
22 藤田亮策『長者ヶ原』糸魚川市教育委員会　昭和三十九年
23 水野　祐『出雲国風土記論攷』早稲田大学古代史研究会　昭和四十年
24 寺村光晴『古代玉作の研究』吉川弘文館　昭和四十二年
25 寺村光晴『翡翠』養神書院　昭和四十三年
26 島根県『新修島根県史』（通史篇1）島根県　昭和四十三年
27 千家尊統『出雲大社』学生社　昭和四十三年
28 神道学会『出雲神道百話』神道学会　昭和四十三年
29 水野　祐『日本民族文化史』雄山閣出版　昭和四十五年
30 山本　清『山陰古墳文化の研究』昭和四十六年
31 水野　祐『日本神話教育論』帝国地方行政学会　昭和四十六年
32 水野　祐『出雲神話』八雲書房　昭和四十七年
33 水野　祐『古代の出雲』吉川弘文館　昭和四十七年
34 水野　祐『改訂増補日本民族の源流』雄山閣出版　昭和四十八年
35 寺村光晴『下総国の玉作遺蹟』雄山閣出版　昭和四十九年
36 水野　祐『古代社会と浦島伝説』（上・下）雄山閣出版　昭和五十年
37 水野　祐『古代の出雲と大和』大和書房　昭和五十年
38 水野　祐『大和の政権』教育社　昭和五十二年

39 水野　祐『古代王朝99の謎』サンポージャーナル　昭和五十二年
40 神道学会『出雲学論攷』出雲大社　昭和五十二年
41 寺村光晴『古代玉作形成史の研究』吉川弘文館　昭和五十五年
42 門脇禎二『出雲の古代史』社会思想社　昭和五十五年
43 池田弥三郎他『探訪神々のふる里』三及び七巻　小学館　昭和五十七年
44 門脇禎二『日本海域の古代史』東大出版会　昭和六十一年
45 前島己基『日本の古代遺跡』(島根)保育社　昭和六十一年
46 水野　祐『入門古風土記』(上・下)雄山閣出版　昭和六十二年
47 門脇禎二『検証古代の出雲』学習研究社　昭和六十二年
48 水野　祐『評釈魏志倭人伝』雄山閣出版　昭和六十二年
49 山本　清『出雲の古代文化』六興出版　平成一年
50 水野　祐『大和王朝成立の秘密』KKベストセラーズ　平成四年
51 水野　祐『新版日本古代王朝史論序説』早稲田大学出版部　平成四年

二　論文の部（特に勾玉を主題とした主要な論文）

1 大道弘雄「曲玉砥石につきて」(『考古会』八ノ三)明治四十二年
2 柴田常恵「出雲雑記」(『東京人類学会雑誌』第二九三―四号)明治四十三年
3 坪井正五郎「管玉・曲玉の未製品」(『東京人類学会雑誌』第二九四号)明治四十三年
4 吉井太郎「古代玉類製造所の遺蹟」(『皇典講究雑誌』九九号)大正五年
5 大野雲外「福井県河和田村遺蹟に関する私見」(『人類学雑誌』三二ノ一一)大正六年
6 梅原末治「出雲における玉造の遺蹟に就て」(『歴史と地理』一ノ二)大正六年
7 野津左馬之助「出雲国玉造に於ける古代硝子製造考」(『考古学雑誌』一五ノ九、一六ノ五)大正十四〜五年
8 野津左馬之助「八束郡忌部村における上代玉作遺跡」(『島根県史蹟名勝天然記念物調査報告』第三輯)昭和四年
9 斎藤秀平「西頸城郡糸魚川長者ケ原石器時代遺蹟」

（『新潟県史蹟名勝天然記念物調査報告』第一輯）昭和五年

10 樋口清之「日本石器時代硬玉渡来伝播私考」（『上代文化』八）昭和七年

11 樋口清之「我国の玉及びその渡来伝播についての考」（『国史学』三三）昭和十二年

12 河野義礼「本邦に於ける翡翠の新産出及びその化学的性質」（『岩石鉱物鉱床学雑誌』三二ノ五）昭和十四年

13 八幡一郎「硬玉製大珠の問題」（『考古学雑誌』三〇ノ五）昭和十五年

14 原田淑人「我が国の硬玉の問題について」（『考古学雑誌』三〇ノ六）昭和十五年

15 島田貞彦「日本発見の硬玉に就いて」（『考古学雑誌』三一ノ五）昭和十六年

16 八幡一郎「緬甸の硬玉」（『南亜細亜学報』第一号）昭和十七年

17 樋口清之「日本に於ける硬玉問題」（『上代文化』一八）昭和二十三年

18 寺村光晴「栃尾市発見の硬玉大珠と石刀・石剣」（『越佐研究』一〇）昭和三十一年

19 江坂輝弥「所謂硬玉大珠について」（『銅鐸』一三）昭和三十二年

20 内藤 晃「硬玉文化論」（『考古学研究』六ノ三）昭和三十四年

21 茅原一也「新潟県青海・小滝地方の硬玉（翡翠）」（『県文化財調査報告』六）昭和三十五年

22 寺村光晴「奴奈川姫と翡翠」（『宗教公論』一二月）昭和三十六年

23 寺村光晴「硬玉製大珠論」（『上代文化』三五）昭和四十年

24 市村 宏「瑪瑙と翡翠—出雲と越」（『和歌文学研究』二二）昭和四十二年

25 浜山玉作遺跡調査団「ヒスイの工房跡」（『考古学ジャーナル』第一〇号所収）昭和四十二年

26 大場磐雄・寺村光晴他「はまやま」富山県教育委員会 昭和四十四年

27 八幡一郎・寺村光晴他「寺地硬玉遺跡」青海町役場 昭和四十四年

28 村川行弘「近畿—玉類—」（『新版考古学講座』第四巻）昭和四十四年

29 寺村光晴他「大和田玉作稲荷峰遺跡」千葉県教育委員会 昭和四十五年

30 前島己基「出雲国玉作遺跡の一例—大原郡大東高校校庭遺跡—」（日本玉研究会々誌一号）昭和四十五年

31 大川清・戸田有二「烏山集落遺跡」(茨城県史料)昭和四十九年
32 計良由松・寺村光晴「下畑玉作遺跡第二次調査概要」畑野町教育委員会　昭和四十八年
33 野口義麿他「粟島合遺跡」銚子市教育委員会　昭和四十九年
34 寺村光晴・千家和比古他「成田市大竹玉作遺跡の調査」(『考古学ジャーナル』第一〇一号)昭和四十九年
35 藤下昌信　成田市大竹台畑玉作遺跡の発掘調査」(『房総の郷土史』第四号)昭和五十一年
36 藤沢眞依「東奈良」(『東奈良遺跡』同調査会　昭和五十一年
37 藤田　等「弥生時代のガラス」(『考古論集』所収)昭和五十二年
38 東京国立博物館「東洋古代ガラス」東京国立博物館　昭和五十三年
39 岡田精司「香取神宮の起原と祭神」(『千葉県の歴史』第十五号所収)昭和五十三年
40 田中義昭「銅鐸・銅剣・銅矛と古代出雲」(『高校社会科教育ぶつくれつと』五号所収)昭和六十一年
41 田中義昭「神門水海をめぐる弥生時代のムラとハカとクニ」(『荒神谷の謎に挑む』所収)昭和六十二年

［著者略歴］
水野 祐（みずの ゆう）
1918年生まれ。早稲田大学大学院修了。
早稲田大学文学部教授を経て、同大学名誉教授。2000年逝去。文学博士。

主な著書
『出雲國風土記論攷』、『出雲神話』、『評釈 魏志倭人伝』、『古代社会と浦島伝説』（二巻）、『入門・古風土記』（二巻）、『新版 日本古代王朝史論序説』、『日本神話を見直す』など。

本書は1968年に学生社が発行した『勾玉』及び、1992年刊行の改訂増補版を底本とした復刻版です。
著者あるいは関係者のご連絡先をご存知の方は、小社までご連絡下さいますようお願い申し上げます。

2022年10月25日　初版発行　《検印省略》

学生社考古学精選
勾《まが》玉《たま》

著　者　水野　祐
発行者　宮田哲男
発行所　株式会社 雄山閣
〒102-0071　東京都千代田区富士見2-6-9
TEL　03-3262-3231／FAX　03-3262-6938
URL　http://www.yuzankaku.co.jp
e-mail　info@yuzankaku.co.jp
振　替：00130-5-1685
印刷・製本　株式会社ティーケー出版印刷

ISBN978-4-639-02864-2　C0021
N.D.C.210　288p　19cm